Julius von Wickede

Ein deutsches Reiterleben

Erster Teil.: Erinnerungen eines alten Husaren-Offiziers aus den Jahren 1802 bis 1815

Julius von Wickede

Ein deutsches Reiterleben

Erster Teil.: Erinnerungen eines alten Husaren-Offiziers aus den Jahren 1802 bis 1815

ISBN/EAN: 9783743489455

Hergestellt in Europa, USA, Kanada, Australien, Japan

Cover: Foto ©ninafisch / pixelio.de

Manufactured and distributed by brebook publishing software (www.brebook.com)

Julius von Wickede

Ein deutsches Reiterleben

Ein
Deutsches Reiterleben.

Erinnerungen

eines alten Husaren-Officiers

aus den Jahren 1802 bis 1815,

herausgegeben

von

Julius von Wickede.

Erster Theil.

Landleben. — Eintritt als Standartenjunker in das von Blücher'sche
Husaren-Regiment. — Feldzug von 1806. — Zug durch Mecklenburg. —
Kapitulation von Lübeck. — Flucht nach Ostpreußen. —
Kämpfe und Streifzüge daselbst.

Berlin,
Verlag von Alexander Duncker,
Königl. Hofbuchhändler.

1861.

Inhaltsverzeichniß.

Erstes Kapitel.

Einleitung. — Meine Familie, Geburt und eigenthümliche Taufe. — Leben meines Vaters als Husarenrittmeister. — Erziehung in einer kleinen pommerschen Garnisonsstadt. — Abmarsch des Vaters 1792 in das Feld. — Reise zu meinen Großeltern nach Mecklenburg. — Eigenthümlichkeiten meines Großvaters. — Patriarchalisches Leben auf unserem Stammgute. — Originelle Charaktere unter den Bewohnern desselben. — Wilde Reitübungen, Jagden und andere Vergnügungen. — Confirmation.

In meiner Jugend, da ich einen gar gewaltigen Abscheu gegen alles Geschreibe hegte und häufig mich lieber in den Sattel schwang, um bei Wind und Wetter und auf grundlosen Wegen einige Meilen fortzutraben, wenn ich dadurch nur der Mühe des mir verhaßten Briefschreibens überhoben werden konnte, hätte ich es mir nicht träumen lassen, daß ich in meinen alten Tagen noch zur Feder greifen und die Erinnerungen aus den bewegtesten Jahren meines Lebens aufzeichnen würde. Es ist aber wahrlich keine literarische Eitelkeit, die mich jetzt zu einem Schriftsteller macht, sondern nur der Wunsch, daß nachfolgende Bogen hie und da einigen Nutzen stiften mögen, wenn

ein glücklicher Zufall sie gerade in die Hände der richtigen
Leser führt. In unserer schreiblustigen Zeit ist es etwas
ganz Gewöhnliches, daß bejahrte Leute, wenn Alter oder
sonstige Verhältnisse ihnen nicht mehr gestatten, in ihrem
früheren Berufe thätig zu sein, die Feder in die Hand
nehmen, um das, was sie erlebt oder gethan haben, nun
auch niederzuschreiben. Verwitterte Diplomaten, die keine
Intrigue mehr einfädeln und mit wenigen Federzügen
wieder vernichten können, was ganze Bataillone mit ihrem
Blute theuer genug errungen haben, geben ihre Memoiren
heraus, in denen gar manche früher verschwiegen genug
gehaltenen Staatsgeheimnisse oft übergeschwätzig ausge-
plaudert werden. Pensionirte Schullehrer, die ihren Jungen keine Kenntnisse mehr in die harten Köpfe eintrichtern
können; ausrangirte Sängerinnen, deren vertrocknete Keh-
len keine schmelzenden Liebestöne mehr hervorbringen
wollen; ja selbst Kammerdiener und, wenn ich mich nicht
irre, auch Lohndiener und Portiers aus den Hotels größerer Städte, alle diese und noch viele andere Leute schreiben jetzt Memoiren, Tagebücher, Lebenserinnerungen oder
was für Titel sonst dafür noch aufgefunden werden.
Warum sollte ich alter Reitersmann denn nicht auch ein
Gleiches thun und jetzt die Feder führen, da die von einer
französischen Kugel gelähmte Rechte doch keinen tüchtigen
Schwadronshieb gegen Deutschlands stete Erbfeinde mehr
auszutheilen vermag?

Ein gutes Stück in dem alten Europa vom heißen
Spanien bis zum eisigen Rußland bin ich auf munterem
Rosse durchritten, gar manche blutige Schlacht von Jena

unheilvollem Angedenken, des Herzogs von Braunschweig
Heldenzug, dann die Kämpfe in Spanien und Rußland,
Deutschlands Freiheitskriege, bis zuletzt Belle = Alliance
das Ganze so ruhmvoll schloß, habe ich mitdurchgefochten,
und wenn ich als einfacher Subaltern = Officier auch fast
niemals einen gewichtigen Rath zu ertheilen hatte, so
glaube ich doch manch' lustiges oder kühnes Reiterstücklein
mit ausgeführt zu haben, dessen ein deutscher Soldat sich
nicht zu schämen braucht. Ein paar klare, helle Augen,
ein frisches, fröhliches Gemüth, was so leicht nicht verzagt,
einen gesunden, hausbackenen Verstand und vor Allem ein
treues, ehrliches deutsches Herz habe ich mir aber bei allen
Wechselfällen meines Lebens ungeschwächt bewahrt. So
habe ich denn Manches gesehen und erlebt was nicht allein
des Aufschreibens, sondern vielleicht auch in unserer jetzigen
Zeit des Lesens werth sein mag. Absichtlich sage ich in
unserer jetzigen Zeit, denn seit abermals ein Napoleon auf
Frankreichs Thron sitzt, die französischen Soldaten wieder
ihr „vive l'empereur" schreien, scheint es mir besonders
passend zu sein unsere alten früheren Kämpfe mit diesen
Erbfeinden Deutschlands wieder in das Gedächtniß unserer
heutigen Jugend zurückzurufen. Es will mir nämlich gar
nicht gefallen; ja hat mir, offenherzig gesagt, schon
manchen derben Husarenfluch — den mir unser Herrgott
wohl gnädig verzeihen wird, — herausgepreßt, daß man jetzt
gar zu viel Geschrei von dem Geschick und der Tapferkeit
der französischen Armee erhebt, weil diese in der Krim
und leider auch neuerdings in Italien mit Mühe und Noth
ein Paar Schlachten gegen ihre nicht geschickt geführten

Gegner gewonnen hat. Habe ich doch schon öfter die
schmachvollen Worte vernehmen müssen, die Franzosen
wären die besten Soldaten der Welt und wir Deutschen
müßten hierin weit hinter ihnen zurückstehen. Es ist doch
um aus der Haut zu fahren, wenn man solche Worte nur
aussprechen hört und wiederholt habe ich den frechen Red-
nern derselben meine Meinung von ihrer Erbärmlichkeit
auf eine so derbe Weise zu erkennen gegeben, daß sie
schon genug davon haben konnten. In neun Feldzügen
kämpfte ich gegen die französischen Truppen des ersten
Napoleon und tauschte bei Tag und Nacht unzählige Mal
gehörige Hiebe mit ihnen. Gar viele vortreffliche Soldaten fand ich darunter, Kerle, die das Herz auf dem
rechten Fleck sitzen hatten und mit denen es eine Lust
war, sich recht tüchtig herumzuraufen; aber im Ganzen
habe ich doch stets erfahren, daß diese viel gerühmten
Franzosen auch um kein Haar bessere Kriegerschaaren abgaben, wie wir Deutsche dies auch thaten, mochten wir
nun aus Pommern oder Schwaben, aus Hannover oder
Bayern, aus Mecklenburg oder Sachsen stammen. Sie
haben uns gehörig geklopft, wenn das Glück ihnen gerade
günstig war, und dann klopften wir sie dafür ein ander-
mal wieder nicht weniger, und so ging es um und um,
bis es endlich hieß: „wer zuletzt lacht, der lacht am
besten" und wir ihnen so gehörige Schläge gaben, daß sie
auf lange Jahre genug daran hatten und deshalb Ruhe
hielten. In jenen Zeiten wurden die Franzosen aber von
einem Napoleon I., nächst Friedrich dem Großen unbedingt der größte Feldherr der letzten tausend Jahre, befeh-

ligt, und jetzt haben sie einen Napoleon III., und das ist
doch schon ein gewaltiger Unterschied. Ober sollten diese
Truppen des jetzt wieder so herausfordernd auftretenden
Frankreichs seit 1815 so ungemein an Kriegstüchtigkeit zu-
genommen, die der deutschen Staaten aber sich verschlech-
tert haben? Wahrhaftig, wenn dies wirklich der Fall
wäre, dann möchte ich alter Greis aus tiefer Brust beklagen, daß des Herrn Wille mich noch eine solche schmach-
volle Zeit erleben ließ und die französische Kugel bei
Belle Alliance mir statt des Armes nicht gleich das Herz
durchbohrte. Aber eine solche Verminderung unserer deutschen Tapferkeit und Kriegstüchtigkeit darf und kann ja
nicht eingetreten sein und erbärmliche Lästerer sind es, die
daran zweifeln, daß wir abermals mit Gottes Hülfe die
Franzosen besiegen werden, wenn es wirklich zum Kampfe
mit denselben — und über kurz oder lang geschieht dies
sicherlich — kommen sollte.

Man darf den Kern unserer verschiedenen deutschen
Volksstämme nicht nach den elenden Pflastertretern, müßigen Schwätzern, eleganten Salonherrchen, schachernden
jüdischen wie christlichen Börsenspekulanten und ähnlichem
vornehmen und niederen Gesindel, welches sich in unseren
großen Städten in nur zu zahlreichen Haufen umher-
treibt, beurtheilen, oder man thut uns das bitterste Unrecht hierin. In Paris und in den anderen französischen
Modeorten soll es dergleichen erbärmliche und verächtliche
Menschen noch mehr wie bei uns geben und doch vermag
Frankreich trotzdem noch ein tüchtiges Heer aufzustellen.
Und so wird es auch bei uns in Deutschland der Fall sein

und wir werden auch noch unsere muthigen Schwadronen und Bataillone wieder fröhlich ausrücken und mit Gottes Hülfe abermals siegreich zurückkehren sehen, wenn der Kampf erst wirklich zum Ausbruch gekommen ist.

Allen denen, die nun eine wirkliche Theilnahme an einem frischen, fröhlichen deutschen Soldatenleben hegen, dürften meine Lebenserinnerungen vielleicht einige Unterhaltung, und, sind es noch junge Leute, die noch etwas lernen können und wollen, auch Nutzen gewähren. Blasirte Leser, die stets nur von pikanten oder lüsternen Romanscenen nach dem Geschmack von Eugen Sue oder ähnlichen Autoren amüsirt sein wollen, modern erzogene sentimentale oder überbildete Damen, gelehrte Blaustrümpfe, affectirte Modegecken und vornehm sein wollende Börsenjünglinge; kurz, gar manche Leute beiderlei Geschlechts, wie ich solche nur zu oft vor meinen Augen vorüberziehen sehe, mögen dies Buch aber ja ungelesen lassen, denn sicherlich wird es ihren Geschmack nicht finden. Auch den Pietisten moderner Art rathe ich, solches nicht in die Hand zu nehmen, denn an manchem vielleicht etwas derben Soldatenfluch, der mir unwillkürlich entschlüpfen möchte, dürften sie leicht ein größeres Aergerniß nehmen, wie dies werth ist.

So, nun bin ich denn endlich mit dieser Einleitung, die mir wie jeder Anfang eigentlich Mühe genug gemacht hat, fertig und will mit meinem Leben selbst beginnen.

Ich stamme aus einer alten pommersch-mecklenburgischen Adelsfamilie, deren Sprößlinge seit vielen Generationen stets dem Soldatenstande angehört haben müssen. In

der langen Reihe von oft ziemlich schlecht gemalten Ahnen-
bildern, die auf der weißgetünchten, zwar niederen, aber
sehr geräumigen Hausflur des alten Herrenhauses unseres
Stammgutes in Mecklenburg hingen, konnte man die
Veränderungen in der kriegerischen Tracht seit dem fünf-
zehnten Jahrhundert genau studiren. Da machte den Anfang ein riesig großer ehrenfester Ritter mit Harnisch und
Helmvisir, eine mächtige Turnierlanze in der eisenbeblech-
ten Fausthand haltend; später folgte ein Ahnherr von mir,
der im schwedischen Heer unter Gustav Adolf ein Reiter-
Regiment befehligt hatte, mit Elennskoller, pauschigen
Reiterhosen, hohen gelben Stiefeln und keck aufgeschlage-
nem Hut; ein Anderer trug die Uniform der Dragoner
unseres großen Kurfürsten und eine Inschrift besagte, daß
er bei Fehrbellin den Heldentod gefunden; sein Sohn,
mein Eltervater, war als Hauptmann bei der großen
Garde von Friedrich Wilhelm abkonterfeit, bis dann mein
Großvater, der damals die Reihe schloß, sich als Rittmeister der schwarzen Husaren Friedrichs des Großen, die
Filzmütze vorn mit dem Todtenkopf und den darunter
gekreuzten Knochen tief auf die Stirn gedrückt, darstellte.
Mein guter Vater ward später in der Uniform der
Blücher'schen Husaren, in der er 1793 in Frankreich den
Soldatentod fand, in den Saal gehängt, bis dann 1806
das Mürat'sche Corps bei seinem Durchmarsch durch Mecklenburg unser altes Haus und damit auch diese Reihe
unserer Ahnenbilder verbrannte. Schade darum, wenn
auch die Malerei der meisten Bilder herzlich schlecht sein
mochte. Unter allen diesen bunten Kriegergestalten in

Panzer und Koller, Grenadiermütze und Husaren-Doll-
man war nur ein einziges Portrait, welches einen ern-
sten, strengblickenden Mann in schwarzem Talar, weißer
steifer Halskrause und eine breite goldene Gnadenkette auf
der Brust niederhängend, darstellte. Ich erinnere mich
noch, daß ich als Junge, wo es mir ein stundenlanges
Vergnügen gewähren konnte, diese Bilder immer und
immer wieder zu betrachten, bei diesem Portrait stets mit
Mißvergnügen vorbeiging, ja ihm selbst seinen Ehrenplatz
gar nicht gönnen mochte. Es wollte mir nicht recht in
den Sinn, daß Einer meiner Ahnherren etwas anderes als
Soldat gewesen und mit dem Säbel an der Seite gemalt
sein könnte, und doch soll dieser, dessen Bild ich damals
so haßte, ein einflußreicher Kanzler des früheren Herzog-
thums Pommern gewesen sein, dessen Name in der pommerschen Geschichte oft rühmlichst genannt wird.

Was nun meine eigene Person betrifft, so ward ich
1786 in einer kleinen pommerschen Landstadt, in der mein
Vater damals als Stabsrittmeister des früher von Bel-
ling'schen, später von Blücher'schen, Husarenregiments in
Garnison stand, geboren. Mein Vater, dessen Bild mir
selbst nicht mehr recht erinnerlich ist, da ich ihn 1792, wo
er in das Feld marschirte, als sechsjähriger Knabe zuletzt
sah, muß nach Allem, was ich von ihm gehört habe, ein
äußerst gutmüthiger, dabei aber selten wilder Mensch gewesen sein. Gerade während er mit seiner Schwadron
draußen vor dem Thore exercirte, bin ich geboren worden,
und ein alter Husar, ein Württemberger, der die Stelle
eines Factotums in unserem Hause versah, ist meinem Vater

auf den Exercierplatz nachgelaufen, dabei aus vollem Halse
jubelnd die Worte ausrufend: „Ischt a Buble, ischt a
Buble, Gnaden Herr Rittmeister." So wie mein Erzeu=
ger diese frohe Nachricht hört — ich war das erste Kind
nach fünfjähriger Ehe und daher als Sohn und Stamm=
halter doppelt willkommen — giebt er dem polnischen
Schecken, den er ritt, ohne Weiteres die Sporen und jagt
in vollem Galopp in das Städtchen und vor unser Haus.
Ohne Weiteres springt er aus dem Sattel, stürmt mit
Sporen= und Säbelgeklirre in die Stube der Wöchnerin
und drückt dieser einen herzhaften Kuß auf den noch
bleichen Mund. Dann reißt er mich aus den Händen
der erschrockenen Hebeamme, giebt mir auch einen Kuß,
hält mich hoch in die Höhe und ruft mit seiner lauten
Kommandostimme: „Donnerwetter, das ist ein Pracht=
junge, den müssen meine Husaren gleich sehen." Und
bevor noch die im Zimmer anwesenden Frauen ihn daran
verhindern konnten, stürmt mein Vater, mich unter dem
Arm nehmend, die Treppe wieder hinunter, schwingt sich
auf den Schecken, der nach abgerichteter Weise unterdeß
ruhig vor der Thür gestanden hat, und im Galopp geht
es wieder zur Stadt hinaus nach dem Exercierplatz, wo
unterdeß ein Lieutenant die Schwadron exercirt hatte.
Hoch hebt der Vater sich jetzt in den Bügeln, hält mich
in der Rechten über den Kopf seines Pferdes, so daß alle
Husaren mich sehen können, und schreit laut: „Bursche, da
seht ihr meinen Jungen, ist das nicht ein derber Bengel,
aus dem noch einmal ein tüchtiger Soldat für Se. Maje=
stät unsern König werden kann!" Und die Husaren, die

für ihren Rittmeister durch die Hölle geritten wären, so gerne hatten sie ihn, obschon er im Dienst furchtbar strenge und zornig gewesen sein soll, lachten und jubelten und riefen: „Unser Herr Rittmeister der soll leben und sein Sohn, der „„Husarenjunge"", auch daneben."

Die blasenden Trompeter voran, und mich statt des Säbels in der Hand haltend, ritt mein Vater nun an der Spitze seiner Schwadron zurück in das Städtchen und vor unser Haus, wo die Husaren der erschrockenen Wöchnerin noch ein jubelndes Lebehoch brachten.

So kann ich in Wahrheit sagen, daß ich schon in den ersten Stunden nach meiner Geburt auf einem Husaren= pferde geritten bin. Auch meine Taufe soll eigenthümlich genug gewesen sein.

Mein Vater hat nämlich seine ganze Schwadron mit zu Taufpathen gebeten und alle Husaren sind in voller Paradeuniform mit in der Kirche anwesend gewesen, wo= bei der älteste Wachtmeister, ein Veteran aus dem sieben= jährigen Kriege, mich im Arm getragen hat. Das Tauf= kissen, auf dem ich lag, ist die Paradeschabracke meines Vaters gewesen und ich selbst habe eine kleine Jacke von der dunkelrothen Farbe, wie damals die Dollmans des Regiments waren, angehabt.

An ferneren ähnlichen Sonderbarkeiten bei meiner Er= ziehung hat es mein Vater nicht fehlen lassen. So durfte ich nie eingewickelt werden und bis zum vierten Jahre weder Strümpfe, noch eine Mütze oder Hosen tragen, bin aber schon im ersten Lebensjahre häufig mit auf das Pferd genommen worden. Eine meiner frühesten Lebens=

erinnerungen besteht darin, daß ein alter Wachtmeister, ein geborner Ungar, der den längsten Schnurrbart trug, den ich je gesehen habe, mich vor sich auf das Pferd nahm, wenn er im Winter des Nachmittags die Husaren auf Decken spazieren reiten ließ. Durch Dick und Dünn wurde dann im vollen Galopp gejagt, und wenn ich dabei hell aufjauchzte und in kindischer Lust dem alten Wacht= meister mit meinen beiden Händen in die Spitzen seines herunterhängenden Bartes griff, lachte er selbst und die ganze Schwadron.

Meine gute Mutter konnte diese wilde Art der Er= ziehung leider nicht durch ihren sanften Einfluß mildern, denn schon in meinem dritten Lebensjahre starb sie bei der Geburt eines Töchterleins. Sie soll eine Frau von seltener Schönheit, dabei reich mit Vorzügen des Herzens und Geistes begabt und auch für die damalige Zeit unge= wöhnlich gebildet gewesen sein. Die Tochter eines Pre= digers bürgerlicher Herkunft, hat mein Vater sie aus wah= rer Neigung und nach vielen dabei zu besiegenden Hin= dernissen geheirathet und sich deshalb mit seiner sehr stolzen Familie gänzlich überworfen, so daß er mit Nie= mand von derselben jemals mehr verkehrte. Die tiefe Liebe zu meiner sanften Mutter hatte, so lange diese lebte, die wilde Natur meines Vaters einigermaßen gebändigt; nach ihrem Tode, der ihn so tief erschütterte, daß man einige Zeit sogar wirklich für seinen Verstand gefürchtet haben soll, ist dieselbe aber schrankenloser wie je zuvor hervor= gebrochen. Wilde Trink= und Spielgelage, dann Hetz= jagden zu Pferde, bei denen täglich Hals und Knochen gewagt wurden, sollen die Zeit meines Vaters ausgefüllt haben, wenn nicht der Dienst in seiner Schwadron, den er stets sehr pünktlich betrieb, ihn in Anspruch nahm. Selbst unter den übermüthigen Husarenoffizieren jener Zeit wußte mein Vater sich einen Namen zu machen und dies will viel sagen.

Es mochte vielleicht ein Glück für ihn, denn bei solcher Lebensweise wäre er zuletzt doch körperlich und geistig zu Grunde gegangen, und auch wohl für mich sein, daß der Befehl zum Ausmarsch in das Feld allen diesen Verhältnissen ein Ende setzte. Mein Vater hatte nunmehr an meinen Großvater, der als invalider Oberstwachtmeister auf unserem Stammgute in Mecklenburg lebte, geschrieben und dieser sich alsbald bereit erklärt, mich und mein Schwesterlein vorläufig bei sich aufzunehmen, da wir beiden Kinder unmöglich allein in der Garnisonsstadt zurückbleiben konnten.

Der Abschied vom Vater, als dieser 1792 mit seiner Schwadron in das Feld gegen die Franzosen marschirte, ist mir jetzt noch lebendig vor Augen, einen solchen tiefen Eindruck machte die ganze Scene auf mich. Es schien, als wenn eine innere Ahnung ihm sagte, daß er in diesem Feldzuge seinen Tod finden und mich jetzt zuletzt sehen würde, denn er war tief bewegt und so ernst, wie ich ihn niemals gekannt hatte. Auf dem Marktplatze, wo er vor der Front seiner Schwadron hielt, hob er mich noch einmal zu sich auf das Pferd, küßte mich herzlich und sagte: „Junge, halte Dich brav und — wenn ich Dich nicht wiedersehen sollte, so werde ein tüchtiger

Soldat, der unserem Namen Ehre macht." Dabei rollten
die dicken Tropfen meinem Vater in den Schnurrbart,
was mir ungemein auffiel, da ich mir bisher gar nicht
die Möglichkeit gedacht hatte, daß mein Vater, der selbst
bei uns Kindern unter keiner Bedingung das Weinen litt,
auch Thränen habe. Als ich nun gerührt auch zu weinen
anfangen wollte, schien dies dem Vater doch zu arg werden zu wollen, er bekämpfte seine Rührung und meinte:
„Na, nun fang Du auch nur nicht noch eine Heulerei an,
Junge. — Da lauf zu den Husaren und sage denen
Adieu" und damit ließ er mich zur Erde springen. Ich
kroch nun noch zwischen den einzelnen Gliedern der aufmarschirt dastehenden Schwadron umher und die meisten
Husaren, die mich persönlich kannten und gern hatten, da
ich täglich in den Ställen und Reitbahnen umherspielte,
beugten sich von ihren kleinen ukränischen Pferden herunter, gaben mir die Hand und sprachen: „Adjes Fritze
halte gut aus, Junge, wir wollen Dir auch was Schönes
von der Beute aus Frankreich mitbringen", und was dergleichen Redensarten noch mehr waren. Beim Abmarsch,
als ich zu Fuß neben den anderen Gassenjungen noch ein
weites Stück auf der Landstraße neben den Husaren her-
lief und mit diesen plauderte, kam an der Scheide der
städtischen Feldmark der Vater noch einmal auf mich herangeritten, legte vom Sattel aus die Hand auf meinen
Kopf und rief mit ungewöhnlichem Klang der Stimme:
„Gott segne Dich mein Kind." Dann aber befahl seine
gewaltige Commandostimme der Schwadron „Trab!" und
rasselnd und klirrend trabten alle Reiter an uns vorüber

und — nimmer sah ich den Vater wieder. Er hat 1793 einen sehr schönen Soldatentod mitten im Handgemenge gefunden, nachdem er sich noch vorher den damals seltenen Orden „pour le mérite" erworben hatte.

Auf einem kleinen Planwagen, vor den zwei aus= rangirte Reitpferde des Vaters, die auf dem Gute das Gnadenbrod fressen sollten, gespannt waren, trat ich in Begleitung meines Schwesterchens die Fahrt nach Mecklen= burg zum Großvater an. Der alte Württemberger, der schon zu invalide war, um noch mit in das Feld zu mar= schiren und jetzt auch beim Großvater fernerhin bleiben sollte, war Kutscher und Wärterin bei meiner Schwester in einer Person und besorgte diese, wie überhaupt die verschiedenartigsten Pflichten, stets mit großer Thätigkeit und Geschicklichkeit.

So schmerzlich mir auch der Abschied vom Vater, den Husaren der Schwadron und den Jungen der verhei= ratheten Soldaten, des Städtchens, die bisher meine steten Spielgefährten gewesen waren, vorkam, so zerstreuten die Mannigfaltigkeiten der Reise bei meinem jugendlichen Alter doch bald jeglichen Trübsinn. Bei grundlosen pom= merschen und wenn möglich noch schlechteren mecklenbur= gischen Wegen und dabei zwei alte Reitpferde, die nicht recht ziehen wollten, vor dem Wagen, ging die Fahrt sehr langsam, und es dauerte über acht Tage, bis wir das Gut meines Großvaters endlich erreichten. Unvergeßlich wird mir stets die Stunde unserer Ankunft hier bleiben, wie sich denn überhaupt von dieser Zeit an die Jugend=

erinnerungen ziemlich klar und geordnet in meinem Kopfe
festgesetzt haben.

Der alte Württemberger, der schon unterm Großvater
als Husar gedient, hatte mir zwar wiederholt schon von
dessen Aussehen und Wunderbarkeiten erzählt, allein das
was ich jetzt sah, übertraf doch bei Weitem Alles, was
ich mir in meiner kindlichen Phantasie bisher davon gedacht. Der Großvater, der früher, wie sein Bild auch
noch zeigte, ein sehr stattlicher, ja selbst schöner Soldat gewesen sein mußte, war jetzt in Folge von furcht-
baren Verwundungen in der Schlacht von Freiberg von
der entsetzlichsten Häßlichkeit. Das linke Auge war ihm
ausgestochen und mit einer schwarzen Binde bedeckt, eine
breite blaurothe Narbe zog sich quer über die Stirn,
Nase und Mund bis zum Kinn herab, und bildete eine
so tiefe Furche, daß man fast einen kleinen Finger hinein-
legen konnte. Eine Schußwunde in der Hüfte veranlaßte
dabei ein starkes Hinken, so daß der Großvater nur langsam am Krückstocke gehen und mühsam mit Hülfe eines
Andern in den Sattel eines kleinen starken Ponys, den
er gewöhnlich ritt, steigen konnte. Es muß eine eiserne
Kraft und unverwüstliche Gesundheit in diesem Körper
gewesen sein, da der Großvater trotz dieser und noch
mancher anderen Wunden das 75ste Lebensjahr erreicht hat.

Als wir mit unserm Fuhrwerk damals in der Däm-
merungsstunde auf dem Gute des Großvaters ankamen,
stand dieser uns erwartend vor der Hausthür. Die beiden Pferde vor unserm Wagen waren das Erste, auf
welches er sein Augenmerk richtete und seine Worte:

„Schockschwerenoth alter Spätzelhannes, (diesen Beinamen führte der Württemberger) was hast Du denn da
für ein Paar Schindmähren" die er diesem zurief, die
ersten Worte, die ich von ihm hörte. „Na lang die Kra-
baters nur aus dem Wagen heraus, will mal sehen, was
der Junge, der Wilhelm, mit seiner Pastorentochter denn
für Geschöpfe in die Welt gesetzt hat" begrüßte er dann
unseren Führer, der jetzt sein Gespann angehalten und
von seinem Sitze abgesprungen war. Mein Schwesterchen
war die Erste, die der ehrliche Württemberger aus dem
Wagen hob, und mit den Worten: „Hab ganz gehorsamst
zu überbringen zuerst das Mädle und zweitens das Büble
Ew. Gnaden Herr Oberstwachtmeister" dem Großvater
hinreichte. Das kaum dreijährige Kind mochte sich vor den
rauhen Worten und dem noch rauheren Aussehen des
Alten fürchten, denn es fing bitterlich an zu weinen und
streckte die Arme abwehrend aus.

„Pfui Teufel ein Mädchen und dazu noch ein quar-
rendes — na bringt die Göre nur zu meiner Frau, mit
solchen Dingern mag ich nichts zu schaffen haben" brummte
der Alte und schob das weinende Kind der unterdeß ebenfalls herbeigekommenen Haushälterin in die Arme. „Wo
meine Schwester bleibt, bleibe ich auch" rief ich, über
diesen unfreundlichen Empfang des Großvaters erzürnt,
aus und faßte diese, von der ich sehr viel hielt, an
die Hand.

„Ho ho Junge, Du bist nicht blöde, hast gehöriges
Husarenblut im Leibe, wie ich merke, und gleichst dem
Wilhelm, Deinem Vater; „laß Dich erst mal ansehen" lachte

jetzt der Alte und drehte mich herum, um mit prüfendem Blick meine Gestalt von Oben bis Unten zu mustern, was ich auch trotzig aushielt, dabei aber meine Schwester nicht loslassend. „Hm — Hm nicht übel und ein echtes Gesicht unseres Geschlechts, während die Dirne da ganz in die Pastorenfamilie hineinschlägt. — Na Ihr Fratzen kommt nur in das Haus und laßt es Euch dort gutgehen" murmelte der Großvater, faßte uns Beide an und schob uns durch eine Menge Wind-, Hühner-, Dachs- und Hatz-hunde, die neugierig uns von allen Seiten umschnubberten, in die Thür unseres alten Stammhauses. Bevor er aber dort eintrat, sagte er noch zu dem Württemberger: „Spätzel-hannes, alter Kriegskamerad, Du bleibst jetzt so lange Du willst, auf dem Gute, ißt und trinkst mit den Jägern und Reitknechten und pflegst Dich gut, und für Dich und die beiden Mähren dort wird sich wohl immer eine leichte Arbeit finden, daß ihr doch nicht ganz müßig geht. Also vorwärts marsch zuerst in den Stall und dann in die Küche."

So war der erste Eintritt in unser altes Stamm-haus, in dem ich nun acht glückliche Jugendjahre voll der ungebundensten, fröhlichsten Lust verleben sollte.

Freundlicher, wie zuerst der Großvater, empfing uns die Großmutter, eine kleine, kugelrunde, behäbige Gestalt mit dem wohlwollendsten Gesicht von der Welt. Leider war sie außerordentlich schwerhörig, so daß man sich mehr durch Zeichen als Worte mit ihr unterhalten mußte. Der Großvater in seiner originellen Weise hatte sich eine kleine silberne Trompete angeschafft, gab ihr damit alle seine Wünsche durch geblasene Cavalleriesignale zu erkennen und blies ihr noch des Abends, wenn Beide schon in dem breiten, geräumigen Ehebette lagen, statt des Abendgebetes den ersten Vers von „Eine feste Burg ist unser Gott" vor. Mochte das Haus auch noch so voller Gäste sein, so ließ sich der Großvater dadurch nicht in seinem Blasen stören. Er war überhaupt ein Original, wie man solches in unserer jetzigen Zeit schwerlich in der Art noch finden möchte. Er fluchte und wetterte viel im Hause und in den Ställen umher, ja schlug auch, wenn die Knechte und Dirnen faul und langsam waren, diese ohne Weiteres tüchtig mit seinem Krückstock über die Schultern, so daß er Jedem, der ihn nicht kannte, als ein hartherziger Tyrann erscheinen mußte, und doch war er — außer im Jähzorn — der gutmüthigste Mann der Welt. Obgleich seine jährlichen Einkünfte sich immerhin an 20,000 Thaler belaufen mochten, — was für die damalige Zeit in Mecklenburg eine überaus große Summe war, so herrschte doch in seiner Casse größtentheils in Folge seiner übertriebenen Freigebigkeit, eine stete Ebbe vor. Es war nur ein Glück, daß der Inspector Nettenmeyer, der überhaupt das Factotum auf dem Hofe war, wie auch die Großmutter einigermaßen auf Wirthschaftlichkeit hielten, sonst wären die Vermögensverhältnisse gänzlich zerrüttet worden. Alle Knechte, Mägde und die damals noch leibeignen Bauern und Tagelöhner des Gutes erhielten vom Großvater nicht allein häufige Geschenke, sondern wurden auch sonst viel besser gehalten, wie es in der ganzen Gegend üblich war. So wurden z. B. alle siegreichen Schlachten Friedrich des Großen, dann noch einige andere Fest und

Ehrentage stets vou sämmtlichen Gutsinsassen gefeiert und
es gab dann Bier, Branntwein und kräftige Fleischspeisen
für Alle vollauf, worauf dann Abends zum Tanz aufge-
spielt wurde. Eine Menge alter Ganz- oder Halbinva-
liden war auf dem Hofe mit leichten Arbeiten beschäftigt,
lebte aber sonst sehr gut, und manchen harten Gulden
erhielten diese Leute aus der stets freigebigen Hand des
Großvaters. Ebenso erhielten alle Bettler, fechtende Hand-
werksburschen, reisende Jäger und ähnliche Leute, wenn
sie um die Mittagszeit kamen, ein warmes, kräftiges Mittagsessen; kamen sie am Abend, aber auch noch ein gutes
Nachtlager, wozu im Backhause eine eigene Stube mit
mehreren Betten stets bereit stand.

Da diese Freigebigkeit weit und breit bekannt war,
so strömten alle hülfesuchenden Menschen uns zu, und es
fehlte selten an mehreren derartigen täglichen Gästen, die,
wenn es frühere Soldaten gewesen waren, vom Großvater
außerdem noch mit Geld reichlich beschenkt wurden. Selbst
wiederholte schlimme Erfahrungen konnten ihn nicht an
dieser großen Gastfreiheit gegen Arme hindern. So hatte
sich einmal eine berüchtigte Diebesbande unter verschiedenen Verkleidungen auf dem Hofe zusammengefunden, um
alsbann in der Nacht einen Einbruch zu versuchen. Ich
weiß nicht mehr, welch' glücklicher Zufall diesen Plan
rechtzeitig verrieth. Der Großvater freute sich ungemein,
daß seine ländliche Ruhe doch wieder einmal durch ein
kleines militairisches Abenteuer unterbrochen wurde, und
legte sich mit seinen zuverläsfigsten Leuten in den Hinterhalt, um die Diebe selbst auf der That zu ertappen, statt

2*

sie, wie er gekonnt hätte, ohne Weiteres im Backhause einzuschließen. Auf meine dringende Bitte ward mir, einem damals zehnjährigen Jungen, erlaubt, mich diesem Hinterhalte anzuschließen, und ich entsinne mich noch, mit welcher unendlichen Spannung ich den kommenden Dingen entgegensah. Die wohlbewaffneten Diebe erschienen auch richtig, setzten sich beim Ueberfall zuerst hartnäckig zur Wehr, wobei ein Jägerbursche leicht durch einen Pistolenschuß verletzt ward, wurden aber dann überwältigt und festgebunden. Am anderen Morgen ließ der Großvater alle diese Kerle auf den Hof bringen, Einen nach dem Anderen auf die Bank legen und Jedem, im Angesicht der zusammengelaufenen Dorfbewohner, durch den Kutscher, einen früheren Korporal, 50 gehörige Hiebe auf den H...... aufzählen. Nach beendeter Execution wurden den Kerlen die Waffen fortgenommen, dann erhielt Jeder ein gutes Frühstück, ein großes Glas Branntwein und einen Gulden Reisegeld, und der Großvater sprach: „da habt Ihr Hallunken Eure Hiebe dafür, daß Ihr mich anführen und bestehlen wolltet, nun packt Euch vom Hofe und laßt Euch nie wieder sehen, oder es giebt eine doppelte Portion." Die Kerle machten, daß sie fortkamen. Nach damaliger Sitte in Mecklenburg hatte der Gutsherr die Patrimonialgerichtsbarkeit auf seinen Gütern, und im nächsten Städtchen wohnte ein eigener rechtsgelehrter Justitiar, der aber bei uns niemals etwas zu thun hatte, da mein Großvater stets alle Vergehen auf frischer That durch gehörige Hiebe bestrafte. Andere Strafen kannte er überhaupt nicht und Gefängniß oder Geldbußen waren ihm etwas Unerhörtes.

Auch die Holz= und Wilddiebe aus dem nächsten Städt=
chen erhielten ihre gehörigen Hiebe, wenn sie sich von den
Jägern erwischen ließen, dann aber regelmäßig auch eine
gute Mahlzeit und konnten sich darauf wieder trollen.

Bei dieser ebenso schnellen, wie kräftigen Justizpflege
war mein Großvater nicht allein unter seinen eigenen Guts=
insassen, sondern auch in der niederen Bevölkernng der
ganzen Umgegend weit und breit ebenso gefürchtet wie
geliebt. Nach seinem Tode soll es Allen geschienen haben,
als wenn ihnen etwas fehle, und trotz der Kriegswirren
der Jahre 1806—07 und der späteren Bedrängnisse ist
sein Andenken lange bewahrt worden.

Ein großes Gut in Mecklenburg hatte damals (seit
30 Jahren habe ich dies Land nicht wieder betreten) etwas
ganz Eigenthümliches, wie man es in der Art wohl nicht
so leicht mehr in Deutschland fand. Der Gutsherr besaß
sehr bedeutende Vorrechte und da der Flächenraum des
Gutes oft eine ansehnliche Strecke betrug, so konnte er
sich schon als ein kleiner Fürst betrachten. Die Wirth=
schaft selbst ward zwar ziemlich nachlässig betrieben, hatte
aber doch wieder etwas Großartiges. Auf unserem Hofe
z. B. war eine Mühle, Brauerei, Brennerei, Ziegelei,
Schmiede, ein Stellmacher, der zugleich Böttcherarbeit
machte, eine Holländerei von mehr als 100 Kühen, ein
Pferdebestand von 60—80 älteren Pferden und Füllen;
ein Förster und selbst auch ein Fischer waren außerdem
vorhanden, so daß so ziemlich alle Rohproducte, die zum
Leben gehörten, auf dem eigenen Grund und Boden ge=
wonnen wurden. Die Tagelöhner, die in kleinen Kathen

ringsumher wohnten, erhielten statt baarem Gelde häufig
Getreide, Flachs, Kartoffelland und Futter für eine Kuh
geliefert, und auch die Knechte und Mägde auf dem Hofe,
deren Zahl gewiß an 30—40 betrug, erhielten Flachs,
Leinewand und Wolle. Der Hof selbst war großartig,
obgleich alle Scheunen und Ställe nur aus Fachwerk be=
standen und Strohdächer hatten. Eine schöne Allee von
prächtigen Kastanienbäumen führte längs diesen langen
Gebäuden, die ziemlich regelmäßig eine breite Doppelreihe
bildeten, zum Herrenhause, dem Stammsitz unserer Fa=
milie. Alte feste Ritterburgen oder sonst großartige Wohn=
häuser waren damals in Mecklenburg, selbst bei wohl=
habenden Gutsbesitzern, äußerst selten zu finden, und so
gewährte auch dies Gebäude, was kurz nach dem dreißig=
jährigen Krieg erbaut war, äußerlich keinen sehr stattlichen
Anblick. Es war nur von Fachwerk, freilich kernfesten,
mächtigen Eichenbalken, erbaut, und hatte auf dem Haupt=
gebäude ein tief herunter hängendes Rohrdach, was mit
grünem Moose dicht bewachsen war. Zwar nur eine
Etage mit einem hohen Giebel, war dies Haus, dessen
Wände weiß angestrichen waren, während die Balken darin
die dunkelbraune Farbe von altem Eichenholz zeigten,
sonst lang und breit, und gewährte viel Raum. Trotz=
dem mußte dieser zu klein für die zahlreichen Gäste ge=
wesen sein, denn an beiden Seiten des Hauptgebäudes
hatte man zwei hervorspringende Flügel angebaut, die
seltsamer Weise grellrothe Ziegeldächer trugen, was von
dem dunkelgrünen Moosdach zwar schroff, aber wenigstens
nach meinem Geschmack, nicht unangenehm abstach. Von

diesen beiden Flügeln enthielt der eine die Leute= und
Wirthschaftsstuben, der andere aber 6—8 Fremdenzimmer,
die bei der weit ausgedehnten Gastfreundschaft meines
Großvaters selten leer standen. So äußerlich häßlich dies
lange, plumpe Gebäude ohne die mindesten architektonischen
Verzierungen auch nun sein mogte, und so sehr man in
der jetzigen modernen, eleganten Zeit sicherlich die Nase
darüber gerümpft hätte, so lag doch viel Gediegenes, Be=
hätiges und Festes in dem Ganzen. Aeußerem Schein
war nichts hier geopfert, nicht einmal das Storchnest auf
dem Giebel und die Schwalbennester über den Fenstern.

Zu dem Aeußeren paßte vollkommen das ganze In=
nere, mit allen Einrichtungen. Die geräumige Haus=
flur, auf der mindestens 40 Personen bequem speisen
konnten, hatte nur einen Fußboden von rothen Ziegel=
steinen und weiße Wände, allein die lange Reihe der schon
erwähnten Ahnenbilder, die hier hing, gab dem Ganzen
doch etwas Stattliches und Vornehmes. Von der Decke
hingen mehrere Dutzende großer Erntekränze oder Kronen
mit langen wehenden bunten Bändern, wie sie das meck=
lenburgische Landvolk damals beim Erntefest alljährlich der
Gutsherrschaft in feierlichem Aufzuge zu überreichen pflegte,
herab. Hier auf dieser Diele, die im Sommer stets kühl
und frisch war, im Winter freilich durch zwei ungeheure
Oefen, die ganze Klafter Holz verschlangen, erwärmt wer=
den mußte, ward des Mittags und Abends stets gespeist.

Links lagen die Wohn= und Gesellschaftszimmer der
Großmutter, die zwar auch nach jetzigem Geschmack
äußerst einfach und altmodisch eingerichtet waren, aber

doch in vielen Dingen zeigten, daß eine alte reiche Fa=
milie darin hause. Das Staatszimmer, was gewöhnlich
verschlossen war und in welches wir Kinder nur bisweilen
mit scheuer Neugierde hineinschlüpfen konnten, hatte gold=
gepreßte braune Ledertapeten und ebensolche hochlehnige,
äußerst unbequeme Sessel. Ein kostbarer persischer Tep=
pich, den ein Ahnherr von uns bei einem Kriege gegen
die Türken erbeutet hatte, bildete das Prunkstück in diesem
Staatsgemach. Die Zimmer des Großvaters waren be=
quem, aber nichts weniger als elegant und dabei stets
von dichten Tabackswolken, denn er rauchte beständig aus
einer kurzen Meerschaumpfeife, angefüllt. Gewehre und
Säbel und sonstige Waffen aller Art, dann Hirsch= und
Rehgeweihe — mein Großvater war ein gewaltiger Nim=
rod — und andere Jagdtrophäen bedeckten alle Wände.
In einem Glasschranke hing die volle Paradeuniform eines
Stabsofficiers des Preußischen schwarzen Leibhusaren=
Regiments, in einem anderen eine französische Standarte,
die mein Großvater bei Roßbach erobert und die Friedrich
der Große ihm geschenkt hatte. Portraits und Stand=
bilder Friedrichs des Großen in allen möglichen Gestalten,
dann auch Bilder der regierenden herzoglichen Familie
von Mecklenburg waren in diesen Zimmern noch in
Menge zu finden. Drei bis vier Leibhunde des Groß=
vaters, darunter ein äußerst bissiger, alter Dachs, der
sich nur allein von ihm anfassen ließ, und uns Kinder oft
blutig gebissen hat, und ein riesiger Hatzhund lagen
gewöhnlich auf dem Fußboden und unter dem Ofen
umher. An diese beiden Wohnzimmer stieß ein großer

Saal, in dem an den Wänden hohe frische Tannen-
bäume einen förmlichen Wald bildeten, während der
Boden dicht mit Kies beschüttet war. In diesem Saal
flatterten Hunderte von allen möglichen deutschen Wald-
vögeln umher, mehrere Eichhörnchen kletterten in den
Zweigen, Hasen, Igel und Hamster liefen auf dem Fußboden umher, mehrere unschädliche Schlangen fehlten auch
nicht; kurz es war eine vollständige Menagerie vieler
Thiere des Waldes und Feldes, die in Mecklenburg
hausten. Ein großes umflochtenes Stück des Gartens
diente diesen Thieren im Sommer zum Aufenthalt, wie
denn auch im Thierpark unmittelbar unter den Fenstern
des Wohnzimmers stets zahme Rehe und Dammhirsche
sich befanden. Mein Großvater war ein warmer Freund
von allem möglichen derartigen Gethier und brachte täglich einige Stunden unter seinen Lieblingen zu. Ein alter
einarmiger Husaren-Wachtmeister hatte als einziges Geschäft die Fütterung und Wartung aller dieser Thiere.
Ebenso liebte mein Großvater auch sehr alte Bäume und
es gab auf seinem Gute eine Menge prächtiger Alleen,
Gruppen und Wälder von Eichen und Buchen, die er nie
abschlagen ließ, wie denn auch der Wildstand sehr stark
war, und in den großen Herbstjagden allein oft an
20 wilde Schweine erlegt wurden. Manche im Holz ge-
legene Felder ließ der Großvater niemals früher ernten,
bevor seine lieben Schweine, Hirsche und Rehe den
größten Theil der Früchte verspeist hatten.

Ich bin vielleicht bei der Beschreibung dieses Tum-
melplatzes meiner lustigen Knabenjahre etwas zu weit-

läufig gewesen, allein die Erinnerung an jene glückliche
Zeit und den schönen Ort, wo ich solche verleben durfte,
drängt sich jetzt wieder gar zu lebhaft mir vor Augen.
Ich sehe nicht allein alle Menschen und Thiere, sondern
selbst die Bäume und Gebäude auf diesem Gute so klar
vor mir, als ob ich das Ganze erst gestern und nicht bereits vor 54 Jahren verlassen hätte.

Mußte schon diese weitausgedehnte Umgebung, die
Alles enthielt, was ein lebendiger Knabe sich nur irgendwie für seine Spiele wünschen konnte, mir sehr gefallen,
so fehlte es auch nicht an Menschen auf diesem Gute, die
mir wohlwollten. Einige alte Vettern und Basen, oft so
weitläufig mit uns verwandt, daß nur ein mit der Ge-
nealogie des mecklenburgischen Adels sehr Vertrauter diese
Verwandtschaft erklären konnte, mangelten fast niemals in
den Fremdenzimmern und lebten oft Monate lang bei
uns. Erstere waren in der Regel ehemalige Militairs,
letztere Stiftsdamen aus den mecklenburgischen Fräulein-
stiften.

Alte Kriegskameraden des Großvaters aus dem preußischen Heere stellten sich häufig zu langen Besuchen ein
und brachten auch ihre Söhne, die mitunter noch im
Dienste standen, mit, so daß selten eine Zeit war, wo die
preußischen Uniformen auf unserem Gute fehlten und ich
fort und fort in Erinnerungen an den preußischen Waffenruhm, besonders aus der Zeit des siebenjährigen Krieges,
aufwuchs. Aus der umliegenden Nachbarschaft kamen
viele behäbige Gutsbesitzer mit ihren derben Söhnen und
vollbusigen, rothbäckigen Töchtern zum Besuch; es wurde

häufig nach dem Klange eines alten Spinets getanzt und ungezwungene Lustigkeit herrschte überall. Zur Zeit der großen Herbstjagden wimmelte es auf dem Hofe oft so von Gästen, daß die geräumigen Fremdenzimmer mit ihren Gastbetten nicht ausreichten und die jüngere Männerwelt ihre Lager auf der Erde in den Bodenkammern zur allgemeinen Belustigung aufgeschlagen erhielt.

. Wer mit dem Großvater reiten, jagen und Soldatengeschichten anhören oder erzählen konnte, gern ein Glas Rheinwein oder Punsch trank und gar noch, wer preußischer Offizier oder mecklenburgischer Gutsbesitzer war, durfte sicherlich als Gast willkommen sein, und wenn er seinen Besuch auch noch so lange ausdehnte. Freilich mußte er mit der einfachen Lebensweise sich begnügen, denn außerordentliche Umstände wurden nur einmal, als der im Lande sehr beliebte Herzog Friedrich Franz von Mecklenburg unser Haus beehrte, gemacht. Alle Speisen waren einfach, aber kräftig und reichlich, mehr wie Suppe, Gemüse, Fleisch und dann Braten, dem des Sonntags noch ein selbstgebackener Kuchen folgte, kamen nie auf den Tisch, mochten auch noch so viele und vornehme Gäste bei uns anwesend sein. Aus Abneigung gegen alles Französische ließ der Großvater auch niemals französischen Wein kommen, obgleich solcher damals in Mecklenburg allgemein getrunken wurde, sondern leichter Rheinwein war das Tischgetränk, Ungarwein und alten Rheinwein gab es aber des Sonntags oder an den Jahrestagen der siegreichen Schlachten des siebenjährigen Krieges oder anderen Festgelegenheiten. Solchen Rheinwein,

ben der Großvater stets von einer renommirten Wein=
handlung in Lübeck bezog, wurden mindestens an 25 bis
30 Oxhofte jährlich bei uns ausgetrunken; Kaffee des
Morgens und Thee des Abends ward nur für die weib=
lichen Gäste bereitet, die Männerwelt mußte sich mit kal=
ten Fleischspeisen, Wein und Punsch, verschiedenen, von
unserer alten Haushälterin vortrefflich bereiteten Frucht=
branntweinen oder auch Wasser= und Biersuppen begnü=
gen. Bei dieser weit ausgedehnten Gastfreundschaft, denn
nach damaliger Sitte kamen fast alle unsere Gäste mit
eigenen Pferden und Reitknechten, die dann ebenfalls
Wochen lang verpflegt werden mußten, und der vielen
überflüssigen Menschen, die sonst aus Gutmüthigkeit eben=
falls reichliche Beköstigung Jahr aus, Jahr ein erhielten,
ward freilich ein ansehnlicher Theil des Fleisches, Getrei=
des, der Butter, Milch und sonstiger Produkte des großen
Gutes statt verkauft zu werden, selbst verzehrt. Minde=
stens 40 bis 50 Schweine, 100 Gänse, 6 bis 8 Rinder,
40 bis 50 Kälber und zahlloses Geflügel und Wildprett
aller Art wurden alljährlich in der weitläufigen Küche in
kräftige Speisen verwandelt. Das Amt, welches Frau
Hinzmann, die Wittwe eines Regimentsquartiermeisters
und jetzige erste und allein gebietende Ausgeberin auf dem
Hofe, mit unausgesetzter Sorgfalt und Treue verwaltete,
war nicht leicht, obschon an 8 bis 10 feste, bralle Dienst=
mädchen und Köchinnen sie dabei unterstützten. Eine grö=
ßere, wohlausgestattetere Speisekammer, wie solche Frau
Hinzmann unter ihrem mächtigen Schlüsselbunde in Ver=
schluß hielt, habe ich niemals wieder in meinem Leben

gesehen. Wie Grenadiere so stolz aufmarschirt, standen hier die langen Reihen der mächtigen Töpfe mit Butter, Schmalz und allem möglichen Eingemachten, dann die großen Haufen von Fein- und Roggenbroden, die endlosen Reihen von Würsten und Schinken, die an den Wänden und Decken hingen, kurz, für einige hungrige Schwadronen mußte dies ein prächtiger Anblick sein.

Der erste Inspector des Gutes, der die ganze Feldwirthschaft leitete, um welche der Großvater sich niemals bekümmerte, war ein echter Mecklenburger mit wohlgenährtem Bäuchlein, rundem Gesicht und ruhigem aber verständigem Ausdruck. Er übereilte sich in nichts, liebte zwar keine Neuerungen, hatte sicherlich in seinem Leben noch kein landwirthschaftliches Buch gelesen, war aber ein alter Praktikus, der, so weit es die eigenthümlichen Verhältnisse bei uns erlaubten, dem Gute den größtmöglichsten Ertrag abzugewinnen wußte. Die übertriebene Hegung des Wildstandes und die Begünstigung der vielen alten preußischen Soldaten, die der Großvater für alle möglichen Stellen auf dem Hofe anstellte und die oft weder sonderliches Geschick noch große Arbeitslust zeigten, hinderten freilich den Herrn Hinzpeter, „so hieß der Inspektor", nur zu häufig in seiner wohlgemeinten Thätigkeit. „An die 6000 Thaler mehr jährlich wollte ich dem gnädigen Herrn gern abliefern, wenn wir nur die vielen Hirsche und Husaren nicht zu füttern brauchten", klagte Herr Hinzpeter oft, indem er dabei sein breites Gesicht zu einem schmerzlichen Grinsen verzog. Alle Kutscher, Reitknechte, Gutsjäger, Bediente, Gärtner, dann der Kornschreiber, der Stall-

halter, ja selbst die Kuhhirten waren preußische Halbinva-
lide, größtentheils von dem Husarenregiment, bei dem der
Großvater selbst gedient hatte. So brave Soldaten
auch sicherlich alle gewesen waren und so köstliche Ori-
ginale sich unter dieser Sammlung auch befanden, so
paßten doch Manche von ihnen nur schlecht in die Verhältnisse einer großen mecklenburgischen Gutswirthschaft.
Bestand übrigens im Herrenhause ein guter Theil der
Unterhaltung aus Erzählungen der Kriegsthaten Friedrichs des Großen, so war dies in der Beitischstube des
Wirthschaftshauses, wo diese alten Soldaten hausten, in
noch viel höherem Grade der Fall. Tausend und aber
tausend Soldatenanekdoten, Bivouaksgeschichten, kühne Hu-
sarenstücke aus allen Kriegen des großen Preußenkönigs
wurden hier stets mit zwar oft sehr derbem, dabei aber
frischem und witzigem Humor erzählt. Ein Geschichts-
schreiber des siebenjährigen Krieges hätte auf unserem
Hofe überhaupt die reichste Fundgrube des trefflichsten
Materials entdecken können; für mich, den lebhaften Kna-
ben aber war es ein großer Genuß, diesen Erzählungen
zu lauschen und ich verließ oft gern die wildesten Spiele,
um in den langen Winterabenden viele Stunden in diesen Jäger- und Kutscherstuben zu verweilen. Sowohl bei
Herrn Hinzpeter wie auch bei den eingebornen mecklenburgischen Knechten und Gutsinsassen traf übrigens das
preußische Soldatenthum und das stete Hervorheben Friedrichs des Großen oft auf sehr entschiedenen Widerspruch.
Die preußischen Soldaten hatten im siebenjährigen Kriege
in Mecklenburg übermäßige Kriegssteuern eingetrieben und

auch sonst mitunter sich sehr übel betragen und waren
daher dort gar nicht sonderlich beliebt, wie denn überhaupt
dies knappe, kurze, strenge und schnelle preußische Soldaten-
wesen der etwas breiten, bequemen und schwerfälligen
Natur des mecklenburgischen Landvolkes schlecht zusagte.
Noch ungleich größer wäre bei uns häufig der Zank gewesen, wenn nicht die unbezweifelte Verehrung wie der Re-
spect, den der Großvater überall genoß, solchen verhindert
hätte, da man wußte, daß er stets unbedingt auf Seite
der Preußen stand. Wer auch nur ein Wort in seiner
Gegenwart gegen das preußische Heer oder gar gegen
Friedrich den Großen zu äußern gewagt hätte, der hätte
sicher auf seinen grimmigsten, rücksichtslosesten Zorn rechnen dürfen. Noch als siebzigjähriger Greis forderte der
Großvater einen jungen österreichischen Rittmeister, der in
seiner Gegenwart einen spöttischen Witz über die preußische Armee gemacht hatte, auf Leben und Tod und nur
mit Mühe ward dieser Zweikampf von beiderseitigen Ver-
wandten wieder beigelegt.

Einige Monate mochte ich mich nun schon auf dem
großväterlichen Gute befunden haben, als es den Großeltern, oder eigentlich wohl nur der Großmutter, einfiel,
daß es nachgerade Zeit sein würde, mir den ersten Schul-
unterricht geben zu lassen. Bisher hatte sich weder im
Garnisonsorte des Vaters noch hier irgend ein Mensch
hierum gekümmert und obgleich ich schon ein großer Junge
war, der täglich die Pferde in die Schwemme ritt und
den Jäger stundenlang auf den Dohnenstrich begleitete,
kannte ich doch noch nicht die ersten Anfangsgründe der

schweren Kunst des Lesens. Der Großvater ließ nun mit einem derben Fluch über seine Vergeßlichkeit den Dorfschulmeister kommen und gab ihm den ehrenvollen Auftrag, mich in die Geheimnisse des Buchstabirbuches einzuweihen. „Schon Er den Bakel nicht, Schulmeister, ohne Hiebe hat noch kein Junge lesen gelernt, und denke Er dabei nicht, daß Er den Junker vom Herrenhofe, sondern nur jeden andern Dorfbengel vor sich hat." Mit dieser zwar derben, aber nichts weniger wie aristokratischen Ermahnung schloß der Großvater die Rede, womit er mich meinem neuen Lehrer übergab.

Der alte Dorfschullehrer, Küster und Todtengräber „Hauto", diesen charakteristischen Namen führte er, schwang den Haselstock so kräftig über die Rücken der gesammten Dorfjugend, daß er auch bei mir, dem Junker vom Hofe, keine Ausnahme darin machte. Er nannte mich zwar stets „Herr Junker", hieb aber nichtsbestoweniger gehörig darauf los, wenn ich dumme Streiche machte, und dies geschah fast täglich, denn ich war von meinem sechsten bis zwölften Jahre der ausgelassenste, übermüthigste Junge, den es dazumal viele Meilen weit in der Runde auf einem mecklenburgischen Gutshofe nur geben konnte. So habe ich mit meinen beiden unzertrennlichen Gefährten in den Spiel= wie Unterrichtsstunden, des Nachtwächters ältesten Jungen „Fritz" und des Försters „Johann Jochen", denn die Armmuskel des alten „Hauto" unzählige Mal in Bewegung gesetzt und unsere Rücken mußten manchen gut gemeinten Hieb fühlen lernen. Der alte Hauto, der in seiner Jugend ebenfalls als Soldat, aber im mecklenbur=

gischen Reichskontingent und später bei den Schweden
gedient hatte, war dabei ein alter, finsterer, brummiger
Geselle, der ganz allein im Schulhause wohnte, sich jeden
Abend auf eigene Hand dick und dünn in selbst destillirtem
Branntwein betrank, nichtsdestoweniger aber einen Land-
schullehrer ganz nach der guten alten Art abgab und den
Bauerjungen gerade so viele Kenntnisse beibrachte, wie
sie für ihr ferneres Leben nöthig hatten. Er kannte eine
Menge geheimnißvoller Kräfte der Natur, verstand es,
auf eine mir unerklärliche Weise die heftigsten Blutungen zu
stillen, Rosen und kaltes Fieber sogleich durch Berührungen
mit seinen Händen und einige seltsame Bewegungen und
Besprechungen zu vertreiben und ließ die grimmigsten
Hunde auf sich hetzen, ohne daß diese ihn zu beißen wagten. Bei den Bauern weit und breit stand er eigentlich
in dem Ruf eines Hexenmeisters, alle hatten eine aber-
gläubische Furcht vor ihm und nach seinem Tode ging das
Gerücht im ganzen Dorfe, der alte Schulmeister Hauto
spuke auf dem Kirchhofe. Sei dem nun wie ihm wolle,
das Lesen, Schreiben und einfache Rechnen brachte er mir
in den vier Jahren, die ich Unterricht bei ihm hatte, ziemlich gründlich bei; weiter freilich konnte er meine Kenntnisse nicht bereichern.

Ich mochte wohl schon an eilf Jahre alt sein, als der
älteste Bruder meines Vaters, der künftige Majoratserbe,
der jetzt auf einem acht Meilen weit entfernten Nebengute
in Preußen wohnte, beim Großvater darauf drang, daß
ich als junger Edelmann doch etwas mehr, wie jeder
Bauerjunge des Dorfes, lernen müsse. Um dies zu erreichen

warb ich nun aus der Zucht des alten Hauto, der übri=
gens in demselben Jahre noch starb, genommen und
dem Gutspastor, der in dem eine halbe Meile entfernten
Dorfe wohnte, übergeben. Der Herr Pastor Schönrock,
ein geborener Sachse, war ein gelehrter, braver Mann,
besaß aber leider nicht die gehörige Energie, um mir wil=
ben Jungen den nöthigen Respekt einzuflößen. Er war
ein kleiner, korpulenter Mann voll komischer Angewohn=
heiten und dabei trotz seiner großen Büchergelehrsamkeit
in allen praktischen Dingen von der lächerlichsten Unge=
schicklichkeit. Die Philologie war seine Hauptwissenschaft
und selbst ich sollte nach seinem Wunsche viel Lateinisch
und Griechisch lernen, machte aber natürlich auch nicht die
allerminbesten Fortschritte hierin. Der Großvater lachte,
als der Pastor ihm dies klagte und rief: „Dummes Zeug,
der Junge soll später preußische Husaren commandiren
und die Kerle verstehen den Teufel von all dem gelehrten
Krimskram, wozu soll er sich also mit dem Lateinischen
und Griechischen den Kopf zerbrechen." Daß ich nach
solcher Aeußerung des Großvaters alle meine griechischen
und lateinischen Bücher in das Feuer warf und nichts
weiter davon profitirte, wird man begreiflich finden. Geo=
graphie, Geschichte, Religion und auch etwas Französisch
lernte ich übrigens von dem guten, alten Pastor einiger=
maßen, wenn freilich mir leider auch hierin manches
Wissenswerthe unbekannt blieb. Im Französischen war
mein Lehrer zwar ein tüchtiger Grammatikus, hatte aber
die Gewohnheit, alle Worte im reinsten sächsischen Dialekt
eines guten Meißner Stadtkindes auszusprechen, was

stets sehr komisch klang. Diese sächsische Aussprache des
Französischen übertrug sich auch auf mich, ich habe mir
solche niemals ganz wieder abgewöhnen können und bin
später oft damit geneckt worden. Obgleich unsere Bauern
den sächsischen Dialekt ihres Pastors nur sehr schwer verstanden, so mochten sie seine Predigten doch gern hören
und behaupteten, es klänge gleich ganz anders, wenn er
auf der Kanzel stände, als wenn ein gewöhnlicher Mensch
spräche, und man könne so gut dabei einnicken.

Da der Pastor eine halbe Meile vom Hauptgute entfernt wohnte, so mußte ich trotz Wind und Wetter und
der oft grundlosen Wege jeden Morgen zu Fuß dahin
laufen, aß dann im Pastorhause zu Mittag und lief am
Abend wieder nach Hause. Diese abhärtende Lebensweise
bekam mir vortrefflich und ich ward ein so starker, kräf-
tiger Junge, wie man sich ihn nur wünschen konnte, obgleich ich von Wuchs nur klein blieb und nie mehr wie
die Mittelgröße erreicht habe. Wenn ich jetzt als alter
Mann die Erziehung der Jungen in unseren höheren
Ständen mit ansehe, so kann ich nicht begreifen, wohin
eine derartige Verzärtelung und Verpimpelung und ein
Angewöhnen von tausenderlei unnützen Bedürfnissen des
Luxus und der Mode führen soll und wie man auf eine
solche Weise kräftige Offiziere, die körperlich im Stande
sind, die Strapazen eines Feldzuges zu ertragen, heran-
bilden will. Ich kannte bis zu meiner Einsegnung weder
Halsbinde noch Mantel, sondern lief in Wind und Wetter
stets in kurzer Jacke, bloßem Halse und häufig auch ohne
Mütze umher. Ob ich nasse Füße hatte oder nicht, darauf

3*

auch nur im Mindesten zu achten, fiel mir nicht ein, und
wenn im Winter der weitläufige See auf unserem Gute
mit der Wade gefischt wurde, habe ich zu meiner großen
Freude oft halbe Tage lang den Fischern bei der Arbeit
geholfen, obgleich man dabei bis über die Knie im kalten
Eiswasser stehen mußte. Auch die Parforcejagden, die im
Herbste bei uns geritten wurden, ritt ich fast immer im
bloßen Kopfe mit oder begleitete im Winter den Förster
auf den Anstand und fror in meiner Jacke gern einige
Stunden, wenn ich dann nur die Aussicht haben konnte,
einen guten Schuß thun zu dürfen. Hatte ich wirklich bei
dieser Lebensart mich einmal etwas zu sehr erkältet, nun
so kochte unsere gute Ausgeberin mir einen schweißtreiben=
den Kamillen= oder Fliederthee, es ging dann in's Bett
und am andern Morgen war ich wieder frisch und mun=
ter. Auch Beulen und Quetschungen, die bei dem wilden
Leben zu Roß oder durch Feld und Busch wohl mitunter
vorkamen, wurden durch ein einfaches Hausmittel wieder
geheilt, ohne daß sonst viel Wesen darüber gemacht wer=
den durfte. Der Arzt aus dem nächsten Städtchen hatte
auf unserem Gutshofe überhaupt verzweifelt wenig zu
thun, und wenn er dennoch ziemlich häufig zu uns kam,
so geschah dies mehr, um mit dem Großvater alten Rhein=
wein zu pokuliren und Karten zu spielen, als um Rezepte
zu schreiben. Nach alter Sitte sandte mein Großvater
dem Doctor dennoch regelmäßig am Neujahrstage zwölf
gut geränderte Holländer Dukaten, einen fetten Rehbock
und einen gefüllten Flaschenkorb.

Auf diesem Gute des Großvaters verbrachte ich nun

meine glückliche Jugendzeit bis zum Antritt des 16ten
Lebensjahres. Zahllose tolle und wilde Jugendstreiche
habe ich während dieser Zeit verübt und manche tüchtige
Schläge als wohlverdiente Strafe vom Großvater dafür
in Empfang genommen, mich sonst aber stets vortrefflich
befunden. Für einen zukünftigen Gelehrten hätte meine
Erziehung freilich nicht gepaßt, für einen künftigen Cavallerieofficier eignete sie sich aber ganz gut. Ich hatte klare
Sinne, einen gesunden Körper, konnte reiten, fechten, schießen, schwimmen auf die beste Art, besaß so viele Kenntnisse, wie in damaliger Zeit von einem Officier im Preußischen Heere verlangt wurden, und hegte vor Allem
einen glühenden Wunsch, recht bald ein Soldat werden
zu können, und als solcher für die Ehre der Preußischen
Fahne zu leben, — oder wollte das Schicksal dies so,
auch auf dem Schlachtfelde muthig zu sterben. Für einen
angehenden Junker der Cavallerie sind dies aber Alles
sehr schätzenswerthe Eigenschaften, weit besser, wie manche
Büchergelehrsamkeit.

Daß ich aber Preußischer Soldat werden müsse, stand
nicht allein bei mir, sondern auch bei dem Großvater
so fest, daß er sich gar nichts Anderes denken konnte.
Schon 1793, als die Nachricht von des Vaters Tode
bei uns anlangte, hatte der Großvater in einer bei ihm
sonst ganz ungewöhnlichen gerührten Stimmung zu mir
gesagt, indem er die Hand dabei auf meinen Kopf legte:
„Dein Vater ist als ein braver Soldat gestorben und
hat unserem Namen keine Schande gemacht, und da nimm
Dir ein Beispiel daran, Junge, und werde auch so, und

wenn Du auch im Felde bleibſt, ſo ſchadet das nichts,
wenn Du nur vorher recht viele verdammte Franzoſen
zuſammengehauen haſt, — und nun laß nur das alte
Flennen ſein, damit machſt Du den todten Vater
doch nicht wieder lebendig", wiſchte ſich dabei aber,
wie mir wohl erinnerlich blieb, mit der umgewandten
Hand ſelbſt eine Thräne des Schmerzes um den Gefalle=
nen aus dem Auge. Mein Vater war früher der Lieb=
lingsſohn des Großvaters geweſen, bevor ſeine Heirath
gegen deſſen Willen die Entzweiung hervorrief.

Da das Majorat meinem älteſten Onkel, der
ebenfalls Söhne hatte, anheimfiel und mir nur ein Capi=
tal von 18,000 Thalern zukam, ſo mußte ich auch ſchon,
um mir meinen Lebensunterhalt zu verdienen, Soldat wer=
den. Hätte man mir in meinen Jugendjahren übrigens
die Wahl zwiſchen einer Million oder einem Preußiſchen
Officierspatent gelaſſen, unbedingt hätte ich nach Letzterem
gegriffen.

Meine Einſegnung, zu der ich ſehr viel kernhafte
Bibelſprüche, die mir glücklicher Weiſe bis in mein hohes
Greiſenalter im Gedächtniß geblieben ſind, auswendig ge=
lernt hatte, war geſchehen und ſomit auch der Zeitpunkt
nahe gerückt, wo ich in den Waffendienſt eintreten
ſollte. Obgleich der Großvater mit der damaligen
Politik Preußens nicht im Mindeſten einverſtanden war,
und beſonders über die Baſeler Convention und die
ſtete Neutralität Preußens, das ſeiner Anſicht nach be=
ſtändig gegen die Franzoſen und deren revolutionaire
Politik hätte ankämpfen müſſen, viele Tauſende der kräf=

tigsten Soldatenflüche losgedonnert hatte, so blieb es doch
selbstverständlich, daß ich nur in die Preußische Armee
eintreten könne. „So kann es nicht bleiben. Se. Majestät
der König wird hoffentlich bald daran denken, daß er der
Erbe des alten Fritz ist, dies hundsföttische Lumpengesin-
del in Berlin, was immer um die Franzosen herum-
schwänzelt, zum Teufel jagen und dann geht der Krieg
gegen den Herrn Bonaparte los und, Junge, Du kannst
auch noch auf diese Franzmänner einhauen, wie wir das
bei Roßbach gethan haben. Junge, das war eine Lust,
und wenn ich nicht so ein alter ausrangirter Krüppel
wäre, ich sage Dir, heute lieber wie morgen ginge ich
wieder mit, wenn es heißt vorwärts marsch gegen die
Franzosen“, sprach der Großvater oft, und das kriegerische
Feuer des alten rühmlich gedienten Officiers blitzte dann
aus seinen Augen, und machte ihn trotz seiner sonstigen
Häßlichkeit — wenigstens in meinen Augen, schön. Da es
also bestimmt war, daß ich ein Preußischer Cavallerist werden sollte, so wandte sich der Großvater an den General-
Lieutenant von Blücher, den Chef des Husaren-Regiments,
bei dem auch mein Vater gestanden hatte, damit dieser
mich als Junker bei seinem Regimente anstellen möge.
Der Großvater, obgleich an 12 Jahre älter, war doch
noch ein Dutzbruder vom General Blücher, mit dem er
früher vielfach zusammen gelebt hatte. Der charakteristische
Brief, mit dem der General Blücher eigenhändig das
Schreiben des Großvaters wegen meiner Anstellung be-
antwortete, lautete folgendermaßen:

„Alter Freund und Bruder

Sehr hat es mir gefreut, Deine Krähenfüße mal wieder zu sehen, aber das Lesen davon ist ein verteufelt schwer Stück Arbeit. Daß der Junge Husar werden soll, habe ich mich gar nichts anders gedacht, und versteht es sich, daß ich ihn gern in mein Regiment als Junker annehmen will, da ja sein Vater auch schon einen so schönen Tod darin gefunden hat. Schicke den Jungen nur nach Stolpe, wo der Oberst jetzt ist, an den will ich schon deshalb schreiben, daß er ihn als Junker einrangirt und einen gehörigen Husaren aus ihn macht. Die Art dazu wird er schon haben, denn das Blut von Euch ist gut, das weiß ich schon lange.

Wenn ich mal Urlaub kriege, dann möchte ich Dich wohl mal auf Dein Gut in das schöne Mecklenburg besuchen, und ein Paar vergnügte Tage bei Dich verleben und so ein halbes Dutzend starke Hirsche schießen. Ich habe hier in Münster man so viele ecklige Geschäfte und der Weg ist auch so verteufelt weit. Na wer weiß, ob ich doch nicht im nächsten Herbst kommen kann. Grüße Deine wackere Hausfrau vielmals und sei versichert, daß ich Alles vor Deinem Jungen thun werde, was ich nur vermag.   Dein Blücher.“

Somit war denn mein Schicksal entschieden, und es wurde Alles gerüstet, daß ich in den nächsten Wochen abgehen könne, um in das von Blücher'sche Husaren-Regiment, von dem die meisten Schwadronen in Pommern, zwei aber im Münsterschen in Quartier standen, als Junker einzutreten.

Zweites Kapitel.

Eintritt als Standartenjunker in das von Blücher'sche Husaren-
Regiment, im Frühling 1802. — Zweikampf mit einem
Studenten in Greifswald. — Lustiges, tolles Leben und sehr
strenger Dienst in den pommerschen Garnisonsstädten. —
Jugendlicher Uebermuth. — Versetzung nach Münster im
Sommer 1804. — Wesen des General-Lieutenants von
Blücher. — Verhältnisse im Münster'schen Gebiete. — Be-
förderung zum Cornet im Jahre 1805. — Zweikampf mit
einem französischen Dragoner-Capitain. — Lob darüber aus
Blüchers Munde. — Commando nach Polen. — Längerer
Aufenthalt in Berlin. — Charakteristik des Prinzen Louis
Ferdinand und des Feldmarschalls von Möllendorf. —
Uebelstände in der Preußischen Heeresorganisation. — Liebes-
verhältniß mit einer polnischen Gräfin.

Der Gedanke, jetzt Preußischer Husar werden zu
können, und somit endlich am Ziel meiner Wünsche zu
sein, machte mir den Abschied vom Großvater und allen
Leuten, Pferden, Hunden und sonstigem Gethier des Hofes,
ungleich leichter, wie dies sonst der Fall gewesen wäre.
Mein Schwesterchen, die ich trotz aller meiner sonstigen Wild-
heit ungemein liebte, ward seit einem Jahre bei einer entfernt
wohnenden Tante erzogen, da die Großmutter wohl ein-

sehen mochte, daß das ganze Getreibe auf unserem Hofe
sich nicht zur Erziehung eines jungen Mädchens eignen
würde. Leider habe ich meine Schwester, die im Jahre
1806 unter sehr tragischen Umständen starb, niemals
wiedergesehen.

Am Tage vor meinem Abgange versammelte der Groß=
vater noch alle Nachbaren und Bekannte zu einem groß=
artigen Gastmahle, was nach damaliger Sitte mit einem
allgemeinen Trinkgelage endete. Zum Erstenmal in meinem
Leben ward ich jetzt zur Gesellschaft der Erwachsenen ge=
zählt und vor Beginn der Tafel allen Anwesenden feierlichst
vorgestellt. Mein Großvater, der bei dieser Gelegenheit
in seiner schwarzen Husarenuniform erschien, weihte oder
richtiger schlug mich auf eine etwas eigenthümliche Weise
zum Ritter. Er gab mir nämlich vor allen versammelten
Gästen auf der großen Hausdiele, wobei alle Fenster
von den neugierig zuschauenden Dienstleuten des Hofes
und den Dorfnachbaren dicht besetzt waren, eine laut
klatschende Ohrfeige, daß die Backe förmlich aufschwoll,
und sagte dabei lachend: „Det ist nu der letzte Schlag,
Junge, den Du Dir in Deinem ganzen zukünftigen Leben
darfst ungestraft geben lassen. Wer von jetzt an Dir be=
leidigt oder Dir nur ein schiefes Maul zieht, den forderst
Du vor den Säbel und haust Dich mit ihm herum, so
lange noch ein Blutstropfen in Dir ist. — Hast Du mir
verstanden, Junge?" Als ich dies bejahte, meinte der
Großvater: „Na das ist gut, das wollte ich mir auch
ausgebeten haben, und da hast Du denn auch eine

Waffe und führe sie mit Ehren vor Sr. Majestät dem
Könige von Preußen oder vor einen anderen deutschen
Fürsten und auch vor Deine eigene Ehre, wie alle Deine
Ahnen da" und dabei wies er auf die Reihe der an den
Wänden aufgehängten Ahnenbilder, „und wie ich und
Dein seliger Vater dies auch gethan haben und wie
Deine Söhne — wenn Du nämlich erst mal welche haben
wirst, dies auch hoffentlich thun werden."

Nach dieser kurzen aber erbaulichen Anrede, gab mir
der Großvater einen Kuß auf die noch von seiner Ohrfeige roth glühende Backe (ich habe ihn niemals sonst
küssen gesehen) und überreichte mir zugleich einen schönen
neuen Säbel, wie ihn damals die Standartenjunker des
von Blücherschen Husaren-Regiments trugen. Oben am
Griff war unser Familienwappen eingravirt, wie es in
jener Zeit häufig Sitte war. Ich ging jetzt bei allen
Anwesenden umher, schüttelte den Männern die Rechte,
küßte den Damen die Hand und gab auch einigen hübschen Bäschen und anderen näher bekannten jungen Mädchen einen Kuß auf ihre rosigen Wangen oder lieber noch
auf den Mund, wobei Einzelne sich freilich unter dem
allgemeinen Gelächter der ganzen Gesellschaft, etwas
sträubten und zierten. Von dieser Stunde an ward ich
förmlich als Erwachsener betrachtet, durfte meine Pfeife
rauchen und wenn ich Lust dazu hatte, auch mit den
Herren pokuliren, was der Großvater bisher nicht erlaubt
hatte, und ward auch von allen Dienstleuten, Invaliden
und Dorfbewohnern, die mich noch immer ohne Weiteres
geduzt hatten, mit Herr Junker und Sie angeredet, wäh-

renb ich die älteren Männer darunter Er oder Ihr, die jungen Burschen und Mädchen aber Du nannte.

Nach dem großen Trinkgelage, das bis zum hellen Morgen dauerte — während die jüngere Herren- und Damenwelt sich mit Tanzen vergnügte, wurden bei dem aufgehenden Sonnenschein noch verschiedene Reitübungen auf dem weitläufigen Hofe angestellt. Ich entsinne mich noch jetzt, mit welchem Stolz es mich damals erfüllte, daß ich einen sehr bösen Hengst, der schon mehrere anwesende Officiere ohne Weiteres abgeworfen hatte, mit großer Anstrengung endlich zu bändigen vermochte, was mir großes Lob eintrug. Ein junger, sehr reicher und auch übermüthiger Landedelmann, der immer etwas hochmüthig auf mich herabgesehen hatte, brach bei dieser Gelegenheit den Arm. Ueberhaupt waren derlei Trinkgelage auf unserem Hofe, denen dann gewöhnlich, wenn der Wein den Anwesenden etwas zu Kopf gestiegen war, Reitübungen auf jungen Pferden aus dem Gestüte des Großvaters folgten, oft eine ziemlich gefährliche Sache, bei denen wiederholt schon Brüche, Quetschungen und mehr oder minder bedeutende andere Verletzungen vorgekommen waren. Dem Großvater selbst konnte es bei allen derartigen Gelegenheiten gar nicht toll und wild genug zugehen, er ermuthigte zu den gewagtesten Reiterkunststücken, und als ein junger Husarenlieutenant einmal mit einem eben erst vom Großvater sehr theuer gekauften Hengst einen überaus gefährlichen Sprung machte, der zwar sonst gelang, wobei aber das Pferd selbst das Genick brach und auch der Reiter sich beim Sturze verletzte, lobte er diesen un-

gemein und vergaß aus Freude über den gelungenen
Sprung den Verlust des Pferdes. Es war vielleicht ein
etwas rüdes Leben, was dazumal auf manchen pommerschen und mecklenburgischen Landgütern, die von alten,
gedienten Officieren bewirthschaftet wurden, geführt ward,
allein es erzog doch manche tüchtige Männer, stark von
Körper und fest von Grundsätzen. —

Es ward ausgemacht, daß ich die Reise nach Stolpe
zu Pferde machen sollte, und der Großvater schenkte mir
gleich einen hübschen selbst gezogenen Rappen, der ganz
für den Husarensattel paßte, als eigenes Reitpferd. Ich
habe dasselbe geritten, bis es mir 1806 im Felde unter
dem Leibe erschossen wurde. Da ich noch zu jung und un-
erfahren war, um den Ritt allein machen zu können, so
gab mir der Großvater einen alten Husarenkorporal, der
jetzt als Reitknecht auf dem Hofe diente, zum Begleiter
mit. Eine gute Rolle mit Dukaten in der Tasche, den
reich mit Wäsche versehenen Mantelsack hinten auf das
Pferd geschnallt, meinen Säbel an der Seite und hinter
mir einen ebenso ausgerüsteten Veteran, ritt ich frohen
Herzens am 1. Juli 1802 von unserem Hofe fort, um in
eine neue Welt einzutreten. „Junge, halte Dir brav,
denk immer daran, daß Du von gutem Blute bist, lebe
lustig und vergnügt, aber mache nicht zu viele Schulden,
daß Du sie am Ende nicht bezahlen kannst und Dir die
Ehre dann zum Teufel geht, küsse jedes hübsche Mädchen,
wenn es Dir in den Weg kommt, aber werde kein Lieder-
jahn, der nichts weiter treibt, als nur stets den Frauen-
zimmern nachzulaufen, betrinke Dich nicht zu oft, spiele

nicht zu viel und vor Allem beobachte streng das Dienst-
und Exercier-Reglement und die Subordination, und damit Gott befohlen, Junge." Mit diesen kräftigen Lebens-
regeln, die ich mir Zeitlebens auch eingeprägt habe, ent-
ließ mich der Großvater vom Hofe. Als ich eine Viertelstunde geritten war, führte der Weg über einen kleinen
Hügel, von dem aus man den Hof, das ganze Dorf
und einen großen Theil der Feldmark des Gutes sehr
klar überbliden konnte. Unwillkührlich hielt ich meinen un-
geduldig scharrenden Rappen längere Zeit an und beschaute
wehmüthigen Sinnes diesen Schauplatz meiner glücklichen
Knabenjahre, den ich vielleicht niemals wieder erbliden sollte.

„Ja ja Herr Junker sehen Sie sich den Hof noch mal
gehörig an, — so gut wie hier, lebt es sich nicht viel
anderswärts in der Welt, und wenn Sie erst des Königs
bunten Rock auf dem Leibe haben, werden Sie es schon
verspüren, daß der Soldatenstand, und wenn man es auch
zum General darin bringt, Verdruß und Plackerei genug
hat" meinte der alte Husar, der hinter mir ritt, in seiner
treuherzigen Weise.

Alter, ehrlicher Holtenhusen, wie oft sind mir später
diese deine prophetischen Worte wieder ins Gedächtniß
zurückgerufen worden.

Ich war seit jener Fahrt als sechsjähriges Kind
von Pommern her nie weiter wie zwei bis drei Meilen von unserem Gute entfernt gewesen, und so gewährte dieser Ritt mir jetzt großes Interesse, so daß bald
alle traurigen Abschiedsgefühle gänzlich verschwanden.
Schon das Vorreiten vor den Wirthshäusern, das Be-

stellen und Bezahlen von Speise und Trank, wobei ich
es denn nie unterließ, den Schenkmädchen, wenn sie nur
einigermaßen hübsch waren, einige Scherze zu sagen und
in die prallen, rothen Backen zu greifen, gewährte mir ein
stolzes Gefühl der eigenen Selbstständigkeit. Ich war ja
jetzt kein Junge mehr, sondern ein erwachsener Mensch,
mußte mich also auch als solcher zeigen, und gab daher
in allen Wirthshäusern reichliches Trinkgeld. Wenn dann
Hausknechte, Kellner und Schenkmädchen mir recht unter-
thänige Bücklinge machten und mich zehnmal in einem
Athem „gnädiger Herr Baron" nannten, kam ich mir
wunder wie wichtig vor und zahlte gern noch mehr.

Mein alter Husar sah solchem Treiben einige Tage
kopfschüttelnd zu, sagte aber dann in der derb aufrichtigen
Sprache, die er stets gegen mich führte:

„Der Herr Junker sind doch gar ein dummer Esel,
daß Sie sich auf das Katzengebuckle von allen dem Gesindel
etwas einbilden und Ihre guten Drittelstücke dafür aus-
geben. Wenn noch so ein lumpiger Jude den Kerlen vier
Schillinge mehr bezahlte, machten sie noch viel mehr Kom-
plimente vor ihm."

Es war dies die erste Lehre, die ich erhielt, daß in
dem Treiben der Welt gar viel falscher Schein herrsche,
und ich schrieb sie mir wohl hinter die Ohren.

In Greifswald, wo ich besonders der Pferde wegen
zwei Tage Rast hielt, hatte ich mein erstes Abenteuer und zwar ein blutiges. Ich saß in einem öffent-
lichen Wirthshausgarten und trank vergnüglich mein
Glas Wein, als ein Haufe Studenten lärmend und

jubelnd in diesen Garten einbrang. Große Kerle
mit zum Theil schon starken Bärten waren die Meisten derselben, die hohe Koller, enge weiße Lederhosen,
reich verzierte Schnürjacken und bunte Mützen oder auch
gewaltige Stürmer trugen, und gewichtige blanke Rap-
piere ohne Scheide in den Händen hielten. Ich in meiner
Pikesche und meinen Säbel an der Seite, mußte sogleich
die Aufmerksamkeit dieser Studenten erregt haben; sie
musterten mich neugierig, und es schien, als höre ich in
ihrem lauten Gelächter spöttische Worte und besonders
auch die Bezeichnungen „Officierspflanze und Kommiß-
brodritter" u. s. w. Das Blut stieg mir zwar vor Zorn
schon zu Kopfe, doch hielt ich mich absichtlich ruhig. Eine
große dänische Dogge, die einem Studenten angehören
mußte, kam jetzt schnuppernd an mich herangelaufen, worauf der Besitzer des Hundes lachend rief: „Nero, nimm
Dich in Acht und trage das Junkerchen nicht im Maule
fort." Ein derber Fußtritt, den ich der Dogge in die
Rippen gab, daß sie heulend zur Seite flog, war meine
Erwiderung dieser Unverschämtheit. Ein baumlanger
Student, ein Kerl mit einem rechten rothen versoffenen
Renommistengesicht, wie solches zu jener Zeit auf manchen
deutschen Univerfitäten häufig zu finden war, kam nun
wüthend auf mich zugelaufen und schrie: „Sie dummer
Junge, wie können Sie wohl die Frechheit haben, meinem
Hund einen Fußtritt zu geben!"

„Weil er mich belästigt hat, und wenn Sie selbst
mich belästigen, so bekommen Sie auch eins über das
Maul", erwiderte ich in gerechtem Zorn.

Jetzt drangen die Studenten auf mich ein und wollten mich aus dem Garten werfen, ich aber zog blank und drohte, Jeden niederzuhauen, der mir nahe kommen würde.

Nach vielem wüsten Hin- und Hergeschrei, wurde denn endlich ausgemacht, daß ich dem Besitzer des Hundes sogleich Genugthuung auf sechs Gänge mit krummen Säbeln geben solle. Einer der Studenten, ein anständiger Mensch, erklärte sich bereit, mein Secundant zu sein. „Ich will das Bürschlein wie eine Lerche aufspießen", renommirte mein Gegner in roher Weise und gedachte, mich dadurch einzuschüchtern, allein ich vertraute auf meinen kräftigen Arm und meine mir vom Großvater, der ein berühmter Fechter war, eingelernte Geschicklichkeit in der Führung des Säbels, lachte zu solcher Prahlerei und hatte nicht die mindeste Furcht. Das Duell ward sogleich im Saale des Wirthshauses ausgefochten, und wir schlugen Beide wüthend auf einander los. Mein Gegner hatte den Vortheil, bedeutend größer zu sein, ich aber merkte bald, daß ich gewandter wie er focht, und hielt mich absichtlich zuerst in der Deckung, um ihn noch mehr zum Zorn zu reizen und unnöthig zu ermüden. Es gelang mir dies auch; fünf Gänge verliefen ohne Erfolg, im letzten merkte ich aber, daß der Arm meines Gegners zu erlahmen anfing, ging nun schnell zum Angriff über, und brachte ihm denn auch einen tüchtigen Hieb in das Gesicht bei, so daß das Blut herausstürzte und der Zweikampf ein Ende hatte. Die Studenten ärgerten sich zwar darüber, daß ich junger Bursche einen alten „Haupthahn"

von ihnen gehörig „ausgeschmiert" hatte, luden mich aber
nichtsbestoweniger am Abend zu einem großen Commersche
ein, welche Einladung ich auch annahm. Die natürliche
Folge davon war, daß ich mir einen tüchtigen Rausch an-
trank, und am anderen Morgen mit gewaltigem Katzen-
jammer meinen Ritt fortsetzen mußte, wozu der alte
Holtenhusen gewaltig brummte. Das Gerücht von
diesem Zweikampf brang aber später zum Regiment, verschaffte mir Lob und sogleich eine selbstständigere Stellung, als solche sonst die Estanbartenjunker einzunehmen
pflegten.

Ohne weitere Abenteuer langte ich nun in Stolpe
an, warb vom Obersten ziemlich freundlich empfangen und
der Schwadron des Rittmeisters v. B.... als Estanbartenjunker zugewiesen.

Am 27. Juli 1802 hatte ich die Ehre, Sr. Majestät
dem Könige von Preußen den Soldatenschwur der unbe-
dingten Treue leisten zu dürfen. Die Stunde, als ich
mit Hülfe eines gedienten Husaren — Holtenhusen war
schon wieder nach Mecklenburg zurückgeritten — das erste
Mal den rothen Dollman des Regiments anlegte und
die Pelzmütze mit dem Kolpack auf einen ganz vorschrifts-
mäßig frisirten Kopf setzte, wird mir ewig unvergeßlich
bleiben. Ich wurde gar nicht müde, mich in dem kleinen,
schiefen Spiegel, der in meinem Kämmerlein hing, zu betrachten, und kam mir selbst wunderschön vor. Nun ich
war damals ein derber, gut gewachsener junger Bursche
mit frischem, rothen Gesicht und prallen Backen. Die
Uniform der Blücher'schen Husaren sah sehr geschmackvoll

und hübsch aus, und so gab ich denn in der That auch keinen ganz üblen Husarenjunker ab, dem die jungen Mädels schon auf der Straße nachblinzeln konnten.

Den Fahneneid schwur ich mit großer Begeisterung, und es kam mir Alles so feierlich dabei vor, wie ich noch nichts im Leben gesehen hatte. Ich wiederholte mir dabei innerlich selbst das Gelübbe, unter allen Umständen diesem Eibe treu zu bleiben, und lieber den Tod zu suchen, als nur das Mindeste zu thun, was der Ehre eines Preußischen Soldaten unwürdig wäre.

Der Soldatenbienst jener Zeit war hart und strenge, und von dem Luxus und der Verweichlichung, wie solche in unserer Zeit leider auch immer mehr im Heere einzureißen broht, wußte man damals noch nichts. Besonders wir Junker wurden strenge gehalten, mußten tüchtig im Dienst heran und es wurde uns in keiner Weise auch nur das Allermindeste nachgesehen. Im Sommer um halb vier Uhr, im Winter um halb fünf Uhr blies der Trompeter die Reveille, dann hieß es, eiligst vom harten Lager aufspringen; ein Trunk Wasser, ein Bissen Commißbrod bildeten das Frühstück, und so wurde schnell in den Stall gelaufen, denn wer nur eine Minute zu spät kam, erhielt ohne Weiteres seine 24—48 Stunden Arrest auf der Wachtstube. Der Stallbienst dauerte stets zwei volle Stunden, und während dieser Zeit durften wir die Ställe keinen Augenblick verlassen. Die ersten vier Monate mußte ich trotz meines Ranges als Junker, allen Dienst eines gemeinen Husaren ganz strenge mit erfüllen. Ich handhabte Striegel und Kartätsche mit einem Eifer, daß mir der Schweiß oft in

4*

Strömen herunterlief, und putzte den kleinen, langmähnigen
Ukrainer Fuchs, den ich als Königliches Pferd ritt, so
blank, daß selbst mein brummiger Rittmeister kein Stäub=
chen darauf entdecken konnte. Ohne mich sträuben zu
dürfen, mußte ich auch beim sonstigen Stalldienst mit
helfen, habe oft den Karren mit Pferdemist aus dem
Raum gefahren, bin schwer mit Heubunden oder der
achttägigen Haferration im Sack, auf dem Rücken beladen,
durch das Städtchen gekeucht, oder habe mich auf das
Aeußerste angestrengt, meinem widerspenstigen Fuchs beim
Beschlagen den Hinterfuß zu halten. Die widerlichste
Arbeit war mir stets das Putzen des Sattels und doch
mußte auch dies geschehen, und ich entsinne mich noch,
daß ich außer unzähligen Flüchen einmal vom Rittmeister
einen dreitägigen Arrest auf der Wachtstube erhielt, weil
meine eine Steigbügelschnalle nicht gut geputzt war.

Einen Burschen zum Putzen meiner eigenen Sachen
durfte ich mir gar nicht halten, sondern mußte Alles selbst
besorgen, wobei ein alter, eisgrauer Wachtmeister, mit dem
ich zusammen im Quartier lag, meinen Lehrmeister abgab
und oft außerordentlich grob gegen mich war. Nach be=
endetem Stalldienst wurde im Sommer sogleich zum
Exerciren ausgerückt und dies dauerte so lange, daß wir
selten vor eilf Uhr wieder in das Quartier kamen. Ein
Stück Commißbrod, mit etwas Wurst oder Käse belegt,
je nach dem der augenblickliche Cassenbestand solchen Luxus
erlaubte, nebst einem Schluck Kornbrandwein aus der
kleinen, grünen Feldflasche in der Säbeltasche, bildeten das
Frühstück, was mit herausgenommen wurde.

Kamen wir vom Exercieren zurück, so konnte man sich nur tummeln, um das Pferd abzureiben und dann selbst sich zu reinigen und umzukleiden, denn mit dem Schlage zwölf Uhr dampfte die Suppenschüssel auf dem Tische unseres Rittmeisters, bei dem nach alter Sitte die Officiere und Junker der Schwadron stets unentgeltlich ihre Mittagsmahlzeit erhielten, dafür freilich aber auch manche Lebensmittel, z. B. Wild, Fische, als Ertrag der eifrig betriebenen Jagd und Fischerei, oder Erzeugnisse der nahe liegenden väterlichen Landgüter, in die Küche lieferten. Daß diese Mittagsmahlzeit bei dem Herrn Rittmeister für uns Junker etwas Behagliches hatte, möchte ich nicht behaupten. Wir befanden uns während dieser Zeit stets in einer Art von Dienstverhältniß, durften den Mund nicht aufmachen, wenn wir nicht ausdrücklich gefragt wurden, und erhielten Arrest, sobald wir einen Flecken auf das Tischtuch gemacht hatten oder auch nur eine Minute zu spät gekommen waren.

Der Rittmeister der Schwadron, in welcher ich diente, war ein tüchtiger, alter Soldat, der den kleinen Dienst vortrefflich kannte, und es schon verstand, seine Schwadron in Ordnung zu halten, die unbändigsten Kerle unter den angeworbenen Husaren in Zucht zu bringen und die vornehmsten und verweichlichtsten Muttersöhnchen unter den Junkern und Cornets recht militairisch zu erziehen, aber Liebenswürdigkeit und angenehme Formen konnte man ihm wahrlich nicht nachrühmen. Er brummte und fluchte beständig, sprach niemals ein freundliches Wort, und wenn die Kopfgicht in einer im Feldzuge von 1794 empfangenen

Wunde ihn besonders quälte, war er in der grimmigsten
Laune und verfügte nur zu viele harte und willkürliche
Strafen. Die Husaren seiner Schwadron haßten —
aber fürchteten den Rittmeister auch wie den leibhaftigen
Teufel. Nun ich selbst bin zwar häufig sehr ungerecht
von ihm bestraft worden, habe aber dafür auch vieles,
was für einen tüchtig sein wollenden Cavalleristen von
dem höchsten Werth ist, in den zwei Jahren, die ich unter
ihm diente, gelernt.

Viel unangenehmer, als der Rittmeister selbst, war
uns Junkern die unverheirathete Schwester desselben, die
ihm die Wirthschaft führte und beim Mittagstisch oben=
ansaß. Es war eine alte, geizige Person, recht das
Vorbild einer vertrockneten, neidischen, keifigen, alten
Jungfer. Der beste Wein konnte zu Essig werden und
süße Milch sogleich gerinnen, wenn sie ihre Blicke so recht
darauf richtete. Besonders wenn wir Junker etwas zu sehr
in die Schüsseln griffen, wußte sie gar nicht, was sie für
verzwickte Grimassen schneiden sollte, und wo sie nur konnte,
knappte sie an dem ohnehin schon kärglich zugemessenen
Mittagsessen so viel ab, daß wir gewöhnlich halb gesät=
tigt wieder aufstehen mußten. Suppe, Gemüse und aus=
gekochtes Fleisch bildeten unser Mahl, Dünnbier das Ge=
tränk dazu. Kam der Braten auf den Tisch, so mußten
wir Junker aufstehen, und durften nur des Sonntags länger
sitzen bleiben, wo dann Jeder ein Stück von dem schlechtesten
Theil des schlechten Bratens und ein Kelchglas sauren
Weins von Grüneberger Nordseite erhielt. Da mich die
vollen Fleischtöpfe auf dem großväterlichen Gute in Meck=

lenburg bisher sehr verwöhnt hatten, so wollte mir diese
karge Lebensweise gar nicht recht gefallen, und es dauerte
lange, bis ich mich an Commißbrod, Schlackwurst und Korn=
brandwein, die den Haupttheil meiner Nahrung bildeten,
so recht gewöhnt hatte. Nun, der Hunger trieb es hinein,
allmälich mundeten mir auch diese Genüsse, und ich blieb
stark, gesund und munter dabei.

Oft kaum halb gesättigt und doch in der Regel froh,
von dieser langweiligen, steifen Mahlzeit erlöst zu sein, stand
ich gegen dreiviertel auf Ein Uhr vom Tische auf, zog eiligst
wieder den Stallanzug an und ging in den Stall, wo der
Dienst wieder von ein bis drei Uhr dauerte. Am Nachmittag
ward dann häufig noch mit Pistolen oder Carabinern nach
der Scheibe geschossen, gefochten, voltigirt; kurz ein bis zwei
Stunden fanden sich noch allerlei Verrichtungen, worauf
ich dann auf meinem eigenen Reitpferde gewöhnlich in der
Gesellschaft der jüngeren Officiere einen Spazierritt in
das Freie machte. Bei diesen Spazierritten ging es häufig
munter genug her; es wurden kleine Wettrennen oder
Hetzjagden damit verbunden. Der Dienstzwang, der in
der Garnison herrschte, ward dabei abgelegt, und die
Officiere behandelten uns Junker nicht als bloße Unter=
gebene, sondern als ebenbürtige Edelleute. Mitunter
gingen diese Ritte nach benachbarten Landgütern, auf denen
uns näher bekannte Gutsbesitzer gern Gastfreundschaft
übten, häufig auch nach Wirthshäusern, wo die Officiere
nnd Junker der in den anderen Städten garnisonirenden
Escadrons unseres Regiments sich mit uns zusammen
fanden. Bei solchen gemeinsamen Zusammenkünften ward

manche Bowle Punſch geleert, manch toller Streich erzählt, viel Haſard geſpielt und ſonſt wildes Zeug getrieben. Mit etwas angetrunkenen Köpfen ging es dann bei
Nacht und Nebel wieder in den Garniſonsort zurück, und
es gehörte ſchon ein tüchtiger, waghalſiger Reiter und ein
gewandtes Roß dazu, um dieſe nächtlichen Ritte ungefähr-
det mitmachen zu können. Mir gewährten dieſelben ſtets
außerordentliches Vergnügen und waren die größten Ergötzlichkeiten, die ich während meiner Dienſtzeit als Junker
kannte.

Im Winter war der Dienſt für mich gewöhnlich noch
härter und anſtrengender, als im Sommer. Statt des
Exercierens wurde dann des Morgens in der Bahn geritten, und wir Junker mußten entweder drei bis vier Pferde
ſelbſt reiten oder bei dem Rekruten-Unterricht anweſend
ſein, ſo daß wir des Morgens von acht bis zwölf ſelten
aus der Reitbahn fortkamen und am Nachmittag dann noch
von drei bis vier oder, wenn es nicht zu dunkel war, bis
fünf Uhr zu Fuß exercieren mußten. Letztere Dienſtpflicht
war mir ſtets die läſtigſte, obgleich ſo ein vierſtündiges
Verweilen bei ſtrenger Winterkälte in einer offenen, jeder
Witterung preisgegebenen Reitbahn, auch ſeine großen
Beſchwerden hatte. Dazu war das Reiten der häufig
ſehr böſen, polniſchen Remontepferde auch keine Kleinigkeit
und erforderte Kraft und Gewandtheit. Die Pferde bock-
ten oft ſo ſehr, daß auch der beſte Reiter nicht im Sattel
bleiben konnte; man ward häufig abgeworfen und Beulen
und Quetſchungen gab es genug, ohne daß gerade viel
darauf geachtet wurde, wenn nur die Knochen ganz blie-

ben. Unser Rittmeister hatte oft eine verzweifelt unangenehme Art Reitunterricht zu geben, besonders wenn die
Kopfgicht ihn plagte. „Verfluchte Lümmel, infames Racker-
zeug, krummbeinige Schneidergesellen" waren noch die
sanftesten Benennungen, die er uns gab, und mit der
langen, schweren Bahnpeitsche hieb er rechts und links
über Pferde und Reiter, unbekümmert, wohin gerade die
Hiebe fielen. Gar manche dicke, rothe Schwielen, die
nicht wenig schmerzten, habe ich über Backen, Lenden und
Hände bei diesem Reitunterricht davon getragen. Die
Entschuldigungsworte des Rittmeisters (da ein Junker
weder geschimpft, noch gar geschlagen werden durfte):
„Junker, Sie sind bei Allem nicht mit dabei gemeint"
waren ein sehr geringer Trost für diese Härte des Unter-
richts. Trotz dieser strengen Art mochten die Husaren
doch gar nicht ungern bei unserm Rittmeister reiten, ungleich lieber, wie beim Premier-Lieutenant der Escadron,
der lange, theoretische Regeln mit näselnder Stimme vor-
plapperte und durch seine Langweiligkeit Alle bis auf das
Aeußerste quälte.

Nachdem ich übrigens an acht Monate den Dienst
eines Gemeinen verrichtet hatte, that ich Corporaldienst,
und brauchte nun nicht mehr selbst Pferd und Sachen zu
putzen, hatte es aber sonst in vieler Hinsicht noch schlim-
mer, da ich für den Zustand meiner Corporalschaft ver-
antwortlich sein mußte. Arreststrafen erhielt ich häufig,
und zornige Flüche fuhren nur zu oft auf mich herab,
ohne mir jedoch großen Schaden zuzufügen. Bei all'
diesem strengen Dienst und den vielen Entbehrungen und

Plagen, von denen unsere jetzige verwöhnte Jugend kaum
noch eine Ahnung hat, war es jedoch eine lustige Zeit,
die ich als Junker verlebte, und sehr gerne denke ich noch
jetzt daran zurück. Welche unversiegliche Quelle von
Lebenslust strömte damals durch meine Adern, wie konnte
nichts mir· den frohen Jugendmuth auch nur auf Stunden
rauben. Wie viele übermüthige Neckereien trieben wir
mit Allem, wenn es nur nicht gegen den Dienst und die
Subordination ging. Es war besonders noch ein Junker
unter uns, der einen so unvertilgbaren Hang zum Possen-
treiben hatte, daß er durch nichts, selbst nicht durch die
sichere Aussicht einer strengen Strafe, davon zurückgehal-
ten werden konnte. Die Hälfte seiner bienstfreien Zeit
brachte mein Freund als Arrestant auf der Wachtstube zu,
und sann dann während dieser Haft schon wieder auf neue
lustige Streiche. Besonders dem dicken Bürgermeister des
Städtchens und dann der mageren Schwester unseres Ritt=
meisters suchten wir auf jede Weise allerlei Schabernack
zu spielen. Wir verrammelten Ersterem häufig des Nachts
die Hausthür, indem wir beladene Dungwagen oder sonstige
Ackergeräthschaften davor aufhäuften, ja haben sogar ein=
mal in einer langen Winternacht die Thür förmlich zuge=
mauert, indem wir den Nachtwächter betrunken machten
und einige frühere Maurergesellen, die unter den Husaren
dienten, mit zur Hülfe nahmen. Das Halloh, was es
am anderen Morgen gab, als es hieß, der Bürgermeister sei eingemauert, kann man sich denken. Alt
und Jung, Weib und Mann, Vornehm und Gering
liefen im tiefsten Morgenanzug auf der Straße zu=

sammen, um dieses Wunder anzustaunen. Und dazu der
dide Bürgermeister mit vor Zorn kirschrothem Gesicht,
die weiße Nachtmütze auf dem Kopfe, aus dem Fenster
sehend, und schimpfend und fluchend und alle zehn Tausend
Teufel auf die Köpfe der Anstifter dieses Streiches wün-
schend; — es war wirklich ein zu lustiges Schauspiel, was
selbst den griesgrämigsten Hypochondristen hätte zum
Lachen bringen müssen, und mit den acht Tagen Wacht-
stubenarrest, die wir Junker dafür erhielten, nicht zu theuer
bezahlt war. Ein Hauptvergnügen von uns bestand auch
darin, in den langen Winterabenden alle Hunde, Katzen,
Hühner, Gänse, kurz alle verschiedenen Thiere der guten Einwohner unseres Garnisonsstädtchens einzufangen, ja selbst
aus wohlverwahrten Ställen zu entwenden. Diese Thiere
wurden dann in unserem Zimmer mit allen möglichen
bunten Farben auf die abenteuerlichste Weise angemalt
oder lieber noch mit Höllenstein unvertilgbar schwarz ge-
beizt, und dann am anderen Morgen wieder laufen gelassen. Viel Lärm entstand wegen dieser unbefugten Malerei, manche Strafen wurden deshalb verhängt; ja als
wir einst einem weißen Kater einer alten, geizigen Wittwe
einen schwarzen Schwanz angebeizt hatten, erstreckte sich
die Klage sogar bis Berlin und wurde nur mit Mühe
vom Oberst beschwichtigt. Daß wir einzelnen Bürgern,
die des Abends spät in der Schenke blieben, die Thür-
schlösser zubanden oder mit Vogelleim beschmierten, so daß
die Hausschlüssel nicht schließen wollten, oder uns als
Gespenster verkleideten, um so furchtsame Personen auf
einsamen Gängen zu erschrecken, war etwas ganz Gewöhn-

liches. Todtenköpfe wurden dann aufgesetzt und mit Co-
lophonium, Phosphor und angezündetem Spiritus: Blitze,
Feuerspeien und ähnliche Schreckmittel heraufbeschworen.
Besonders auch auf die alte, geizige Schwester unseres Rittmeisters, welche von der ganzen Schwadron auf das
Gründlichste gehaßt wurde, hatten wir es hierbei abgesehen.
Gar als der Rittmeister einmal auf einige Monate nach
Polen commandirt war, um Remonte zu holen, trieben wir es so arg, daß der schon genannte Haupt-
urheber, der Junker Grf. D., deshalb zu einem
anderen Regimente versetzt wurde. Wir hatten nämlich heimlich der alten Person einen großen Wollsack
über den Kopf geworfen, sie darin fortgetragen und nun
diesen Sack oben an den Ast einer hohen Linde, die vor
dem Hause stand, angebunden. Das Zetergeschrei der
Dame oben aus dem Baum rief ebenfalls viele Leute zusammen, die gar nicht begreifen konnten, auf welche
Weise dieselbe in den Sack gekommen war. Dies war
übrigens der letzte übermüthige Streich, den wir in der
Art verübten, da wir Junker alle nach abgebüßtem Arrest
in andere Schwadronen versetzt wurden, so daß unser froher Bund sich damit auflöste.

Im Herbst des Jahres 1804 kam ich nach Münster,
wo damals zwei Schwadronen unseres Regiments in
Garnison standen. Hier sah ich zum Erstenmal den Ge-
nerallieutenant von Blücher, den Chef unseres Regiments,
der sich durch sein kühnes Benehmen 1793 bis 1794
in Frankreich schon einen sehr geachteten Namen im
ganzen Heere erworben hatte. Ich werde den ersten Ein-

druck, den mir der General von Blücher machte, nie vergessen, denn in ihm sah ich so recht mein Vorbild eines tüchtigen Preußischen Reiterofficiers lebendig vor Augen. Die Schwadron, zu der ich als Standartenjunker versetzt war, stand auf einem Felde unweit Münster aufmarschirt, um vom General, der auf einer dienstlichen Reise abwesend war, gemustert zu werden, als ich ihn zum Erstenmal sah. In voller Husarenuniform kam er auf einem feurigen Ukrainer Roß, das reiches Zaumzeug trug, hervorgesprengt und setzte sogleich mit mächtigem Sprung über eine das Feld begrenzende Hecke, um so den Umweg durch das Wegeloch zu vermeiden.

„Guten Morgen Husaren, das freuet mich sehr, daß ich Euch hier auf dem Platze halten sehe," rief er mit seiner kräftigen Baßstimme, in der ein eigenthümlich frischer und belebender Klang lag, der Schwadron entgegen, indem er mit großer Gewandtheit sein schnaubendes Pferd im vollen Galopp dicht vor unserer Front parirte.

„Guten Morgen Ew. Excellenz", rief einstimmig die ganze Schwadron, und man konnte es dem Rufe schon anhören, daß auch die Husaren über das Wiedersehen wirklich erfreut waren. Ein alter Unterofficier am Flügel, der früher lange Zeit beim General als Ordonnanz gewesen war, und sich mit ihm in ungezwungener Weise unterhielt, fragte sogar: „Ew. Excellenz haben sich wohl mal wieder recht gehörig über die Rackers von Franzosen ärgern müssen?" (Der General von Blücher kam nämlich von einer Inspectionsreise, bei welcher er dienstliche Geschäfte

mit den in der Nähe stehenden französischen Truppen ge=
habt hatte, zurück.)

„Na und ob, aber wir kriegen das Kroppzeug doch
noch mal vor die Plempe" gab Blücher lachend zuück.

Jetzt mußte ich auf Befehl des Rittmeisters aus der
Front vorreiten und ward dem General vorgestellt.

Mit seinen feurigen Augen, deren Blick mir durch die
Seele drang, schaute derselbe mich von oben bis unten an
und sprach dann in freundlichem Tone „das Gesicht ist gut,
und der Sitz zu Pferde gefällt mir auch. — Freut mich,
Sie kennen zu lernen, Junker. Sie haben einen rühm=
lichen Namen, und Ihr Großvater und Vater waren
Beide so brave Officiere, wie nur je welche den Husaren=
dollman Sr. Majestät des Königs von Preußen getragen
haben. Ich hoffe, Sie werden auch nicht aus der Art
schlagen. Sollen zwar in Pommern viel dumme Streiche
gemacht haben und oft im Arrest gesessen, aber das schadet
nichts, wenn nur sonst das Andere gut ist. — Können
heute das Mittagbrod bei mich essen, Junker." Nach
diesen freundlichen Worten, die mir ungemein wohl thaten,
nickte der General=Lieutenant von Blücher noch wohlwol=
lend mit dem Kopfe und ritt dann weiter, um noch andere
dort aufgestellte Truppen zu besichtigen, während ich mein
Pferd wieder in das Glied zurückzog. Bald darauf ließ
der General uns Husaren exercieren, und commandirte
dabei persönlich, wie er dies oft zu seinem besonderen
Vergnügen that. Ich habe in meinem viel bewegten Reiter=
leben manche Befehlshaber gehabt, die es vortrefflich ver=
standen, die Schwadronen gehörig umherzutummeln, so

daß das Exercieren sowohl für Officiere wie Soldaten, eine wahre Lust war, an die man noch oft mit Vergnügen zurückdenken konnte; aber einen Stabsofficier, der dies so vortrefflich verstand, wie der General-Lieutenant von Blücher, sah ich weder vor- noch nachher jemals wieder. Wie Trompetenklang, so hell und schmetternd und das Männerherz erwärmend, ertönte seine sonore Stimme bei dem Commando „Marsch — marsch". Selbst die faulsten Kerle, die sonst nur so auf den Pferden herumbummelten, bekamen neues Leben, wenn der General commandirte, und allen Husaren war dies das größte Fest, obgleich er weder Roß noch Reiter im Allerminde sten dabei schonte. Durch Dick und Dünn ging es, daß Alles dampfte, und über Hindernisse, vor denen manche Schwadronsführer sicherlich gestutzt hätten, wußte er die Schwadronen gut zu führen. Freilich stürzten bei diesem wilden Gejage oft manche Husaren, und auch die Pferde sahen etwas mitge= nommen aus, allein alle Reiter nahmen sich aus eigenem Antriebe dabei so zusammen, daß wirkliche Unglücksfälle ungleich seltener vorkamen, als man eigentlich hätte be= fürchten sollen. Und wenn dann das Exercieren gut ge= gangen war — allzulange liebte es der General nicht —, dann hielt er mit so freudigem Gesicht vor der Front und rief so lustig und frisch sein „Danke Euch, Ihr Bursche, das ging gut und wenn es erst gegen diese Satanskerle, die verdammten — (das Wort Franzosen sprach er nicht aus) losgeht, so laßt Ihr es auch nicht fehlen, das weiß ich", daß es leicht begreiflich war, daß nicht allein alle Husaren unseres Regiments, sondern alle Soldaten, die

ihn kannten, für ihren alten Blücher das Kühnste unter=
nommen und das Härteste ertragen hätten. Ja es war
ein ganzer Mann, dieser später so berühmte Marschall
Vorwärts, und ich kann dem Schicksal gar nicht genug
dankbar dafür sein, daß ich in so früher Jugend schon
unter seinen unmittelbaren Befehl gekommen bin.

Als ich nach beendetem Exercieren an diesem Tage
zuerst bei dem General=Lieutenant zu Mittag essen sollte,
klopfte mir anfänglich doch die Brust etwas vor Erwar=
tung, obgleich ich sonst von Natur gerade nicht blöde bin.

Der General aber empfing mich sogleich mit jener
liebenswürdigen Jovialität, die er außer Dienst — im
Dienst konnte er oft sehr strenge und grob sein — gegen
alle Untergebene beobachtete.

„Na Junker, das ginge heute Morgen auf dem Exer=
cierplatz gut — Ihr habt Euch tüchtig gehalten, und das
hat mich gefreut, erstlich weil Ihr ein Sohn und Enkel
von meinen beiden alten, wackeren Kriegskameraden, und
zweitens weil Ihr doch so ein halber Mecklenburger, also
eine Art Landsmann von mir seid." „Sind gute Caval=
leristen, diese Mecklenburger, aber man muß sie nur immer
recht mobil halten, sonst werden sie zu dick und faul",
wandte er sich lachend zu dem Kreis der übrigen einge=
ladenen Officiere. „Nun vorwärts, meine Herren, zu
Tisch, mich hungert und dürstet gewaltig, und Ihr Magen
wird auch wohl leer sein. Und Sie, Junker, hauen Sie
man gehörig auf die Schüsseln und Flaschen drein, und
seien Sie nicht blöde und lassen sich nicht nöthigen — als
ich noch Junker war, hatte ich Tag und Nacht Hunger
und noch mehr Durst", sagte er dann zu mir.

Speise und Trank an der Tafel des General-Lieutenants von Blücher, zu der ich monatlich zwei bis drei Mal eingeladen wurde, waren sehr reichlich und gut, obgleich gerade für einen Feinschmecker nicht berechnet. Es ging ungemein heiter und zwanglos dabei zu; die große Jovialität und der sehr kernhafte, wenn mitunter auch wohl etwas derbe Witz des Generals, der gern und viel sprach, erheiterte Alles, und von der steifen und langweiligen Förmlichkeit, die sonst so leicht an der Tafel eines commandirenden Generals stattfindet, wenn die meisten Gäste nur Subalternofficiere sind, war hier keine Spur zu sehen. Der General trank selbst ein bis zwei Flaschen, und mochte es gern, wenn auch seine Gäste dem Weine gut zusprachen, so daß wir oft mit etwas gerötheten Gesichtern und in lebhafter Stimmung von Tische aufstanden. Häufig wurden dann noch in dem Hofe des Schlosses zu Münster, wo der General-Lieutenant von Blücher wohnte, Reiterkunststücke gemacht, an denen der General dann selbst trotz Rang und Alter, mit der Gewandtheit und dem lebendigen Eifer des jüngsten Cornets Antheil nahm. Ich habe wenige Männer gekannt, die noch im späten Alter einen so leichten, ungezwungenen Sitz zu Pferde hatten, wie der General von Blücher. Seine Zügelführung war aber etwas heftig und ungleichmäßig.

Das Leben in Münster war damals für die Preußischen Officiere eigenthümlicher Art. Erst zwei Jahre vorher hatte der General von Blücher von den Münsterschen Landen Besitz genommen, und sich dabei an die

vielen Protestationen der Erzbischöflichen Behörden nicht
im Mindesten gekehrt. Lachend hat er den Notar, der
ihm mit der Protestations-Urkunde an der Grenze des
Münsterschen Gebietes entgegengeritten war, die Hand
gereicht und gemeint, sie würden gewiß noch manches Glas
Rheinwein zusammen trinken und gute Freunde werden,
und damit die feierliche Urkunde zusammengeknüllt in die
Säbeltasche gesteckt, ohne vorher auch nur einen einzigen
Blick darauf zu werfen. Es war unter solchen Umständen
natürlich, daß wir Preußen im Münsterlande keine sonderlich gerngesehene Gäste waren, und besonders der reiche,
stolze und streng katholische Adel hier hielt sich möglichst
von jedem Verkehr mit den Preußischen Officieren fern.
Gastfreie Landadelsitze, wie daheim in Pommern, wo wir
jungen Officiere und Edelleute jeden Tag willkommen
waren, gab es hier nicht für uns, das merkte ich gleich
in der ersten Woche meines Aufenthaltes. Nur wenn es
gar nicht anders ging, öffnete der Adel uns hier die Thü-
ren seiner Landschlösser und alten Stadthäuser in Münster
selbst, und empfing uns dann mit einer so ceremoniellen
und steifen Höflichkeit, daß man sich trotz alles äußeren
Glanzes der Bewirthung, doch sehr ungemüthlich dort
fand, je eher je lieber solche Feste verließ und sie sicherlich,
wenn man es vermeiden konnte, nicht wieder aufsuchte.
Selbst die jungen Mädchen und Frauen des Adels und
höheren Bürgerstandes, soweit solcher in Münster damals
vorhanden war, theilten die stolze Zurückhaltung der Männerwelt gegen uns, obgleich doch sonst die Uniformen das
viel beneidete Vorrecht haben, sich leicht die Gunst der weib-

lichen Herzen zu erringen. Es gab hohe, schlanke, würdevolle
Gestalten und feine, so recht vornehme Gesichter unter
diesen Münsterschen Edeldamen, aber sie waren schweigsam,
hüllten sich in frostige Zurückhaltung und glichen in ihrem
Verkehr mit uns auf Bällen oder sonstigen großen Festen
mehr marmornen Statuen, wie warmblütigen Weibern.
Die damals im Münsterlande sehr einflußreiche, streng
ultramontane Geistlichkeit soll besonders sehr viel dazu
beigetragen haben, die Damenwelt zu dieser kalten Zurückhaltung gegen uns ketzerische, protestantische Preußen zu bewegen. Da waren mir die munteren, zwang-
losen, pommerschen Fräuleins mit ihren derben, rothen
Backen, mit denen wir so lustige Spiele gespielt und so
viel unbefangene Kurzweil getrieben hatten, doch ungleich
lieber, wie diese stolzen Münsterländerinnen Daß übrigens die Liebe doch mitunter alle Schranken durchbricht
und mächtiger, wie jedes sonstige Gefühl ist, zeigte sich
auch hier wieder. Ein sehr schönes und sonst sehr stolzes,
streng katholisches Mädchen aus einem der vornehmsten
hiesigen Adelsgeschlechter, verliebte sich so sehr in einen
armen bürgerlichen Lieutenant, der übrigens ein wunder-
schöner, tüchtiger und tapferer Officier war, daß sie endlich in eine Entführung und heimliche Trauung einwilligte.
Die Geschichte machte damals großes Aufsehen. Der
Lieutenant hatte ein Duell mit einem Vetter seiner jungen
Gattin und hieb denselben zusammen, wofür er zwei Jahre
auf die Festung kam, wohin seine Frau ihm folgte.
Beim Ausbruch des Krieges doch sogleich der Festungshaft
entlassen, focht er sehr muthig in Ostpreußen, ward bei

5*

Eylau schwer verwundet und starb, von seiner treuen Le-
bensgefährtin auf das Eifrigste gepflegt. Das Lazareth-
fieber raffte auch bald darauf diese schöne, edle und muthige
Frau, eine wahre Zierde ihres Geschlechts, hinweg.

Daß übrigens trotz aller inneren gegenseitigen Abneigung das Verhältniß der Preußischen Truppen zu den
Einwohnern des Münsterlandes im Ganzen doch immer
ein leibliches blieb, dazu trug die große, persönliche Liebenswürdigkeit, soldatische Freimüthigkeit und dabei doch
politische Klugheit unseres commandirenden Generals von
Blücher ungemein viel bei. Seine große Gutmüthigkeit,
schlichte Einfachheit und Natürlichkeit, wie der kernhafte
Mutterwitz, den er stets zeigte, machte den General von
Blücher bald zum allgemeinen Liebling aller unteren und
mittleren Stände, trotz der großen Abneigung, die diese
gegen die „Prüßen", wie sie uns nannten, hegten. Ich
habe selbst gesehen, daß Blücher einem Bauer, der mit
seinem Holzfuder umgeworfen hatte, eine halbe Stunde bei
der Wiederaufrichtung des Wagens half, oder dem ersten
Besten Feuer, ja häufig auch Taback aus seinem eigenen
Beutel für die Pfeife gab. Mit dem stolzen, zurückhal-
tenden Adel verstand er es ebenfalls ganz vortrefflich um-
zugehen. Er that, als merke er von dieser Kälte gar
nichts, und war lustig, arglos und zuvorkommend gegen
alle Männer, die er häufig zu sich zur Tafel einlud und
dann beim Römer des besten Rheinweines ihre kalten
Herzen zu erwärmen und allmälig für sich zu gewinnen
wußte. Der alte Husarengeneral war bei solchen Gelegenheiten von einer persönlichen Liebenswürdigkeit, echt

soldatischen Freimüthigkeit und dabei wieder so geriebenen Schlauheit, wie man solche Eigenschaften selten in einer Persönlichkeit vereint finden wird. Er konnte, wenn er wollte, unter der Maske der größten Ungezwungenheit die feinsten diplomatischen Intriguen, um welche ihn selbst ein Talleyrand beneidet haben würde, entwickeln. Auch hatte er — besonders beim Glase Wein — die Gabe der Rede und brachte oft so hübsche, gewandte und schnell improvisirte Trinksprüche aus, wie man solche von einem Husaren=general nicht hätte erwarten sollen. Gegen die vornehmen Damen konnte er, wenn er wollte, sehr liebenswürdig und von einer gewinnenden, ritterlichen Galanterie sein. Allzuwohl fühlte der General von Blücher sich übrigens nicht in vornehmer Damengesellschaft und liebte den Zwang nicht, den solche ihm auferlegte. Leichtfertige Schauspie=lerinnen und Weibsbilder ähnlichen Schlages, die Tabacks=rauch, Punschbowlen und zweideutige Späße vertragen konnten, waren dem General — der damals auch in der Liebe noch manchen Beweis jugendlicher Frische gab — die angenehmste Gesellschaft. Was nun mich persönlich anbe=langte, so wollte es mir, trotz des großen Wohlwollens, welches der General=Lieutenant von Blücher bei jeder Gelegenheit gegen mich zeigte, in der ersten Zeit in Mün=ster nicht recht gefallen, und ich sehnte mich sehr nach Pommern zurück. Für ausgelassene Streiche des über=schäumenden Jugendübermuthes war hier kein günstiges Feld; dies sah ich gleich in der ersten Zeit meines Aufent=haltes ein. Jeder Uebermuth gegen die Bewohner des Landes war sowohl Officieren wie Soldaten auf das

Strengſte unterſagt, und zog nach dem ausdrücklichen Befehl des Generals von Blücher ſogleich die nachdrücklich-
ſten Strafen nach ſich. Es war hierin ein großer Unter-
ſchied gegen das Leben in den altpreußiſchen Provinzen,
wo man ſich ſchon ein Späßchen gegen die guten Bürger
erlauben konnte, ohne daß dies weitere Folgen gehabt
hätte.

Ein günſtiger Zufall wollte, daß ich genaue Bekannt-
ſchaft mit einem ſehr unterrichteten Artillerielieutenant der
Münſterſchen Garniſon machte, und von dieſem auf das
Lebhafteſte zur Erweiterung meiner Kenntniſſe angehalten
wurde. Wie das bei meiner Jugenderziehung und meiner
ganzen früheren Lebensweiſe auch gar nicht anders ſein
konnte, war meine wiſſenſchaftliche Ausbildung äußerſt
gering, und ich bekümmerte mich um alles Andere mehr,
als um Bücher. Mein Freund brachte mir zuerſt Geſchmack
am Leſen bei, und gab mir zu dem Zweck die Werke von
Schiller, von denen ich bisher keine Ahnung gehabt hatte,
obgleich ich dunkel gehört, daß ein Comödienſchreiber dieſes Namens lebe. Ich verſchlang dieſe Bücher mit ſolcher
Begierde, daß ich alle meine übrigen früheren Beluſtigun-
gen anfänglich gänzlich vernachläſſigte, und es gab eine
Zeit, in der ich faſt immer einen Band von Schiller in
der Säbeltaſche bei mir herumführte, um jeden dienſtfreien
Augenblick ſogleich zum Leſen verwenden zu können. Bin
ich doch von meinen Kameraden mitunter wegen des plötzlich in mir gekommenen Hanges zum Leſen nicht wenig
geneckt worden, und vermochte mich nur meine anerkannte
Gewandtheit im Reiten und Fechten und jedem Dienſt

von dem Beinamen eines „Büchergelehrten", das Schlimmste,
was einen Husarenjunker nur treffen konnte, zu retten. Das
Lesen der Schillerschen geschichtlichen Werke trieb mich
auch weiter dazu, meine unendlich dürftigen historischen
Kenntnisse durch anderweitige Lectüre zu erweitern und in
einen mehr geordneten Zusammenhang zu bringen. Auch
einige, wenn freilich nur geringe mathematische Kenntnisse verdanke ich dem Umgang meines sehr gelehrten
Freundes von der Artillerie; wie denn überhaupt hier in
Münster der Grund zu meinem ganzen übrigen, wenn
auch überaus lückenhaften Wissen gelegt wurde.

Im Sommer 1805 ward ich nach dreijähriger Dienstzeit als Junker zum Cornet, also zum Officier ernannt.
Eine wahre Freude erfüllte mich, als ich zum Erstenmal
das Officiersportepee Sr. Majestät des Königs von Preußen an meinen Säbel befestigen konnte, und ich schwur
bei mir selbst, lieber das Leben zu opfern, als durch meine
Schuld den geringsten Flecken auf dasselbe kommen zu
lassen. Auch der Großvater war sehr erfreut, daß ich
jetzt Officier geworden war, sandte mir zwei sehr hübsche
Pferde eigener Zucht und ein ganzes Sümmchen voll-
wichtiger Holländer Dukaten zur Equipirung und Bezah-
lung der Schulden, die ich als Junker gemacht hatte.
Gern wäre ich nach Mecklenburg gereist, um mich dort
im Glanz meiner neuen Cornetsuniform zu zeigen, allein
der Dienst erlaubte dies nicht, und so habe ich den guten
Großvater, der im nächsten Jahre starb, niemals wieder
gesehen. Von so vielem Urlaub, wie er jetzt gegeben
wird, war damals im Preußischen Heere keine Rede, und

wenn ein Officier alle zwei bis drei Jahre einige Monate
sogar in das Ausland reisen durfte, so ward dies schon
als das Aeußerste angesehen.

Wir Husaren hatten damals viel Dienst in Pikets
an der Grenze, und so war es nicht zu vermeiden, daß
wir mit den dort stehenden französischen Officieren häufig
in Berührung kamen. Es war uns zwar auf das Strengste
befohlen worden, in möglichst bestem Einvernehmen mit
den französischen Officieren zu bleiben und jede Streitig-
keit mit denselben zu vermeiden. Wo aber ein so tiefer
gegenseitiger Nationalhaß ist, wie er zwischen den Franzosen und Preußen stets geherrscht hat und auch für alle
Zukunft herrschen wird, da kann es an Reibereien nicht
fehlen; daß junge Officiere dann leicht zum Säbel greifen,
ist natürlich und lobenswerth.

So hatte ich denn auch wenige Wochen nach meiner
Ernennung zum Cornet mein erstes Duell mit einem
französischen Dragonerofficier, und zwar eigenthümlicher
Weise zu Pferde. Mehrere Preußische Infanterieofficiere,
zu denen ich mich gesellt, hatten eine Vergnügungspartie
nach einem hart an der Preußischen Grenze gelegenen,
ländlichen Wirthshaus, welches durch seinen guten Rheinwein bei allen Officieren beider Heere sehr beliebt war,
gemacht. Wir hatten schon einigen Flaschen die Hälse
gebrochen und befanden uns in der heitersten Stimmung,
ohne jedoch im Mindesten betrunken zu sein, als ungefähr
ein Dutzend französische Infanterie- und Dragonerofficiere
von den in der Nähe liegenden Corps hereintraten, um
sich ebenfalls an dem guten Wein zu laben. Wir be-

grüßten uns artig mit den Herren, wie dies die militairische Sitte vorschreibt, wechselten einige höflich=gleichgül-
tige Worte mit denselben und kümmerten uns dann nicht
weiter um die fremden Gäste. Die französischen Infanterieofficiere waren auch ganz artig; bei den Dragoner-
officieren aber, unter denen sich einige rohe Menschen
von schlechter Erziehung befanden, schien die sichtbare
Lust, auf eine oder die andere Weise Händel mit uns
anzufangen, zu herrschen. Unter der französischen Cavallerie war überhaupt im Allgemeinen eine größere Ge-
hässigkeit gegen uns Preußische Cavalleristen zu finden,
wie bei der Infanterie und Artillerie, unter welchen
Waffen im Allgemeinen mehr gebildete Officiere dienten.
Die Franzosen sind — mit manchen Ausnahmen — durch=
schnittlich sehr mittelmäßige Reiter und Pferdekenner, und
dies hatten viele Preußische Cavalleristen dazu benutzt,
stets das schlechteste Zeug aus ihren Ställen um viel zu
hohe Preise an die französischen Officiere zu verkaufen,
was gerade nicht dazu beitrug, die freundliche Gesinnung
Letzterer gegen uns zu erhöhen. So fingen denn auch
jetzt die französischen Dragoner=Officiere bald an, allerlei
spöttische Bemerkungen über das Reiten und den Pferde=
stand einer Preußischen Dragonerschwadron, die sie kürz=
lich gesehen hatten, unter sich auszutauschen. Einige ältere
Officiere unter uns, die eine unangenehme Begegnung
befürchten mochten, wollten uns zum Verlassen des Zim-
mers bewegen, allein wir Jüngeren hielten dies für ein
Zeichen der Schwäche und setzten es nun durch, daß wir

sämmtlich sitzen blieben, um der Dinge, die da kommen
würden, ruhig zu harren.

Einer der französischen Dragoner-Officiere, ein sehr
großer, stattlicher Mann mit einem rothen Gesicht, in dem
sich Rohheit und Uebermuth abspiegelten, hatte sich bei dieser
Gelegenheit durch die lautesten Reden und die spöttischsten
Bemerkungen über die Preußische Dragonerschwadron am
meisten bemerkbar gemacht, so daß ich eine besondere Wuth
gegen diesen unverschämten Kerl faßte. Auch er schien gegen
mich, den einzigen Husaren-Officier hier, viel Abneigung zu
hegen und hatte mich wiederholt schon mit dreisten Blicken
gemustert, die ich dann auf gleiche Weise erwiderte.

„Nimm Dich in Acht, der großmäulige Franzose
scheint es besonders auf Dich abgesehen zu haben", raunte
mir noch ein neben mir sitzender Kamerad von der Infanterie in das Ohr.

Sei es zufällig oder absichtlich; einige französische
Infanterie-Officiere fingen nun an, den schon erwähnten
Dragoner-Officier mit dem zwar starken, aber etwas
schwerfälligen normännischen Hengst, auf dem er herge-
ritten war, zu necken und zu behaupten, der langmähnige,
flüchtige Ukrainer, den ich geritten, gefiele ihnen besser.

„Bleibt mir mit dem Windhunde von Pferde fort
— zum Davonjagen auf der Flucht ist das Thier höch-
stens abgerichtet, und ich würde einen Reiter darauf, der
sich mir zu widersetzen wagte, sogleich über den Haufen
reiten", rief der Franzose in so lautem und spöttischem
Tone aus, daß es durch das ganze Zimmer erscholl.

Dies sollte nun eine offenbare Insolenz gegen mich

sein, und ich wäre nicht der Ehre werth gewesen, eine Preußische Officiersuniform tragen zu dürfen, hätte ich solche ruhig geduldet.

Ich stand daher sogleich auf, trat dicht an den Dragoner heran und sagte laut: „Mein Herr, Sie sind ein unverschämter Prahler, und ich fordere Sie auf, entweder Ihre Worte von vorhin sogleich zurückzunehmen, oder mir mit den Waffen die gewünschte Genugthuung zu geben."

„Ho ho, Sie kleines Husarchen, mit mir, dem Capitain Dugommier, wollen Sie schon fechten, wahrhaftig die Keckheit ist so groß, daß sie mich sogar belustigt", schrie der schon etwas angetrunkene Capitain, indem er sich hoch aufrichtete, als wolle er mir durch seinen mächtigen Körperbau imponiren.

„Sind Sie eben so feige wie unverschämt, so bedaure ich nur, mit Ihnen gesprochen zu haben, obgleich Sie die Uniform eines Officiers tragen dürfen", gab ich ihm zur Antwort, — worauf er lachend meinte, zu Fuß wie zu Pferde würde er mich jeden Augenblick in lauter Kochstücke zerhauen.

„Es war mir schon der Eigenthümlichkeit wegen sehr lieb, daß der Franzose sich auch zu Pferde mit mir duelliren wollte, und schnell ging ich auf diesen Vorschlag ein. Zwar wollten einige Officiere solchen Zweikampf zu Pferde zu verhindern suchen, die Anderen aber, schon von der Neuheit eines derartigen Schauspiels angezogen, erklärten sich dafür, und es wurde nun ausgemacht, daß wir Beide auf der Stelle mit unseren Dienstwaffen und auf unseren Pferden so lange mit einander kämpfen sollten, bis eine

Verwundung den Einen oder Anderen am weiteren Kampfe
verhindern würde. Dabei mußten wir uns durch unser
Ehrenwort verpflichten, nicht absichtlich auf unsere Pferde
einzuhauen. Eine ziemlich geräumige, von einer Hecke
umschlossene Feldkoppel in der Nähe des Wirthshauses,
ward zum Platz des Kampfes bestimmt, und alle an=
wesenden Officiere begaben sich dahin, um Augenzeugen
desselben zu sein.

Mit wirklich frohem Gesicht — denn ich hatte gewal=
tige Kampfeslust gegen diesen übermüthigen Franzosen im
Herzen — bestieg ich meinen behenden Ukrainer Falben,
nachdem ich vorher Sattel und Zaumzeug desselben sorg=
fältig untersucht hatte, damit ja Alles daran gehörig fest
und haltbar sei. Mein Pferd, was ich ritt, war zwar
schnell und gewandt, paßte aber sonst nicht gut für diesen
Kampf, da es noch etwas scheu und leicht umdrehend war.
Der normännische Hengst des Dragoner=Officiers schien
sehr ruhig und sicher zugeritten, aber sonst nicht so behende
wie mein Pferd zu sein. Mein Gegner war in voller
Uniform, den Helm mit lang herunterhängendem Roß=
schweif auf dem Kopf, während ich nur Dollman und
eine leichte Mütze trug. Seine Waffe war ein langer,
spitzer Stoßpallasch, die meine ein krummer Husarensäbel
mit einer trefflichen Klinge, die schon mein Vater geführt
hatte.

Auf dem Felde angekommen, wurden wir fünf und
zwanzig Schritte von einander gegenüber gestellt und
mußten blank ziehen, während sich die Gruppen der zu=
sehenden preußischen und französischen Officiere in genü=

genber Entfernung, um uns beim Kampfe selbst nicht zu hindern, aufstellten.

„En avant Messieurs", rief nun ein französischer Major, der als einziger anwesender Stabsofficier das Commando übernommen hatte, und das Duell begann. In langsamer Gangart ritt mein Gegner einige Schritte vor, blieb dann halten und legte seinen langen Pallasch weit zum Stoß vor, mich so erwartend. Ein ungemein höhnischer Ausdruck, der in seinen gemeinen Zügen lag, reizte mich noch mehr zum Zorn. Ich gab meinem Fal= ben die Sporen und sprengte in kurzem Galopp gegen den verhaßten Feind vor, um ihm womöglich die linke Seite abzugewinnen und dann einen kräftigen Hieb über das lästernde Maul zu geben. Als ich dem Franzosen auf wenige Schritte nahe gekommen war, schwirrte der= selbe einige Male recht schnell mit dem Pallasch in der Luft umher, um mein Pferd scheu zu machen. Sein Plan gelang ihm; mein Falber wollte scheu umdrehen, und als ich ihm die Sporen in die Seiten hieb, bäumte das Thier sich hoch mit mir in die Luft. In demselben Augenblick stieß der Franzose zu, allein statt meine Brust, wie er gehofft hatte, zu treffen, fuhr seine Klinge nur durch meine Säbeltasche und blieb darin stecken, so daß er mir solche beim Zurückziehen mit abriß. Mein Falber war jetzt noch scheuer geworden, drehte kurz auf dem Hintertheil um und machte einige gewaltige Sätze zurück, bevor ich ihn wieder bändigen konnte. Wie glühende Stiche traf mich das höhnische Gelächter und einige spöttische Worte, welche der ruhig auf seinem Platze haltengebliebene Franzose mir

nachsandte, und auch einige der zuschauenden französischen
Officiere waren tactlos genug, um in ein Lachen auszu-
brechen. Ich bearbeitete mein Roß mit den Sporen, daß
ihm das Blut aus den Flanken lief, warf es dann wieder
herum und sprengte auf's Neue gegen den in Stichparade
ausliegenden Franzosen an. Derselbe wollte abermals
dasselbe Manöver, mein Pferd scheu zu machen, versuchen,
wie ihm dies das Erstemal geglückt war, allein diesmal
gelang es mir, solches zu vereiteln. Ich ließ meinen
Falben nicht gerade auf den Franzosen losgehen, sondern
etwas seitwärts auf die linke Seite, so daß er weniger
scheute, stieß ihm dann plötzlich den rechten Sporen gewaltig ein, damit er seitwärts springe, und benutzte diesen
Augenblick, wo ich meinem von solchem unerwarteten
Manöver etwas verwirrten Gegner recht nahe gekommen
war, um blitzschnell einen kräftigen Hieb nach dessen Gesicht zu führen. Mein Plan war geglückt; der Hieb hatte
den Franzosen quer über die Nase getroffen, und war so
tief gedrungen, daß mein Gegner im Sattel zu wanken
anfing und sich mit beiden Händen in den Mähnen an-
klammerte, worauf einige anwesende französische Offfciere
herbeisprangen, um ihn zu unterstützen. Als ich mein
Pferd wieder parirt hatte und nun meinen blutenden
wehrlosen Gegner sah, ward ich von einer solchen stolzen
Freude ergriffen, daß ich dies Gefühl nicht um Hundert-
tausende von Thalern fortgegeben hätte.

Das Duell war beendet; mein Gegner mußte den
Händen des Wundarztes, der mehrere Monate an ihm
herumgeflickt hat, übergeben werden, und so empfahlen wir

uns denn den französischen Officieren. Einige derselben, besonders von der Infanterie, waren sehr artig, Andere hingegen sichtbar über meinen glücklichen Erfolg verletzt, und ich glaube, wären wir noch länger in ihrer Gesellschaft geblieben, so hätte es an neuen Zwistigkeiten nicht gefehlt. Das war nicht nöthig, dem Gebote der Ehre war vollständig Genüge geleistet; muthwillige Streitigkeiten mit den Franzosen hatte man uns strenge untersagt und so fuhren und ritten wir Preußen denn in heiterer Stimmung und ganz mit den Ergebnissen des heutigen Tages zufrieden von dannen.

Als der General-Lieutenant von Blücher diesen Zweikampf erfuhr, war er ungemein von dem Erfolg desselben befriedigt, obgleich ich später auf Klage der französischen benachbarten Militairbehörten, dem Namen nach, einige Wochen Arrest erhalten sollte. Ich mußte dem General den ganzen Verlauf der Sache umständlich erzählen, er strich sich dabei vergnügt den langen Schnurrbart und rief: „Das ist mich eine große Freude, Cornet, daß Sie dem schockschwerenoths-verdammten Franzosen mit dem Säbel so über sein Großmaul gefahren sind. Könnten wir es doch mit alle die Hallunken so machen — aberst das soll ja nicht sein. — Na heute Mittag, Cornet, da essen Sie einen Löffel Suppe bei mich, und da wollen wir in dem besten Rheinwein aus meinem Keller noch mal auf Ihren guten Hieb anstoßen."

Und so geschah es auch; beim Mahle ging es ungemein lustig zu, und zum Schluß ergriff der General-Lieutenant von Blücher seinen mächtigen, grünen Römer,

der ganz mit altem Rüdesheimer gefüllt war, und rief:
„Auf die Gesundheit von unserem Cornet, der ganz so
wie ein Preußischer Officier handeln muß, gethan hat",
und alle anwesenden Stabs= und Oberofficiere stießen ihre
Gläser mit mir an, daß es hell klang. Dies war freilich
eine große Ehre für mich neunzehnjährigen jungen Officier,
dem damals kaum der erste Bart zu sprießen auffing. Die
Officiere meiner Schwadron schenkten mir übrigens eine
neue Säbeltasche, statt der von dem französischen Dragoner=
Capitain durchstochenen, als Ehrengeschenk.

Es ging das Gerücht, mehrere französische Dragoner-
Officiere, wüthend über die Niederlage ihres Kameraden,
der als der beste Fechter seines Regiments bekannt war,
hätten sich vorgenommen, mich aufzusuchen, dann absichtlich
zu beleidigen, und so nach und nach so lange zum Zweikampf zu zwingen, bis ich geblieben wäre. Theils wohl,
um von diesen Streitigkeiten entfernt zu werden, vielleicht
auch als Belohnung, ward ich im Herbst des Jahres 1805
nach Warschau commandirt, um dort einen Transport von
polnischen Remonteppferden zu übernehmen. Es war dies
zwar ein höchst mühsames und beschwerliches, aber für
einen so jungen Officier, wie ich war, auch sehr ehren=
volles und einträgliches Commando. Vergnügten Sinnes
und ganz mit der frohen Jugendkraft eines Jünglings,
bestieg ich meinen Ukrainer Falben und ritt vorerst nach
Berlin, um von dort aus mit einem weiteren gemischten
Commando, welches von einem Stabsofficier befehligt
wurde, nach Warschau abzugehen. Ich war noch nie in
Berlin, ja überhaupt außer in Münster, noch in keiner

größeren Stadt gewesen, und so imponirte mir Alles, was ich dort sah, gewaltig. Mein Commando wurde verzögert, weil die Preußische Armee sich damals auf den Kriegsfuß setzen und in das Feld marschiren sollte, und in diesem Falle wären die polnischen Remonten, die ein Jahr lang zur Abrichtung gebrauchen, doch zu spät gekommen, und man hätte schon angerittene Pferde aus dem Lande selbst in aller Eile ankaufen müssen.

So blieb ich denn über sechs Wochen in Berlin, und obgleich mich diese Ungewißheit häufig verdroß, so vergnügte ich mich doch sonst vortrefflich. Es war damals ein sehr bewegtes, wenn auch gerade kein sonderlich erfreuliches Leben in der Preußischen Hauptstadt, die schon so viel Ruhm und Ehre gesehen hatte und bald darauf solche Schmach erleben sollte. Zwar hatte ich mich als Husaren-Cornet, bisher um alles Andere mehr, wie gerade um Politik bekümmert, und nur, wie alle meine jüngeren Kameraden ohne Ausnahme, den heißen Wunsch gehegt, recht bald gegen die bitter gehaßten Franzosen loszuschlagen zu dürfen; hier in Berlin aber sah und hörte ich Manches, was mir bisher gänzlich fremd geblieben war. Zuerst merkte ich leider, daß die damals an der Spitze der Verhandlungen gegen das Ausland stehenden Männer, die Grafen Haugwitz und Luchesini und die Herren Behme, Lombard und Andere nicht die Männer waren, die Ehre Preußens gegen einen übermüthigen Feind zu wahren. Es war mir unbegreiflich, daß unser braver, so durch und durch ehrenwerther König Friedrich Wilhelm solche Rathgeber in seiner Nähe dulden, oder gar, wie dies leider

geschah, denselben Vertrauen schenken und die aus so trü=
ber Quelle stammenden Rathschläge befolgen konnte. Gerade
damals im Hochsommer 1805 wäre für Preußen der rechte
Zeitpunkt gewesen, sich gegen Frankreich, den Sitz alles Un=
heiles in Europa, zu erheben. Preußen, Oesterreich, Ruß=
land und England vereint, solcher gewaltigen Macht hätte
Napoleon Bonaparte, trotz seines großen Feldherrngenies,
doch auf die Länge nicht widerstehen können, und wäre
dann wahrscheinlich bald von seinem usurpirten Thron
gestürzt worden. Welche ganz andere Wendung hätten
aber die Geschicke unseres Welttheiles genommen, wie
unendlich viel Blutvergießen wäre vermieden worden, wenn
damals 1805 das geschehen wäre, was neun Jahre später
1814 endlich zur Ausführung kam.

Als der Führer der Kriegspartei in Berlin, der alle
muthigen und tüchtigen Officiere des Heeres und alle
denkenden, wahrhaft vaterländisch gesinnten Männer des
Landes, denen die Ehre höher galt, wie ein augenblick=
licher Vortheil, anhingen, stand damals Seine Königliche
Hoheit der Prinz Louis Ferdinand da.

Die Erzählung von meinem Zweikampf mit dem über=
müthigen Dragonercapitain war bis zu den Ohren des
Prinzen gedrungen, und dies verschaffte mir die Ehre
wiederholter Einladungen zu ihm, die mir sonst als jungen
Cornet wohl nicht zu Theil geworden wären. So bin
ich damals 1805 und später auch beim Beginn des Feld=
zuges 1806 viel in der Gesellschaft des Prinzen gewesen,
und habe manche fröhliche Stunden mit demselben verlebt.
So viele ausgezeichnete Männer ich auch in meinem viel=

bewegten Leben kennen zu lernen das Vergnügen hatte,
so habe ich doch selten einen Menschen gefunden, dem die
Natur bestechendere Vorzüge des Körpers, Geistes und
Herzens in so reichem Maße verliehen hätte, wie diesem
Prinzen. Er war von seltener Wohlgestalt; ein Meister
in allen ritterlichen Künsten und besonders ein kühner Reiter
und guter Schütze. Sein Gesicht trug den Character
männlichen Muthes, und aus seinen großen, blauen
Augen, deren Ausdruck Aehnlichkeit mit denen seines
Onkels Friedrich des Großen gehabt haben soll, blitzte
geistige Lebendigkeit und feuriger Ungestüm. Solche Eigen=
schaften machten den Prinzen überall zum Liebling der
Frauen, und es hätte weder seines hohen Ranges noch
seiner großen Freigebigkeit bedurft, um ihm die Herzen
aller Weiber aus den verschiedensten Ständen zu gewin=
nen. Diese Leichtigkeit, weibliche Eroberungen zu machen,
trieb den Prinzen Louis Ferdinand leider zu einem zügel=
loseren Leben, wie es für ihn zuträglich war. Er hatte
stets zärtliche Verhältnisse in Menge. Leider war auch
der sonstige Umgang des Prinzen nicht immer der ge=
wählteste und passendste, wozu seine große Vorliebe für
die Musik wohl auch viel beitragen mochte. Musiker,
jüdische Literaten, Poeten und verkommene Genies, ja
selbst Comödianten und Leute ähnlichen Schlages, mit
denen ein Officier und nun gar ein Königlicher Prinz füg=
lich nicht hätte umgehen sollen, verkehrten nur zu häufig
in seinem Palais. Mit diesen zwar amüsanten, aber doch
nicht recht ehrenhaften Gesellschaftern, dann einem halben
Dutzend Schauspielerinnen und Jüdinnen und Einigen der

ausgelassensten jüngeren Gardeofficiere, unter denen der
lange Nostiz sich besonders hervorzuthun suchte, durch=
schwärmte der Prinz oft ganze Nächte. Jeder der Theil=
nehmer dieser Feste hatte seine zeitweilig erklärte Geliebte,
die freilich häufig genug wechselte. —

Bei all' diesem zügellosen Umgang und diesem sich
viel zu sehr Gehenlassen vergaß der Prinz doch nicht,
was er der Würde seines Königlichen Stammes schuldig
war. Ich entsinne mich noch mit Vergnügen, daß nach
einem sehr aufgeregten Mahle, wo selbst der Boden mit
leeren Champagnerflaschen bedeckt war, ein anwesender,
zwar sehr witziger, aber dabei auch frecher, jüdischer
Schöngeist, der uns den Abend durch viele Späße und
joviale Geschichten unterhalten hatte, es wagte, eine spöt=
tische Bemerkung über Se. Majestät den König zu machen,
die bei einem Theile der Gesellschaft beifälliges Lachen
erregte. Der Prinz, der den Witz nicht gehört hatte,
erkundigte sich nach dem Grund dieses Gelächters; sobald
er aber solchen vernahm, erhielt sein bis dahin ausge=
lassenes Gesicht sogleich einen völlig veränderten Ausdruck.
Sein Auge ward zornig, seine Stirn finster, und mit
ernster Stimme sagte er zu dem ganz verblüfft aussehen=
den Literaten: „Mein Herr, Sie haben vergessen, daß
Sie die Ehre hatten, in der Gesellschaft Preußischer Offi=
ciere zu sein, — verlassen Sie augenblicklich mein Haus,
dessen Gastrecht Sie so schmählich verletzten, und betreten
Sie solches nimmer wieder." Der Literat wollte einige
Entschuldigungsworte stammeln, aber „Hinaus" war die
einzige Antwort des Prinzen, der mit der Hand nach der

Thür wies und ihm dann den Rücken drehte. Auch die
übrige Gesellschaft verabschiedete der Prinz alsdann, und
zog sich in sichtbar düsterer Stimmung in sein Zimmer
zurück. Alle Personen, die damals in das unziemliche
Gelächter ausbrachen, sind — wie ich später erfuhr —
niemals wieder in das Palais des Prinzen eingeladen
worden, obgleich sich einige sehr schöne Schauspielerinnen,
die früher von ihm beschützt wurden und jetzt zu den de-
müthigsten Schmeicheleien ihre Zuflucht nahmen, darunter
befanden. Ich muß bekennen, daß seit diesem Vorfall
meine innere Achtung vor Sr. Königlichen Hoheit dem
Prinzen Louis Ferdinand wesentlich erhöht ward.

Als Soldat bekümmerte sich der Prinz im Frieden
nicht sonderlich viel um die Pflichten seines Standes, und
trieb Alles mit einer gewissen leichtfertigen Genialität.
Er hatte entschiedenes Talent, um ein tüchtiger Heerführer
zu werden, und wäre er von Jugend auf in einer strengen
Schule erzogen worden, so hätte er auch als General
Großes leisten können. So aber mangelten ihm gar
mancherlei Kenntnisse für seinen Stand, und ohne einen
besonders gut zusammengesetzten Generalstab, der hierin
aushelfen konnte, wäre er nicht im Stande gewesen, ein
Armee-Corps zu befehligen. Schade, daß er nicht fünfzig
Jahre früher geboren und dann in der strengen Schule von
Friedrich dem Großen erzogen worden war; er hätte in
der That Ausgezeichnetes leisten können. Mir persönlich
war er stets ein ungemein gnädiger Herr, dem ich sowohl
1805 in Berlin, wie auch 1806 im Felde manche sehr

vergnügte Stunden verdanke, und dessen Andenken un-
vergessen in meinem Herzen fortleben wird.

Häufig verkehrte ich während meines jetzigen Aufenthaltes auch im Hause des alten, berühmten Feldmarschalls
von Möllendorf, der ein sehr genauer Freund und Waffen-
bruder meines Großvaters aus dem siebenjährigen Kriege
her gewesen war. Hier hatte der damalige Hauptmann
von Möllendorf bei vielen Gelegenheiten und besonders
auch bei Leuthen sich so rühmlichst ausgezeichnet, daß
Friedrich der Große ihn für denjenigen jungen Officier,
der für die Zukunft zu den schönsten Hoffnungen berechtige,
erklärte. Ein schöneres Lob konnte wohl nicht so leicht
irgend ein Officier erhalten. So ungemein verehrungs-
würdig auch nun der alte Möllendorf immer war und so
sehr er in jeder Hinsicht als das Musterbild eines in
Ehren ergrauten Preußischen Officiers gelten und ein
wahrer Ritter ohne Furcht und Tadel genannt werden
konnte, so fehlten ihm jetzt doch schon manche Eigenschaften,
um ein größeres Heer in einem ernsthaften Kriege zu
befehligen. Schon sein hohes Alter verhinderte ihn daran,
die körperliche Rüstigkeit und geistige Thatkraft zu zeigen,
deren ein Heerführer im Felde so dringend bedarf. Der
alte Feldmarschall Möllendorf fühlte diese Schwäche auch
selbst recht wohl, sprach schon 1805 wiederholt davon, sich
in den wohlverdienten Ruhestand zurückzuziehen, — ließ
sich aber vorzüglich auf Bitten des Königs, der ihn hoch
schätzte und dem Heere gern einen so bewährten Führer
erhalten wissen wollte, immer wieder von diesem Entschluß
zurückbringen.

Alte, körperlich schwache Greise als Generäle und
Regiments-Commandeure fand ich überhaupt viele in Berlin und den anderen Preußischen Garnisonsorten, die ich
jetzt besuchte. Zwar war ich zu sehr im Glauben an die
Unbesiegbarkeit des Preußischen Heeres erzogen und auch
daran gewöhnt, Alles, was von Sr. Majestät dem Könige
ausging, unbedingt gut zu finden, als daß mein Vertrauen
in die Vortrefflichkeit unserer Heeresorganisation erschüttert
werden konnte, allein immer häufiger fingen von jetzt an
bei mir beunruhigende Zweifel aufzutauchen, ob denn auch
wirklich Alles bei uns so zweckmäßig eingerichtet sei, wie
es sein müsse. Solche commandirende Generäle, wie wir
in Münster in unserem Blücher zu besitzen das Glück
hatten, sah ich nicht überall, und ein Eifer und dadurch
eine Waffenausbildung, wie sie in unserem Husaren-
Regimente herrschte, fand leider kaum annähernd in manchen Regimentern statt. Einige Cürassierregimenter, die
ich auf dieser Commandoreise sah, gefielen mir nicht sonderlich, und manche Infanterieregimenter mißfielen mir
sogar im hohen Grade. Alte, abgelebte, dabei pedantische,
in ihrer Dummheit aufgeblasene und sich für unfehlbar
haltende Männer waren die Bataillons- und Regiments-
Commandeure. Kaum noch konnten diese wahren Zerr-
bilder von Officieren in die Sättel ihrer alten, steifen
Gäule hinaufklettern, und saßen sie einmal zwischen den
pauschigen Polstern derselben fest, so war ein schwerfälliger
Galopp auf möglichst kurze Strecke das Aeußerste, was
sie im Reiten zu leisten vermochten. Auch bei der Infanterie war die Ausbildung theilweise sehr mangelhaft; vom

Tirailliren, Scharfschießen und ähnlichen Uebungen, wie
solche für den Soldaten, der im Felde wirklich etwas
Tüchtiges leisten soll, so bringend nothwendig sind, war
bei manchen Regimentern auch keine Spur vorhanden.
Aber selbst in Berlin bei der Garde=Cavallerie, so ungemein glänzend auch Alles dort aussah, und so viele reiche,
vornehme und oft auch vom ritterlichsten Geiste beseelte
Officiere in derselben dienten, wollte mir bei näherer Prü-
fung Vieles nicht sonderlich gefallen. Dem äußeren Scheine
ward auch hier manches wirklich Tüchtige geopfert, und
hätte unser General von Blücher nur einige Male das
berühmte und glänzende Regiment der Gensd'armen exercieren lassen, gar viele kräftige Flüche der größten Unzu-
friedenheit wären sicherlich dabei über seine Lippen gekommen. Von den jungen, reichen Garde=Officiéren waren
Manche auch viel zu verwöhnt, genossen alle Verführun-
gen der großen, vergnügungssüchtigen Stadt in zu reichem
Maße, als daß nicht dadurch eine Erschlaffung an Geist
und Körper und nothwendiger Weise eine Vernachlässigung
des Dienstes hätte eintreten sollen. Wir Officiere der
Feld=Cavallerieregimenter in den kleinen, schlechten Garnisonen, lebten ungleich einfacher, mußten viel mehr im
Sattel sitzen und uns in jeder Hinsicht abhärten, wie
unsere vornehmen Kameraden von der Garde, wurden
aber dadurch vielleicht auch für das eigentliche Kriegsleben practischer.

Wenn nun zwar im Herbst 1805 die Rüstungen
Preußens dem Anschein nach immer eifriger betrieben
wurden und ein Zusammenziehen bedeutender Corps in

Sachsen auch stattfand, so kam es, wie bekannt, leider in diesem Jahre doch noch nicht zum Kriege. So erhielt ich denn auch den Befehl, in den polnischen Landestheilen Remontepferde zu übernehmen und solche dem Regimente zuzuführen. Es war dies zwar ein sehr beschwerliches Geschäft, doch glückte es mir, mein Commando ohne weitere Unannehmlichkeiten glücklich durchzuführen. Nur mich selbst schlug ein polnischer Wildfang so heftig an den Fuß, daß ich eine sehr schmerzliche Verletzung erhielt und mehrere Wochen gar nicht reiten, sondern nur mühsam an einer Krücke umherhumpeln konnte. An dergleichen Unfälle, wie sie im Leben eines Reiter=Officiers sich leicht ereignen können, war ich aber von Mecklenburg her schon so ziemlich gewöhnt, und machte mir weiter nicht viel daraus. Bei diesem Commando in Polen verliebte ich mich übrigens zum ersten Mal recht ernstlich in meinem Leben; denn bisher hatte ich nur Liebschaften mit weiblichen Personen der unteren Stände, wie solche sich den Cavallerie=Officieren der kleineren Garnisonen darbieten, gehabt. Eine wunderschöne polnische Gräfin, wirklich ein reizendes Mädchen voller Geist, Gracie und all' der bezaubernden Körperschönheit, wie solche die Polinnen höherer Stände oft in so ausgezeichneter Weise besitzen, war der Gegenstand meiner Liebe, die auch nicht unerwidert blieb. Nur die Religion — die Erkorene meines Herzens war eine sehr eifrige Katholikin — hielt uns von einer heimlichen Vermählung ab, sonst wäre ich mit dem Leichtsinn eines zwanzigjährigen Cornets ohne Weiteres solche eingegangen, so glühend war meine Liebe. Wir tauschten aber Haar=

locken und andere kleine Zeichen unserer Zuneigung und
mancher feurige Kuß wurde heimlich gegeben und von
süßen Lippen gern zurückerstattet. — Nun der Marsch=
befehl meines Commandos rief mich denn noch zur
rechten Zeit wieder aus Polen nach Westphalen zurück,
und obschon ich in der ersten Zeit zornig genug darüber
war und allen Dienst und Zwang zu zehntausend Teufeln
verwünschte, auch wirklich auf einige Wochen einen Ansatz
zur Melancholie nahm, sah ich doch bald ein, daß diese
Trennung für uns Beide das Beste gewesen war, um
weitere dumme Streiche, die leicht dann üble Folgen hät=
ten nach sich ziehen können, zu verhindern. Ich habe die
damals so heißgeliebte Dame meines Herzens zwanzig
Jahre später als runde, behäbige Großmutter eines klei=
nen Enkelkindes in recht behaglichen Verhältnissen wieder=
gefunden, und wir Beide haben uns freundschaftlich die
Hände geschüttelt und über unsere damalige Schwärmerei
gelacht.

Einen Bruder der schönen Gräfin, der als Rittmeister
bei den polnischen Lanciers Napoleons diente, nahm ich
1813 gefangen und hatte Gelegenheit, ihm manche sehr
ersprießliche Dienste zu leisten.

Drittes Kapitel.

Ernennung zum Lieutenant. — Ausmarsch aus Westphalen im
Herbst 1806. — Schwerfällige Ausrüstung des Heeres. —
Verlobung in Kurhessen. — Sendung in das Hauptquar-
tier. — Verwirrung der dort herrschenden Ansichten. —
Characteristik der Generäle von Rüchel, Herzog von Braun-
schweig, Fürst Hohenlohe und anderer Persönlichkeiten. —
Erstes Patrouillengefecht mit dem Feind. — Schlacht bei
Auerstädt am 14. October. — Unglückliche Disposition der-
selben. — Vielfache Einzelheiten dieses Kampfes. — Rückzug
am Nachmittag. — Auflösung eines großen Theiles des
Heeres.

Im Sommer des Jahres 1806, als unser Regiment
abermals auf vollen Kriegsfuß gesetzt wurde, erhielt ich
meine Beförderung zum Lieutenant. Ich kann den Jubel
gar nicht beschreiben, der unter sämmtlichen jüngeren Officieren unseres Husaren-Regiments, ja der ganzen Garnison
Münster herrschte, als wir den Befehl zum Ausmarsch
erhielten und nun mit ziemlicher Sicherheit hoffen durften,
bald gegen die so bitter gehaßten Franzosen kämpfen zu
können. Es mochte vielleicht wenige Regimenter in dem
damaligen Preußischen Heere geben, die ein so feldtüch-

tiges, durch und durch für Se. Majestät den König, ihren
obersten Kriegsherrn, begeistertes Officier-Corps besaßen,
wie unser von Blücher'sches Husaren-Regiment. Von
dem Feuergeist, dem Kriegsmuth und dem wahren Sol-
dateneifer unseres berühmten Chefs war auch ein Theil
auf die Officiere seines Regiments, die er oft scher-
zend seine „Jungen" nannte, übergegangen. Gelehrte, ja
nur wissenschaftlich gebildete Männer gab es fast gar keine
in unserem Corps; feine Sitten und angenehme Umgangs-
formen, wie man solche in den Salons der vornehmen
Welt lernt, waren auch nicht allzuhäufig bei uns zu treffen,
und es ging im Frieden mitunter wohl etwas zu toll und
lustig bei uns zu, und Mancher verspielte sein Vermögen
oder ward ein Säufer oder bei den wilden Ritten ein
Krüppel; aber practisch erfahrene, hart erzogene, gut für
den Krieg passende Reiter-Officiere, denen das Herz auf
dem rechten Fleck saß, waren wir fast Alle, denn Andere
duldete der General nicht in seinem Regimente. Von
sämmtlichen Officieren des von Blücher'schen Husaren-
Regiments hat auch fast kein Einziger in den unglücklichen
Kriegsjahren von 1806 — 7 sich eine Pflichtvergessenheit
zu Schulden kommen lassen. Manche von uns aber fanden mit dem Säbel in der Hand ihren Tod für König
und Vaterland auf dem Bette der Ehre. Auch unsere
Mannschaft war im Allgemeinen gut, als wir 1806 in
das Feld marschirten, wenn es freilich auch manche rohe
Kerle, die nur durch die strengste Disciplin in Zucht gehalten werden konnten, darunter gab. Die Inländer,
welche wir hatten, waren größtentheils Bauerburschen aus

Hinterpommern, tüchtige, derbe Gestalten mit kräftigen Armen und vielen guten Eigenschaften für den Reiterdienst. Die Abrichtung dieser Pommern war zwar etwas mühselig; war es aber erst geglückt, solch einen schwerfälligen Bauerburschen zu einem einigermaßen gewandten Husaren umzubilden, so konnte man ziemlich sicher auf dessen Zuverläßigkeit rechnen. Unter den Ausländern waren manche Polen, die zwar roh, sehr zum Trunke geneigt und nur durch Körperstrafen in Zucht zu halten waren, häufig aber eine gewisse Tollkühnheit und eine allen Strapazen widerstehende Gesundheit des Körpers zeigten. Die angeworbenen Mecklenburger waren die besten Pferdewärter und zuverlässigsten Menschen, mitunter aber nur etwas zu langsam und zu sehr auf einen vollen Magen haltend. Uebrigens hatten wir auch Sachsen, Burschen aus dem Reich, dann mehrere Ungarn, die schon von 1792 her dienten, ja selbst zwei Tartaren im Regimente. Beritten war unser Regiment im Allgemeinen sehr gut und zwar größtentheils mit Wildfängen aus der Ukraine, oder jungen Pferden, die in Litthauen angekauft wurden. Die Thiere waren klein, aber stark, gewandt und ausdauernd, mitunter nur schon etwas zu alt und struppirt. Auch unsere sonstige Ausrüstung war — wenigstens nach damaligen Anforderungen — vollkommen befriedigend, und so konnte sich das von Blücher'sche Husaren-Regiment mit Recht als Eins der in jeder Hinsicht besten und feldtüchtigsten Cavallerie-Regimenter des damaligen Heeres betrachten, und durfte mit Recht hoffen, auch in dem neuen

Kampfe sich den alten Ruhm aus dem siebenjährigen Kriege und von 1792—94 ungeschwächt zu erhalten.

Als unser Chef, dem jetzt die kriegerische Begeisterung so recht aus seinen ohnehin schon so lebendigen Augen blitzte, und der wirklich seit dem Befehl zum Ausmarsch in das Feld sich um zehn Jahre verjüngt zu haben schien, das ganze Regiment noch einmal musterte, hatte sein Ge=sicht einen ungemein freudigen Ausbruck. „Na, Husaren, das ist ja eine wahre Lust, Euch so zu sehen, und wenn es man erst so recht zum Dreinhauen auf diese verfluchten Parlez-vous kommt, werdet Ihr Eure verdammte Schul=bigkeit auch schon thun", rief er mit seiner weitschallenden Baßstimme, daß alle zehn Schwadronen des Regiments die Worte deutlich hören konnten.

„Gewiß — gewiß, Ew. Excellenz, an uns soll es nicht fehlen", riefen und jubelten die Husaren, und ein alter Flügelcorporal, ein Veteran, der schon an vierzig Jahre diente, meinte: „Diesmal geht es doch aber gleich in das Paris hinein, und wir werden nicht wieder so verflucht angeführt, wie damals anno 1792."

„Nee, oller Junge, diesmal geht es hinein, und wenn wir in Paris drin sind, dann trinken wir Beide zusammen unseres Königs Gesundheit in dem besten Champagner=wein, der nur zu haben ist", lachte der General von Blücher, und —

„Top, Ew. Excellenz, das soll ein Wort sein", ant=wortete der Corporal unter dem Gelächter aller Husaren.

Nun, in diesem Feldzug von 1806 kam freilich das Regiment nicht nach Paris, aber 1814 hat dieser alte

Corporal doch noch seinen Einzug daselbst gehalten und
ist richtig zu dem Feldmarschall von Blücher gegangen,
um denselben an sein damaliges Versprechen zu erinnern.
Der alte Blücher, der stets der wahre Soldatenfreund
blieb, hat den Corporal auch sehr freundlich aufgenommen,
mit ihm eine Flasche Champagner ausgetrunken, viel mit
ihm über die alten Zeiten im Regiment geplaudert und
ihn mit einem hübschen Pfeifenkopf beschenkt.

Zogen wir jüngeren Officiere nun auch alle sehr gern
in den Krieg, und war auch die Mannschaft wenigstens
bei den meisten Husaren-Regimentern zuverlässig, so war
doch bei nur zu vielen Stabsofficieren, ja selbst bei vielen
Compagnie=Chefs, schon eine entschiedene Unlust für den
Kampf vorherrschend. Diese Herren waren während des
langen Friedens dick und bequem geworden, hatten allen
kriegerischen Ehrgeiz längst vergessen, wollten die Gemäch-
lichkeiten des müßigen Garnisonslebens nicht aufgeben,
dachten mehr an ihre heulenden Weiber, quarrenden Kin=
der und an die grunzenden Schweine oder gackernden Hüh=
ner, die sie auf ihren Höfen hielten, wie an Trommel= und
Pfeifenklang und Kanonendonner, und klagten nicht wenig,
daß sie die vielen Nebeneinkünfte und Sporteln, die sie
sich auf alle Weise im Frieden zu machen wußten, nun
im Kriege verlieren sollten. Es war wirklich oft, um vor
gerechtem Zorn aus der Haut zu fahren, wenn man das
Gemurre und Gejammere und Unglücksverkünden dieser
Friedensfreunde um jeden Preis mit anhören sollte, und
hätte uns nicht die Disciplin unbedingt den Mund ver=
schlossen, wir jungen Subaltern=Officiere hätten oft diesen

alten Philistern, die dem Rock des Königs so wenig Ehre machten, recht derb die Wahrheit gesagt. Wir jungen Husarenofficiere rächten uns aber an diesen alten, dicken Hauptleuten und Stabsofficieren so viel wir nur konnten, und quälten solche bei den gemeinsamen Märschen auf jegliche Weise. Hörte übrigens unser General=Lieutenant von Blücher solch Geplärre, so fuhr er mit einem recht kräftigen Donnerwetter dazwischen, und trumpfte selbst manche Generäle, wenn sie ihre Pflicht versäumten, ab, daß es eine Art hatte. Nur noch vier bis sechs solcher Ober= anführer wie unser Blücher hätte es bedurft, und Preußen wäre seine größte Erniedrigung erspart worden.

Worüber wir jüngeren Officiere uns jetzt auf dem Marsche auch häufig bitter ärgerten, war die entsetzliche Schwerfälligkeit unserer Armee. Es war ein Herumge= schleppe mit den unnützesten und beschwerlichsten Sachen, als sollte eine Völkerwanderung und kein Kriegszug an= getreten werden. Fast ebenso viel Pferde wurden für die Bagagewagen und Packsättel, wie für die Kanonen und Cavallerie=Regimenter verwandt und von diesen Tausenden von überflüssigen Officierburschen, Trainknechten, kurz den Menschen, die diesen entsetzlichen Troß bildeten, hätte man immerhin noch einige gute Regimenter organisiren können. Troß dieser Unmasse von Wagen und Packpferden, die in ganzen Caravanen den Regimentern folgten, war der ganze Train und noch mehr das Verpflegungswesen des Heeres äußerst schlecht organisirt, und man merkte es in diesem ganzen wichtigen Zweig sehr bald dem Preußischen Heere an, daß solches seit geraumer Zeit keinen Krieg mehr

gehabt und in einem langen Frieden jede practische Erfahrung verloren hatte. Besonders bei der Infanterie
herrschte hierin ein Schlendrian und eine oft so komische Unwissenheit, daß man hätte darüber lachen
müssen, wenn nur nicht daraus so traurige Folgen für
das Ganze entstanden wären.

Schon nach wenigen Märschen war die Hälfte der
Pack- und Trainpferde so gedrückt oder anderweitig verdorben, daß sie als unbrauchbar zurückgelassen werden
mußte, und zerbrochene oder umgeworfene Wagen und
gestürzte Pferde konnte man jeden Tag zu Dutzenden auf
den Landstraßen, wo einige Infanterie-Regimenter marschirt waren, liegen sehen.

Der Egoismus, die Pflichtvergessenheit und Schwäche
vieler höherer Officiere zeigte sich bei dieser Gelegenheit
schon recht widerlich, und ließ manche böse Ahnungen bei
mir aufsteigen. Unbekümmert um das Wohl des Ganzen, suchten nur zu viele derselben ihr Privateigenthum
möglichst von den zurückgelassenen Wagen zu retten, und
so kam es, daß schon vor der Schlacht bei Jena, trotz des
mitgeschleppten Trosses, manche Regimenter den empfindlichsten Mangel an den nothwendigsten Bedürfnissen leiden
mußten. So viel, wie er persönlich konnte, steuerte nun
zwar bei unserem Corps der General-Lieutenant von Blücher
solchem empörenden Unwesen, und verfuhr dabei rücksichtslos
in der Wahl seiner Mittel; allein die Schlaffheit und
Gleichgültigkeit mancher alten Stabsofficiere war zu groß,
als daß er stets durchdringen konnte. So entsinne ich mich

v. Wickede, Reiterleben I. 7

noch mit Vergnügen, daß mir der General auf dem Marsche in Hessen den Befehl ertheilte, den unförmlich großen, mit vier Trainpferden bespannten Küchenwagen eines Stabs= officiers vom Infanterieregiment Winning ohne Weiteres in den Graben am Wege werfen, die Pferde aber vor zwei Munitionskarren desselben Regiments, die wegen ihrer zu schwachen Bespannung nicht mehr mit fort konnten, legen zu lassen. Mit Jubel vollführten meine Husaren diesen Auftrag, und manche Schinken oder Würste aus dem gut gefüllten Wagen blieben dabei zwischen ihren Fingern hängen, wozu ich gern ein Auge zudrückte.

Abgesehen von all' diesen Unziemlichkeiten, gewährte mir persönlich der Marsch großes Vergnügen. Ich war kerngesund und lebenskräftig, wie nur ein Jüngling es sein kann, hatte die Hoffnung, bald mit den Waffen in der Hand gegen den so bitter gehaßten Feind fechten zu können, war fest entschlossen, bis auf das Aeußerste meine Pflicht zu erfüllen, und befehligte einen Zug gut ausgerüsteter, kampflustiger und mir persönlich unbedingt ergebener Husaren. — Was kann ein junger, deutscher Reiterofficier wohl Besseres verlangen?! Den bitteren Kelch getäuschter Hoffnungen und verfehlter Bestrebungen, wie er mir später so oft gereicht ward, hatte ich damals noch nicht gekostet, und so kann ich mit Recht an diese Zeit vor der Schlacht bei Jena, als die glücklichste meiner ganzen militairischen Dienstzeit zurückdenken.

Unweit Cassel machten wir einige Tage Rast, und ich erhielt mein Quartier auf dem Hofe eines Oberforst= meisters. Die schöne, blauäugige, blondhaarige, achtzehn=

jährige Tochter des Hauses, so recht das Bild einer sitti-
gen, mit allen Vorzügen des Geistes und Herzens gezier-
ten deutschen Jungfrau, machte einen gewaltigen Eindruck
auf mein leicht bewegliches Herz. Ich mochte ihr auch
bald gefallen; die aufgeregte, eigenthümlich bewegte Stimmung, in der sich Alle vor Beginn eines blutigen Krieges
befinden, trug auch dazu bei, die sonst bei kurzer Bekannt-
schaft stattfindende Zurückhaltung mehr verschwinden zu
lassen, — kurz schon nach wenigen Tagen verlobte ich mich
mit Einwilligung des Vaters mit der schönen Elsbeth. Wir
waren noch in dem ersten Entzücken unseres neuen Braut-
standes, und saßen Hand in Hand in dem traulichen Fa-
milienkreise, mit den schönsten Hoffnungen für die Zukunft
beschäftigt, als plötzlich eine Ordonnanz mir den Befehl
gab, ungesäumt in derselben Stunde noch, als Courier
mit Depeschen zu dem General-Lieutenant von Rüchel
abzureiten. Das war denn freilich ein sehr bitteres Muß,
und zum ersten Mal in meinem Leben empfand ich schmerzlich die harte, aber doch unbedingte Nothwendigkeit der
strengsten militairischen Disciplin. Dem Befehle mußte
sogleich gehorcht werden. Ich drückte das weinende, schöne
Mädchen, das jetzt erfahren konnte, was es heißt, eine
Soldatenbraut zu sein, zum ersten und letzten Mal an
die Brust, schnitt mir eine lange, volle Locke ihres blon-
den Haares zum Andenken ab, verabschiedete mich mit
herzlichem Händedruck von den wackeren Ihrigen, und
schwang mich in den Sattel des Rosses, um durch Nacht
und Regen und in schlechten Wegen zum General-Lieutenant von Rüchel zu reiten. Meine junge, schöne Braut

7*

ſah ich niemals wieder, denn ſchon 1807 ſtarb ſie am
Nervenfieber, und bei der Unſicherheit aller damaligen
Poſtverbindungen und meinem ſtets wechſelnden Leben im
Felde erfuhr ich ihren Tod erſt acht Monate ſpäter. Tief
erſchütterte mich dieſe Kunde, und manche Thräne weinte
ich im einſamen Zimmer dem Andenken der ſo früh Ver-
ſtorbenen. Die lange, blonde Locke trug ich auf der Bruſt,
bis ſie bei einer Verwundung in Lübeck ganz von meinem
Blute durchnäßt wurde und dann mir während meiner
Heilung abhanden kam.

Der General-Lieutenant von Rüchel behielt mich zwei
Tage bei ſich und ſandte mich dann mit neuen Depeſchen
in das Hauptquartier des Heeres zum Herzog von Braunſchweig. Ich glaube zwar, daß der General von Rüchel,
der damals ein Fünfziger ſein mochte, ganz bedeutende mili-
tairiſche Fähigkeiten beſaß, und mit zu den energiſchſten Oberanführern des Preußiſchen Heeres gezählt werden konnte;
allein ſeiner eigenen Werthſchätzung kamen dieſe Fähigkeiten doch nicht gleich. Er gehörte mit zu den anmaßend-
ſten, am meiſten von ſich eingenommenen Generälen, die
ich jemals kennen gelernt habe, konnte nicht den allermin-
deſten Widerſpruch vertragen und war gegen Alle, die
ſich ihm nicht unbedingt fügen wollten, ſtets in gereizter
Stimmung. Alle Officiere, mit denen der General von
Rüchel in dienſtliche Berührung kam, wurden grob und
anmaßend von ihm behandelt, und er beſaß ein eigenes
Talent, Einem die unangenehmſten Dinge zu ſagen; daher
er denn auch keinen Freund im ganzen Heere hatte, obgleich ſonſt ſeiner Thatkraft und Umſicht die verdiente

Anerkennung nicht versagt werden konnte. So sehr gesucht auch damals die Adjutanten und Ordonnanzofficierstellen waren, so fiel es dem General von Rüchel doch schwer, die nöthige Zahl dieser Officiere zu bekommen, denn freiwillig mochte so leicht Keiner in seiner unmittelbaren Nähe sein, und wen der Befehl dazu zwang, machte kein vergnügtes Gesicht. Besonders gegen uns Officiere der Cavallerie war der General noch vorzugsweise grob, und sagte uns Impertinenzen, daß Einem wohl vor innerem Zorn das Blut zu Kopfe steigen konnte.

Das Hauptquartier des Heeres traf ich am 4. October in Erfurt, und gab meine Depeschen an den commandirenden General, Se. Hoheit den Herzog von Braunschweig, ab.

Ein junger Cavallerielieutenant kann zwar keine große Einsicht in das innere Getriebe eines Hauptquartiers gewinnen, und Vieles wird ihm verborgen bleiben; daß aber bei uns jetzt Alles lange nicht so war wie es sein sollte, konnte selbst ich in den wenigen Tagen, die ich jetzt in Erfurt verweilte, nur zu deutlich erkennen. Es herrschte eine Rathlosigkeit, ein Hin- und Herschwanken, ein Gefühl der eigenen Schwäche — und dabei auf der anderen Seite wieder ein völlig unberechtigter Uebermuth in den höheren Kreisen, von denen die Leitung ausging, die Jeden, der auch nur annähernd einen Einblick gewann, auf das Aeußerste verstimmen mußte. Auf solche Weise befehligt, konnten wir nun und nimmermehr einen Napoleon besiegen; dies mußte selbst ich mir sagen, der sonst gewiß geneigt war, Alles von der leichtesten Seite zu nehmen und meinem frischen Reitermuth am meisten zu

vertrauen. Alle Officiere der Regimenter in der unmittelbaren Nähe des Hauptquartiers befanden sich auch jetzt
bereits in der gedrückteſten Stimmung von der Welt, und
fingen häufig ſchon an, den Ausbruch des Krieges zu bedauern und an den Sieg zu verzweifeln — und doch war
noch kein einziger Schuß gefallen. Das waren denn freilich ſehr ſchlimme Ausſichten, die Einem trotz allen Gejubles
und der Zechgelage der jungen Garbeofficiere, an denen
ich häufig Theil nahm, ſchwere Beſorgniſſe für ein glückliches Ende aufbringen konnten.

Der Oberanführer des Heeres, an den ich auch meine
Depeſchen abgeben mußte, war — wenigſtens dem Namen
nach — Se. Hoheit der Herzog von Braunſchweig.
Es war dies gleich dem ſchon erwähnten Feldmarſchall
von Möllendorf, ein ritterlich alter Herr, voll der treff-
lichſten Eigenſchaften, von vielem Geiſt und einer gewinnenden Liebenswürdigkeit ſelbſt gegen die jüngſten Officiere, dabei von einem ſo großen, perſönlichen Muthe, wie
er von allen Zeiten her ein Erbtheil des berühmten Hauſes
der Welfen geweſen zu ſein ſcheint. Bei dieſen vielen und
großen Vorzügen fehlte dem Herzog aber die Feſtigkeit
des eigenen Willens; er ſchwankte leicht hin und her, und
ließ ſein Ohr nur zu gern den verſchiedenartigſten Rath-
ſchlägen, wenn ſolche nur auf geiſtreiche und gewandte
Art ihm vorgetragen wurden. So kam er zu nichts Gan-
zem und Feſtem, und ſein Oberbefehl konnte daher als
ein entſchiedenes Unglück für das ſo ſchon ſchwankend genug zuſammengeſetzte Hauptquartier betrachtet werden.
Durch ſein hohes Alter von zwei und ſiebenzig Jahren

hatte der Herzog, trotz aller scheinbaren Rüstigkeit, doch nicht mehr Körperkraft genug, um alle Strapazen und Wechselfälle des Krieges ertragen zu können.

Als bösen Geist des Hauptquartiers aber konnte man den Oberst von Massenbach betrachten, der leider einen nicht geringen Einfluß auf alle Verhältnisse daselbst sich erworben hatte. Dieser Mann, der sich später, als das Unglück über den Preußischen Staat hereinbrach, so überaus erbärmlich benahm, war ein Schwätzer und Projectenmacher erster Classe, der vom wirklichen Dienst nicht das Mindeste verstand und sich stets in abenteuerlichen Plänen bewegte. Es war mir unbegreiflich, daß man einen solchen Mann überhaupt zum Obersten ernennen und ihm nun gar noch Einfluß einräumen konnte. Und dennoch geschah dies, denn der General Fürst Hohenlohe, der später die unrühmliche Capitulation von Prenzlau einging, ward fast gänzlich von diesem Massenbach geleitet, und unterstützte dessen unklare Pläne durch das Gewicht seines Namens und Ranges. Der Fürst Hohenlohe hatte den Ruf, ein braver, guter Mann, dabei aber ein mäßiger Kopf zu sein. Er war voller Eitelkeit, und wollte sich gern einen Namen als Feldherr erwerben, obgleich er nicht die Fähigkeiten dazu besaß, sich auch während der langen Friedenszeit — ganz nach der Art von nur zu vielen vornehmen Herren — ungleich mehr um Jagden und andere Vergnügungen, wie um den wirklichen Dienst bekümmert hatte.

Die anderen einflußreichen Persönlichkeiten im Hauptquartier sollten nach dem allgemeinen Urtheil der Officiere ebenfalls von keiner hervorragenden Bedeutung sein. Der General von Pfuel galt allgemein für halbverrückt, so absonderliche Ideen brachte er mitunter zum Vorschein; der General von Köckritz, der das unbedingte Vertrauen des Königs besaß, war ein braver, seinem Herrn treu ergebener Mann, aber ein beschränkter Kopf, und der General von Zastrow ungleich mehr Diplomat und Weltmann, wie Soldat.

Unser General von Blücher, der mit seiner großen Schlauheit die Schwächen aller vornehmern Persönlichkeiten im Hauptquartier vollkommen durchschaute und solche dann mit derbem militairischen Humor rücksichtslos verspottete, sagte einmal im Kreise der Officiere seines Regimentes: „der Scharnhorst und der Kleist sind die beiden einzigen Vernünftigen im ganzen Hauptquartier, die unserem Könige guten Rath geben könnten, und leider werden gerade diese Beiden am wenigsten gehört. Es wird noch genug Schweinerei dort geben, das sehe ich schon kommen, und die Säbel unserer Husaren werden wieder gut machen müssen, was die dort verderben."

Jetzt in Erfurt hatte ich auch die hohe Ehre, Sr. Majestät meinem Allergnädigsten Könige zum ersten Mal vorgestellt zu werden. Der Monarch sah angegriffen und etwas verdrießlich aus, und man merkte es ihm an, daß schwere Sorgen sein Gemüth darniederdrückten. Gegen mich war er sehr gnädig und huldvoll, und sagte in seiner zwar kurzen, aber freundlichen Sprachweise: „Tragen

einen Namen von gutem Klang in meiner Armee, und
werden gewiß demselben auch Ehre machen. — Grüßen
Sie Ihr Regiment von mir." Mit einem gnädigen Kopf-
nicken verabschiedete mich dann der König.

Gegen Abend des 9. Octobers kam ich mit meinen
Depeschen wieder beim Blücher'schen Corps an, das
inzwischen nahe bei Gotha aufmarschirt war. Ich kann
nicht leugnen, daß ich eine große Freude verspürte,
wieder aus dem Wirrwarr des Hauptquartiers heraus,
bei meinen Kameraden und meinem Zuge zu sein. Es
ging bei uns doch ungleich besser und frischer zu; wir
hatten Alle unbedingtes Vertrauen zu unserem Führer,
und dies ist unter allen Verhältnissen, besonders aber im
Felde, von der höchsten Bedeutung.

Am 12. October kam ich zuerst in der Gegend von
Stadt Ilm auf Vorposten gegen den Feind. Die beiden
Husarenregimenter Blücher und Württemberg und die
Dragoner von Irwing bildeten die Cavallerie des Blücher-
schen Corps, dem auch jetzt ein sehr gutes Bataillon Wei-
mar'scher Scharfschützen mit beigegeben ward.

Wir Husaren machten wiederholt ziemlich ausgedehnte
Recognoscirpatrouillen, konnten aber noch nicht, so sehr
wir dies auch wünschten, mit den Feinden zum Scharmützel
kommen. Am 13. erfuhr ich zuerst den unglücklichen Ausgang des Gefechtes bei Saalfeld und den Heldentod des
Prinzen Louis Ferdinand, der als echter Sprosse des hohen
Königshauses Hohenzollern lieber sterben, wie seinen Degen
in die Hände eines übermüthigen Franzosen abgeben wollte.

Noch jetzt nach fünfzig Jahren steht es lebhaft vor
meiner Seele, welchen erschütternden Eindruck diese Trauer-
botschaft damals auf mich machte. Ich war nicht allein
dem Prinzen Louis Ferdinand persönlich ungemein zugethan
gewesen, sondern hatte in ihm auch bei einem längeren
Kriege die Gewähr eines glücklichen Erfolges zu finden
gehofft, um desto mehr mußte mich also sein plötzlicher Tod
gerade in jetziger Zeit betrüben.

In der Nacht vom 13. auf den 14. stieß die Husaren-
patrouille, die ich befehligte, zuerst auf eine französische
Cavalleriepatrouille von doppelter Stärke. Meine Spitze
hatte in der großen Dunkelheit der Nacht die französischen
Husaren zuerst für Sachsen gehalten und so waren wir
ihnen unbesorgt bis auf wenige Schritte nahe geritten, als
ihr Anruf: „halte la — qui vive" uns zuerst über unseren
Irrthum aufklärte. Ein eigenthümliches Gefühl durchzuckte
in dem Augenblick meine Brust, als ich mich jetzt so
plötzlich einem Feinde von großer Uebermacht gegenüber
befand. Doch nur wenige Sekunden währte dasselbe, dann
zog ich den Säbel, rief meinen Husaren zu: „vorwärts,
da haben wir endlich die verwünschten Franzosen", und
unter dem jubelnden Ruf: „Hoch der König von Preußen"
ging es gegen die ebenso überraschten Feinde vor. Unser
Anprall war stark, — die Franzosen, welche in der Dunkelheit glauben mochten, daß wir nur die Spitze einer
größeren Truppe wären, leisteten nicht lange Widerstand,
sondern drehten bald die Pferde um und jagten zurück.
Eine weitere Verfolgung war theils in der großen Fin-
sterniß nicht gut möglich, hätte uns auch leicht in einen

feindlichen Hinterhalt bringen können, und so gern wir Alle auch noch weiter fortgekämpft hätten, so ließ ich doch bald Halt machen. Wir selbst hatten einige Verwundete, nahmen aber drei bis vier feindliche Husaren gefangen und hieben noch mehrere zusammen.

Das war denn wenigstens ein guter Anfang für uns, leider sollte aber das Ende um desto schlechter sein.

Ich war mit meiner Patrouille kaum einige Stunden wieder bei der Schwadron zurück, und wir hatten unsere müden Pferde nothdürftig etwas aus den Futterbeuteln gefüttert und uns selbst durch einige Bissen trockenes Brod und einen Schluck Brandwein — damals allgemein „Husarenkaffee" genannt — aus der Feldflasche gestärkt, als wir wieder aufsitzen mußten. Wir wußten Alle, daß es am heutigen Tage zu einem ernsthaften Zusammenstoß mit dem Feinde kommen würde und vergaßen daher gern Hunger und Ermüdung. Die Stimmung bei unserem Husarenregiment, ja bei der gesammten Cavallerie des von Blücher'schen Corps war an diesem Morgen noch gut und kampfeslustig; bei der Infanterie sollte jedoch nicht überall Gleiches stattfinden und bei einigen Regimentern bereits eine bedenkliche Desertion eingerissen sein, wozu die schlechte Verpflegung und mangelhafte Bekleidung der armen Infanteristen, die ohne Mäntel hatten mehrere Nächte schon bivouakiren müssen, gewiß sehr Vieles mit beigetragen hat. Ein so starker Nebel, daß man nicht dreißig Schritte vor sich sehen konnte, lag an diesem Morgen in den engen Thüring'schen Thälern, und mochte die

Verwirrung, die sehr bald in dem Aufmarsch der verschiedenen Corps eintrat, noch mehr steigern. Die Wege, sehr
oft nur enge Waldwege, waren schlecht und schwer zu passiren, häufige Defileen erschwerten den Marsch und so traten denn bald Stockungen und Unordnungen jeder Art ein.
Selbst wir Husarenofficiere konnten leicht merken, daß
höherer Seits gar kein fester Plan für die heutige Schlacht
gefaßt sei, und große Verwirrung im Hauptquartier herrschen müsse, da sich die verschiedensten, ja selbst oft wider-
sprechenden Befehle durchkreuzten. Eine schlimme Aussicht war das für den heutigen Tag, denn trat nicht ein
Wunder ein, oder machte der Feind nicht noch ärgere
Fehler, wie wir, und dies konnte bei einem Napoleon
nicht erwartet werden, so war die Schlacht schon verloren,
bevor sie noch eigentlich begonnen hatte.

Daß solch Gefühl unseren anfangs so freudigen und
siegesgewissen Kampfesmuth sehr bald ungemein verringerte,
war natürlich. Selbst unsere Leute, so wenig sie von
dem Gange der Leitung einer Schlacht etwas beurtheilen konnten, bemerkten bald die herrschende Unordnung,
und theilten sich murrend, brummend, fluchend oder auch
lachend und spottend ganz freimüthig ihre Bemerkungen,
die oft sehr viel Richtiges enthielten, darüber mit. Was
den Mißmuth in unserem Regimente, dessen beide Bataillone übrigens von einander getrennt waren, noch
mehr steigerte, war die Nachricht, daß der General von
Blücher uns nicht mehr persönlich befehlige, sondern auf
Befehl des Herzogs einige Cürassier- und Dragonerregi-
menter zur Attaque commandiren solle.

Jetzt hörten wir vom Dorfe Haſſenhauſen her zuerſt
den Donner des ſchweren Geſchützes, zuweilen untermiſcht
mit dem Geknatter von Salven des kleinen Gewehres.
Dieſe Töne ſteigerten zwar unſere Kampfesluſt, vermehrten
aber noch unſeren Unmuth über die herrſchende Unordnung
und die in Folge deſſen alle Augenblicke eintretende
Stockung des Weitermarſches. Beſonders gewährte das
Dorf Auerſtedt, das wir paſſiren ſollten, ein Bild der un=
beſchreiblichſten Unordnung. Infanterie der verſchiedenſten
Regimenter war auf dem Marſche durcheinader gekommen
und in einem wirren Knäuel zuſammengeballt, dazwiſchen
Pulverkarren, Handpferde und die große Menge der unnützen
Trainwagen und Packpferde, die die Wege, wo Truppen
hätten marſchiren ſollen, auf die unverantwortlichſte Weiſe
verſperrten. In dieſem bunten Wirrwarr ſah und hörte
man ſchreiende und tobende Stabsofficiere, die kaum ihre
Pferde bändigen konnten, Adjutanten, die mit Gewalt
durchdringen wollten und dies nicht vermochten; es wur=
den von den allerverſchiedenſten Perſonen die allerverſchie=
denſten Befehle mit möglichſter Kraft der Lungen hinaus=
geſchrieen, ohne daß Jemand im Mindeſten darnach hörte,
und Flüche ſo kraftvoll die deutſche Soldatenſprache da=
maliger Zeit ſolche nur kannte, erſchollen in reicher Menge,
unterbrochen von dem Gejuble und Geſinge vieler Polen
aus den ſüdpreußiſchen Regimentern, die ziemlich betrun=
ken waren. Dazwiſchen Trommeln und Pfeifenklang,
Trompetengeſchmetter und der immer lauter dröhnende
Kanonendonner; kurz es war ein Gewirre und Gelärme
unbeſchreiblicher Art, wie ich es in der Weiſe in all' meinen

vielen späteren Feldzügen niemals wieder hörte noch sah.
Da nur eine kleine Brücke in Auerstedt über den in Folge
des letzten Regens sehr angeschwollenen Emsbach führte,
so war hier das Gedränge am Aergsten. Einige Cavallerieregimenter, die von heransprengenden Adjutanten eiligst
vorbeordert wurden, denn schon sollten Preußische Batterieen von französischen Chasseurs erobert worden sein,
fanden den Weg zur Brücke von Infanterie versperrt und
wollten nun fast mit Gewalt durchdringen, so daß es zu
den heftigsten Scenen kam. Es hätte wahrlich nicht viel
gefehlt, so hätte Preußische Cavallerie und Infanterie
hier in Auerstedt sich miteinander herumgeprügelt, während
vorne bei Hassenhausen die Schlacht schon auf das Heftigste wüthete.

Unser Husarenbataillon hatte bisher noch hinter Auerstedt gestanden, jetzt gingen wir eiligst vor, und da ein
Heckzaun vom Dorfe rechts uns den Weg versperrte,
wurde solcher von abgesessenen Husaren niedergerissen und
dann der Emsbach durchritten, wobei freilich einige Menschen und Pferde verloren gingen. Wir gelangten jedoch
bald rechts von der Division Schmettau, die schon
sehr heftige Gefechte gehabt hatte, an und stellten uns
nebst einigen Schwadronen von Württemberg - Husaren
als Reserve auf. Es sah schon sehr schlimm für uns
aus, als ich zuerst den Kampfplatz überblicken konnte,
und nur durch ein Wunder hätten wir jetzt noch die
Schlacht gewinnen können. Jede obere Leitung fehlte fast
gänzlich bei uns, jede Division, ja fast jedes Regiment
oder oft nur jede Schwadron kämpfte auf eigene Hand

fort, je nachdem sie mehr oder weniger vom Feinde be=
drängt wurde, oder einen mehr oder minder muthigen
Führer hatte. Die Schwabronen der Garde du Corps,
dann von Heise, Quitzow, Beeren und Bünting=Kürassiere
und Königin=Dragoner, die Alle schon im Gefecht gewesen
waren, hatten die Ordnung verloren, und bildeten einen
wirren Haufen, dem man es ansah, daß er entmuthigt
sei und nichts Tüchtiges mehr leisten würde. Fürwahr
ein trauriger Anblick für ein Preußisches Auge, das sich
früher mit Recht an diesen schönen und berühmten Regi=
mentern hatte erfreuen können. Der Nebel hatte sich in=
zwischen verzogen und erlaubte einen freieren Ueberblick
über den ziemlich engen und begrenzten Kampfplatz.
Die Franzosen waren überall im Vorrücken begriffen und
ganze Haufen Preußischer Infanterie stürzten in eiliger
Flucht schon zurück, ja liefen selbst bei uns vorbei, ohne
daß wir sie zum Stehen bringen konnten. Immer neue
Infanteriecolonnen des Davoust'schen Corps, welches hier
gegen uns focht, langten in dem schnellen Laufschritte
durch welchen die französische Infanterie sich stets ausge=
zeichnet hat, nunmehr auf dem Schlachtfelde an, und
stürmten dann unter jubelndem „vive l'empereur" gegen
unsere durchbrochenen und fliehenden Reihen vor.

Ein Major von Kamptz, vom Generalstab, brachte
jetzt den Befehl, daß wir mit den vier Flankeurzügen
ausfallen sollten, um französische Tirailleurs, deren Kugeln
schon anfingen uns zu belästigen, zurückzutreiben. Das
war denn ein erwünschter Befehl, und ich freute mich,
daß ich einen vierten Zug befehligte, denn diese persön=

liche Unthätigkeit mitten in der allgemeinen Verwirrung
des Kampfes hatte mich schon schwer gedrückt. Wir
sprengten im Galopp vor, die französischen Tirailleurs,
schossen zwar einige Leute von uns zusammen und ver=
wundeten mehrere Pferde, allein wir trieben sie doch zu=
rück und hieben einige Dutzend Kerle nieder. Mehrere
Husaren waren so wüthend, daß an Pardon geben gar
nicht gedacht wurde. Auf meinem flinken Ukrainer Falben
war ich den meisten Leuten meines Zuges ziemlich voran=
gekommen und holte einen alten französischen Sergeanten
der Voltigeurs, dessen Arm mit vielen Chevrons bedeckt
war, ein. Der Franzose schoß zwar aus großer Nähe auf
mich vorbei, sprang aber dann so gewandt hin und her und
wußte sich mit dem Bajonet so geschickt zu vertheidigen,
daß ich ihm lange Zeit nichts anhaben konnte. Endlich
aber glückte es mir doch, ihm nahe zu kommen; ich hob
mich in den Bügeln und mein guter Säbel sauste mächtig
auf den Kopf des Feindes nieder, so daß er gleich zu=
sammenstürzte.

Wir sammelten uns nun schnell wieder und sprengten
zu unseren Schwadronen zurück, da diese soeben zur At=
taque gegen Infanteriebataillone der französischen Division
Moraud vorgingen. Der ritterliche Prinz Wilhelm, dieser
wahre Sohn der Hohenzollern, hatte die Husaren zu die=
sem Angriff befehligt. „Vorwärts, Husaren, mir nach,
mir nach", rief der Prinz und setzte sich an die Spitze der
schwachen Schwadronen, da die meisten vierten Züge sich
von ihrer Verfolgung der Tirailleurs noch nicht wieder gesam=
melt hatten. „Hurrah — hurrah!" brüllten mehrere Hu=

ſaren, in Galopp ging es den ziemlich ſteilen Hügel hinan, in Carrière aber hinunter auf die Feinde zu. Dieſer Angriff war kühn, aber wohl etwas zu unbeſonnen unter- nommen, und fand nicht die nöthige Unterſtützung bei dem Haufen der übrigen Cavallerie, die links von uns ſeit- wärts hielt. Sollte es doch wie ein Fluch auf dieſem unglücklichen 14. October 1806, einem der traurigſten Tage, den Preußens Heer jemals erlebt hat, laſten, daß Alles planlos und ohne Zuſammenhang geſchah und ſomit die beſten Kräfte und der größte Heldenmuth völlig nutzlos in die Schranken traten.

Die franzöſiſchen Infanteriebataillone, auf welche wir Huſaren in viel zu ſchwacher Zahl — denn keine an- deren Truppen folgten uns weiter — jetzt einhauen wollten, waren alte, geübte Kriegerſchaaren. Sie formirten Quar- rees, ließen uns auf ſechzig bis achtzig Schritte her- ankommen und gaben dann eine Salve, die große Ver- heerungen in unſeren Gliedern anrichtete. Die Hälfte unſerer Pferde erhielten ſo gefährliche Verwundungen, daß ſie zuſammenſtürzten, und auch vielen Huſaren und faſt allen Officieren ſaßen franzöſiſche Kugeln in den Gliedern. Mein Ukrainer Falbe hatte einen Schuß mitten in die Bruſt bekommen, lief noch wie raſend einige zwanzig Schritte vorwärts, und ſtürzte dann zuſammen. Mit viel- geübter Voltigirgeſchicklichkeit ſprang ich jedoch aus dem Sattel, bevor ich vom Sturze ſelbſt mit verletzt wurde, verlor aber bei dieſer Gelegenheit meine Säbelſcheide.

Zu Fuß kaum hundert Schritte von einem feind- lichen Infanteriequarree entfernt, befand ich mich in gro-

ßer Gefahr, doch glückte es mir ein Husarenpferd, deffen
Reiter erschoffen war, aufzufangen und mich ohne verletzt
zu werden in den Sattel zu schwingen, obgleich die feind=
lichen Kugeln von allen Seiten mich umpfiffen. Die
schwachen Ueberreste unserer Schwadronen sprengten in
wilder Flucht nach diesem mißglückten Angriff zurück, doch
lag das ganze Feld um mich her voll todter oder verwundeter
Leute und Pferde des von Blücher'schen Husarenregiments.
Auch unser ritterlicher Anführer der Prinz Wilhelm ward
selbst verwundet, nachdem ihm das Pferd unter dem Leibe
erschoffen war. Auf ein frisches Pferd sich schwingend,
sprengte der muthige Prinz nach dem unfern davon hal=
tenden Regiment der Leibkarabiniers, um mit demselben
trotz seiner Wunde abermals einen Versuch zum Einhauen
zu machen. Kaum an den linken Flügel dieses Regiments
angekommen, stürzte jedoch der Prinz von dem vielen
Blutverlust aus seiner Wunde erschöpft, ohnmächtig aus
dem Sattel, und mußte von einigen treuen Soldaten aus
dem Getümmel fortgetragen werden.

Ungefähr fünfzehn Husaren aus meiner Schwadron,
größtentheils solche, die ebenfalls ihre Pferde eingebüßt
und sich neue aufgegriffen hatten, sammelten sich jetzt um
mich, und wir ritten zu dem Leibkarabinierregiment, um
solches bei seiner Attaque zu begleiten. Der Angriff die=
ses Regiments wurde aber schon von Anfang an schlecht
angeordnet, es ging in Unordnung vor, erhielt eine feind=
liche Salve und kam bald in noch größerer Unordnung
wieder zurück.

Die Verwirrung in unserem Heere fing jetzt schon

an sich immer mehr zu steigern und feige Kerle in Menge
flohen bereits vom Schlachtfelde.

Eine reitende Batterie, von einer Schwabron Garde
du Corps escortirt, kam jetzt mit schäumenden Pferden
bei uns an, ging muthig den Franzosen entgegen und beschoß diese so wirksam, daß die französischen Infanteriecolonnen, statt vorwärts zu stürmen, sich wieder mehr
hinter den Schutz eines Hügels zurückzogen. Jetzt rückten
noch frische Truppen der Preußischen Division Oranien
heran, und ich glaube, es wäre noch möglich gewesen,
uns — wenn auch nicht den Gewinn der Schlacht —
so doch einen ehrenvollen Rückzug zu sichern. Ordnung und
Zusammenhang fehlte aber auch jetzt in unserer Leitung,
zumal der Herzog von Braunschweig, unser Oberbefehlshaber, schon tödtlich verwundet vom Schlachtfelde hatte
fortgetragen werden müssen.

Bei diesem allgemeinen Wirrwarr, wo die meisten
Regimenter sich immer mehr aufzulösen anfingen, war
ich mit ungefähr fünfzehn bis zwanzig Husaren, die
sich um mich gesammelt hatten, von unserem Bataillon
ganz abgekommen. Eine Preußische Kanone, deren Knechte
mit den Pferden davon gejagt waren, stand verlassen da
und auf Befehl des Prinzen August von Preußen, der
ebenfalls dort war, wo die Gefahr sich am Größten zeigte,
suchte ich solche fortzuschaffen, indem wir Husarenpferde
mit Fouragierstricken davor spannten. Es gelang auch
diese Kanone vor der Hand wenigstens vom Schlachtfelde
zu retten, wo sie aber später bei der grenzenlosen Un-

ordnung des Rückzuges geblieben ist, habe ich nicht weiter
erfahren. •

In diesen Augenblicken der größten Verwirrung hörte
ich wieder Preußischen Trommelschlag und Pfeifenklang,
und sah Preußische Infanterie in festem Schritt und Tritt
gegen den immer lebhafter vordringenden Feind anmar-
schiren. Ein herrlicher Anblick war dies, der mein mit
Zorn und Kummer erfülltes Herz neu belebte. Die beiden schönen Grenadierbataillone Rheinbaben und Knebel
stürmten mit gefälltem Bajonnet den Feinden entgegen
und warfen solche zurück. Auch das berühmte Infanterie-
Regiment des Königs blieb in bester Ordnung aufmarschirt und hielt standhaft das verheerende Kanonenfeuer
des Feindes, der den Angriff seiner Infanterie durch
immer mehr herbeigezogene Batterieen verstärkte, aus.
Eine Kanonenkugel riß jetzt meinem armen Pferde den
Vorderfuß ab, und machte mich somit zum zweitenmal
sattellos. Ich schoß schnell dem Thiere eine Pistolenkugel
durch den Kopf, um ihm weitere Qualen zu ersparen,
befahl meinen noch berittenen Husaren, die hier augenblicklich doch von keinem weiteren Nutzen sein konnten,
aus dem Kanonenfeuer zurückzureiten und schloß mich
dann mit sechs bis acht Husaren, die ebenfalls ihre Pferde
schon wieder verloren hatten, dem „Königsregimente" an.
Fest und ruhig blieb dies brave Regiment geschlossen,
und so wild die Fliehenden von nur zu vielen Preußischen
Truppentheilen auch bei uns schon vorbeiliefen, so wußten
die Officiere es doch zu verhindern, daß auch nur ein
Mann seinen Platz verließ. So ordentlich wie auf dem

Excercierplatz wurde von diesem Regimente inmitten der immer allgemeiner werdenden Flucht jetzt der Rückmarsch auf Befehl des Königs angetreten.

Ein Pferd mit dem Sattelzeug des Regiments der Gensdarmen kam jetzt auf mich zugelaufen, und obgleich das Thier sehr scheu und flüchtig war, so glückte es mir doch, mich desselben zu bemächtigen und es zu besteigen. Ein Husar meines Zuges, ein geborener Mecklenburger, ein treuer, braver Mensch, hatte inzwischen eine Schuß= wunde im Fuß erhalten, so daß er nicht mehr zurückkonnte uud ohne fremde Hülfe auf dem Schlachtfelde liegen ge= blieben wäre. Mich jammerte das Schicksal desselben, und mit vieler Mühe gelang es mir ihn zu mir auf das Pferd zu heben, und vorn auf den Sattel zu setzen, so daß ich seinen schwankenden Körper mit unterstützen konnte. Das Gensdarmenpferd war groß und stark, und obschon sehr mitgenommen, konnte es zur Noth doch die doppelte Last noch tragen. Ein anderer Husar ergriff einen mei= ner Bügel, um auf diese Weise besser mit fortkommen zu können.

In langsamen Schritt ritt ich der Infanterie folgend zurück, als plötzlich der General von Blücher angesprengt kam. Niemals werde ich seinen Anblick in diesem Augen= blick vergessen, so von grimmigen Zorn erfüllt sah er aus. So wie er mich erblickte, rief er mit lauter Stimme: „Was ist denn das — hier Zwei auf einem Pferde und noch dazu von meinem eigenen Regimente — Lieutenant, der Kerl da vorn auf dem Sattel muß her= unter und dann jagen Sie was der Gaul laufen will da

über den Berg hinüber hinter Auerstedt und bringen Sie
der dort gesammelten Cavallerie sogleich den Befehl zum
Vorrücken. Daß doch das Donnerwetter in diese verfluchte Schweinerei hier hineinschlüge", fluchte er weiter.

Schon wollte ich den Husaren, der vor mir auf dem
Sattel saß, vom Pferde herablassen, um die Ordre des
Generals schnell auszuführen, als ein verwundeter Trompeter, der noch ein ziemlich frisches Pferd zu haben schien,
an mich heranritt. Ich tauschte schnell die Pferde mit
ihm, schwang mich in den Sattel des Trompeterschimmels
und sprengte so rasch es nur ging nach der mir vom
General von Blücher bezeichneten Richtung hin. Das
erste schon sehr zusammengeschmolzene Bataillon des von
Blücher'schen Husarenregiments und vier Schwabronen des
Leibcürassierregiments fand ich in guter Ordnung dort
haltend, und brachte ihnen den Befehl des Generals zum
Vorrücken. Schon sollte dieser ausgeführt werden und
die Reiter hegten noch gutes Vertrauen für den günstigen
Erfolg, als ein Adjutant des Königs uns die Ordre zum
Rückzug brachte.

Der allgemeine Rückzug des Heeres trat nun ein
und wir wandten, ein trauriges Gefühl für jedes tapfere
Preußische Herz, dem Feinde den Rücken.

Ich glaube wirklich mir liefen damals vor Zorn die
Thränen über die Backen, in einer so verzweifelten Stim-
mung war ich. Unser Rückmarsch sollte anfänglich auf
Artern zu gehen, — wie aber an diesem unheilvollen
Tage nichts Festes und Bestimmtes geschah, so ward
plötzlich dieser Befehl abgeändert und wir erhielten die

Richtung nach Weimar zu, um uns dort mit dem Hohen=
lohe'schen Corps, welches bei Jena gefochten hatte, wieder
zu vereinigen. Daß am anderen Tage die Schlacht aufs
Neue beginnen würde, hofften wir Alle auf das Dringendste
und selbst von unseren Husaren schwangen Viele noch
drohend die Säbel gegen die Feinde und riefen: „einmal
verspielt ist noch nicht verloren und morgen ist auch noch
ein Tag".

Der General Graf Kalkreuth, der hier jetzt den Rück=
zug befehligte — Blücher war fluchend und tobend fort=
geritten, als ihm der König abgeschlagen hatte, daß er
die Cavallerie nochmals gegen den Feind führen dürfe —
sandte mich jetzt mit einer Ordre an die Grenadierbri=
gade des Prinzen August. So ward ich aufs Neue
von den von Blücher'schen Husaren getrennt. Die
Grenadiere waren noch in sehr fester Haltung und gin=
gen in ruhigem Marschtritt zurück, obgleich die kleinen
leichtfüßigen französischen Tirailleurs in aufgelösten Schwär=
men schon immer näher an uns herandrängten. Auf der
Höhe vor Auerstedt machte die Grenadierbrigade Prinz
August und eine Infanteriebrigade, deren Namen mir
entfallen ist, abermals Front gegen den Feind und hielt
diesen somit noch längere Zeit von dem weiteren Vor=
wärtsbringen ab.

Jetzt fingen die Franzosen, welche auf die von uns
verlassenen Höhen bei Gennstädt schwere Geschütze gebracht
hatten, eine heftige Kanonade gegen uns an, und warfen
besonders viele Granaten in die Reihen, die dort bedeu=
tenden Schaden anrichteten.

Das Dorf Auerstedt, welches so vollgepfropft von Kar=
ren, Wagen, Kanonen und flüchtigen Soldaten der ver=
schiedensten Regimenter war, daß ein geordneter Rück=
marsch dadurch nicht mehr möglich sein konnte, gerieth
jetzt auf beiden Seiten in Brand, wodurch die Verwirrung
sich noch mehr steigerte. In dieser von Viertelstunde zu
Viertelstunde sich immer noch vermehrenden Unordnung, in
der ein großer Theil der Soldaten und leider auch viele
Officiere den Kopf schon völlig verloren hatten und in
wilder Flucht — uneingedenk des Preußischen Waffen=
ruhmes — zurückeilten, blieb die Infanteriebrigade Mal=
schitzky in fester Ordnung aufmarschirt dastehen, und hielt
noch längere Zeit den Anprall des Feindes aus. Beson=
ders das wackere Infanterieregiment Zenge hielt den in
dichten Schwärmen vordringenden französischen Tirailleurs
noch lange auf die heldenmüthigste Weise Stand, verlor
zwar selbst viele Leute, deckte aber doch den Rückzug oder
richtiger wohl die Flucht eines immer zunnehmenden Thei=
les unseres Heeres. Leider ward in diesem Augenblick
der General von Malschitzky so schwer verwundet, daß er
vom Sattel sank und dann als Gefangener in die Hände
der sehr schnell vorwärts stürmenden französischen Tirailleurs
gerieth. Nach dem Fall des tapferen Führers kam auch
die Brigade, die bereits große Verluste erlitten hatte,
immer mehr in Unordnung, schwankte hin und her und
löste sich dann bald eben so auf, wie es schon die meisten
Truppentheile unseres Heeres gethan hatten.

In dieser allgemeinen Verwirrung sah ich noch einige
auch schon sehr zusammengeschmolzene Schwadronen des

Regiments Gensd'armen, die noch in fester Haltung blie=
ben. Ich ritt zu denselben hin und schloß mich ihnen
an, zumal ich noch mit einigen Officieren von Berlin her
näher bekannt war. Kummer und Zorn drückte sich aus=
nahmslos in den Gesichtern aller dieser über unsere
schmähliche Niederlage aus, und ich bin fest überzeugt,
es war kein Einziger von ihnen, der nicht mit Freuden
sogleich sein Leben geopfert, wenn er dadurch die heute
leider so befleckte Waffenehre des Preußischen Heeres
hätte herstellen können. An diesem Abend flossen gar
manche Thränen des bittersten Schmerzes aus den Augen
so tapferer Männer, wie solche jemals nur die Preußische
Uniform getragen haben, und für die Zukunft tragen
werden. Was konnte der Einzelne aber auch bei dem
größten Muthe, der unbedingtesten Aufopferung unter solchen Verhältnissen noch leisten?

Hier bei diesen Schwadronen der Gensdarmen waren
mehrere junge Officiere, welche anfänglich unter keinen
Umständen zurückwollten, sondern mit lautem Ruf ver=
langten, man solle sie wieder gegen den Feind vorwärts
führen, und es wäre besser, wenn sie Alle jetzt hier den
Tod fänden, als daß sie eine solche Flucht mitmachten.
Es wäre nutzloser Wahnsinn gewesen, wenn dies schwache
Häuflein von kaum 400 Reitern sich nochmals in den
Feind gestürzt hätte, denn nicht das Allermindeste konnte
dadurch gewonnen werden, das sehe ich jetzt zwar voll=
kommen ein, — an dem Abend aber befand ich mich in
einer so verzweifelten Stimmung, daß ich selbst laut fluchte

und meinem Unwillen den freiesten Lauf ließ, als wir nun dennoch zurück mußten.

Die feste Haltung dieser Gensdarmen und einer Grenadiercompagnie nebst einigen Geschützen imponirte übrigens den Feinden so sehr, daß sie die Verfolgung nicht über den Ensbach ausdehnten. Waren die Franzosen doch eben so ermüdet wie wir selbst, und konnten mit den Erfolgen des heutigen Tages vor der Hand reichlich zufrieden sein.

Viertes Kapitel.

Kopflosigkeit vieler höheren Generäle nach der Schlacht bei
Jena. — Energie des Prinzen August von Preußen und
des Generals von Blücher. — Unordnungen auf dem Rückzug. — Heftiges Gefecht bei Greußen. — Täglich zuneh-
mende Bedrängnisse des Heeres. — Gefechte der Husaren.
— Capitulation von Prenzlau. — Zorn des Generals von
Blücher. — Marsch nach Mecklenburg. — Liebesabenteuer
in Neu-Strelitz. — Die Obersten von Scharnhorst und
von York. — Beständige Gefechte. — Gefangennahme
eines französischen Officiers. — Straßenkampf in Lübeck
am 6. November. — Gefährliche Verwundung.

Nach einer gewonnenen Schlacht schläft es sich vortrefflich, selbst im Schnee und Schmutz; dies habe ich
häufig in meinem kriegerischen Leben schon erfahren, aber
auch nach einer verlorenen verlangt endlich der Körper
sein Recht. Ich blieb am Nachmittag des 14. Octobers
noch einige Stunden bei den Gensd'armen, denn noch
immer hatte ich die Hoffnung nicht aufgegeben, daß wir
hier abermals zum Angriff übergehen würden, als aber
diese immer mehr schwand, ritt ich fort, um die zersprengt-
ten Ueberreste meines eigenen Regiments wieder aufzu-

suchen. Ein Officier muß und wird sich stets am wohl=
sten bei der Truppe, der er speciell angehört, fühlen, und
es war mir an diesem Tage schon sehr unangenehm ge=
wesen, daß Zufall oder auszuführende Befehle mich so
häufig von den von Blücher'schen Husaren entfernt hatten.

Die früh hereinbrechende Dunkelheit des October=
tages erschwerte es mir aber ungemein, in dieser allge=
meinen Verwirrung, ja Auflösung des Corps, das Ba=
taillon meines Regiments, zu dem ich gehörte, wieder auf=
zufinden. Es herrschte jetzt eine grenzenlose Unordnung
in unserem Heere, und es kamen Scenen vor, wie ich
solche noch vor vier und zwanzig Stunden nicht für mög=
lich gehalten hätte. Namentlich bei der Infanterie, die viele
neu angeworbene Ausländer oder eingezogene Cantonnisten
enthielt, und wo die Officiere ihre Leute nicht so genau
kannten, begann die Auflösung immer mehr einzureißen.
Von den vielen Polen, die in manchen südpreußischen
Regimentern dienten, liefen die Meisten jetzt mit Sack
und Pack zu den Franzosen über, wo sie mit Jubel em=
pfangen wurden. Ja sogar einige Preußische Officiere
polnischer Nationalität schändeten ihre Ehre so sehr, daß
sie zu den Feinden desertirten. Ganze Haufen von Sol=
daten warfen ihre Gewehre und Patrontaschen fort, rissen
die militairischen Abzeichen von ihren Hüten, plünderten
die Bagagewagen und Cassen unter rohem Gelächter und
Gejauchze, und zogen dann singend von dannen, mit dem
Ausrufe: „mit Preußen sei es jetzt für immer vorbei, und
sie wären ihres Preußischen Eides entbunden". Die Bitten,
Warnungen und Befehle der einzelnen Officiere blieben

völlig wirkungslos bei diesen Kerlen, von denen Viele be=
trunken waren, ja es sind in dieser Nacht manche Officiere
von ihrer eigenen Mannschaft auf das Gröblichste miß=
handelt, selbst getödtet worden.

Freilich zeigte sich auch jetzt wieder so recht überzeugend
die alte Wahrheit, daß die Hauptschuld an dem Officier
selbst liegt, wenn seine Mannschaft nichts taugt, und daß
dieser dann die lange Ruhe des Friedens nicht gehörig zu
benutzen wußte, um solche für den Krieg auszubilden.
Diejenigen Officiere, welche im Frieden zwar strenge,
aber auch dabei gerecht gegen ihre Soldaten, und diesen
nicht nur stets strafende Vorgesetzte, sondern auch wahre
Freunde und Beschützer gewesen waren, wußten auch jetzt
in dieser Nacht der Noth und des Schreckens, sich den nöthigen
Gehorsam bei ihrer Mannschaft zu verschaffen. Gerade jetzt
konnte man bei jeder Compagnie oder Schwadron am besten
sehen, ob ihr Führer ein tüchtiger oder schlechter Officier
sei. War Ersteres der Fall, so blieb doch stets eine ge=
wisse Mehrzahl der Soldaten zusammen, und die militai=
rische Ordnung schwand nicht gänzlich; war aber der Füh=
rer ein schlaffer, characterloser Mann, oder ein vornehmer,
eleganter Geck, der sich im Frieden nicht viel um das
Wohl seiner Soldaten bekümmert hatte, oder ein harter,
egoistischer Vorgesetzter gewesen, der nur zu strafen und nie zu
loben wußte, dann löste sich jegliche Zucht bald gänzlich auf.
Ich habe in dieser Flucht nach der Schlacht bei Jena sehr
viel gelernt, was mir in meiner ganzen späteren militai=
rischen Dienstzeit von größtem Nutzen gewesen ist, wünsche

dabei aber allen meinen jüngeren Kameraden, daß sie nicht eine gleich harte Schule durchmachen müssen.

Die dunkle Nacht war schon hereingebrochen und noch immer war es mir in der von Stunde zu Stunde steigenden Verwirrung nicht gelungen, mein Regiment aufzufinden. Aus Mitleid hatte ich einen schon bejahrten, sehr ehrwürdig aussehenden Capitain vom Regiment von Wartensleben, der, am Fuße verwundet, von den Seinen abgekommen war, nun im Graben liegend, nicht mit fortkonnte und flehenblich um Hülfe bat, ohne daß sich Jemand von den vielen Hunderten, die vorbeizogen, seiner erbarmt hätte, auf mein Pferd gesetzt, und führte solches am Zügel vorwärts. Der alte Trompeterschimmel war aber schon so herunter, daß er kaum noch im Schritt fortging und alle Augenblicke stolperte, so daß wir nur ganz langsam vorwärts kamen. Ich selbst war ebenfalls auf das Aeußerste ermüdet und verhungert, denn volle vierundzwanzig Stunden war ich bereits im Sattel und vielfach dabei in der angestrengtesten Thätigkeit gewesen, ohne etwas Anderes als ein Stücklein trockenes Commißbrod und einen Schluck ordinairen Brandwein aus der Feldflasche genossen zu haben. Es mochte wohl gegen Mitternacht sein, als wir endlich bei einem umgestürzten Marketenderkarren für einen Louisd'or eine große Gothaer Wurst kaufen und solche sogleich, vom wüthenden Hunger getrieben, ohne Salz und Brod verschlingen konnten. Mein alter Capitain traf bei diesem Karren auch einige versprengte Soldaten seiner Compagnie, die eine wirklich rührende Freude zeigten, ihren Hauptmann, der ihnen auch im Frieden ein wahrer,

väterlich für sie sorgender Freund gewesen sein mußte,
wiederzufinden, und sich sogleich erboten, auch jetzt nach
besten Kräften für ihn zu sorgen. Der Verwundete war
jedenfalls unter der Obhut dieser braven Männer besser
aufgehoben, wie im Sattel meines bis zum Umfallen
müden Trompeterschimmels, und so trennte ich mich denn
jetzt von ihm und setzte meinen Weg allein fort. Ich
hatte gehört, daß ein starker Trupp der von Blücher'schen
Husaren eine halbe Stunde seitwärts auf einer Wiese
lagerte und hoffte, diese zu erreichen. In der Dunkelheit
konnte ich aber den rechten Weg, der mir ohnehin nur
ganz ungenau beschrieben war, nicht finden und gerieth wieder unter flüchtende Infanteristen, größtentheils betrunkene
Polen, die mich sogar zu insultiren wagten, so daß ich
den Säbel zog und drohte, den Ersten, der mein Pferd
berühren würde, über den Kopf zu hauen, was ich auch
sicherlich gethan hätte. Dies half denn, und die
Kerle ließen mich ungestört weiterreiten. Ich kam jedoch
jetzt in eine Wiese, wo mein müdes Pferd so tief einsank,
daß es kaum noch weiter sich fortarbeiten konnte. Da ich
nun einsah, daß ich jetzt in der Nacht doch mein Regiment
nicht mehr würde erreichen können, so beschloß ich auf der
Stelle zu bivouakiren. Ich legte mich in einen Graben
nieder, schob meinen kleinen Mantelsack, den ich von meinem erschossenen Falben mitgenommen hatte, unter den
Kopf, streifte dem armen Schimmel, der sogleich sich nie-
derwarf, um zu ruhen, den Stangenzaum ab, und war
wenige Augenblicke darauf in den tiefsten Schlaf der
äußersten Ermüdung gefallen.

Es muß gewiß in der Nacht noch viel Gelärme aller
Art um mich her gewesen sein, allein ich merkte nichts davon, so fest schlief ich. Als ich am anderen Morgen erwachte, ging eben die Sonne auf; ich fühlte mich unendlich gestärkt, sah aber, daß mein Schimmel fort war.
Wahrscheinlich hatten Marodeurs das Thier mir gestohlen,
denn von selbst fortgelaufen konnte es nicht sein, dazu war
es zu ermüdet. Meinen Mantelsack unter dem Arm, setzte
ich meinen Weg zu Fuß weiter fort, und konnte mich beim
Tageslicht besser zurechtfinden, wie am vorigen Abend bei
der Dunkelheit. Kaum eine Stunde mochte ich querfeldein
über Gräben und Hecken gewandert sein, als ich zu meiner
großen Freude die dunkelrothen Uniformen der von Blücherschen Husaren sah. So schnell ich nur laufen konnte, lief ich
jetzt auf die Husaren zu, und einige Augenblicke darauf
sah ich mich mitten zwischen den freilich bis auf die Hälfte
zusammengeschmolzenen Schwadronen des ersten Bataillons
unseres Regiments, die so eben vom Futtern aufbrechen
wollten, um gegen Sömmerda zu marschiren. Man hatte
mich beim Bataillon schon allgemein für verloren gehalten,
und die Herzlichkeit, mit der sowohl Kameraden, wie
Untergebene mich begrüßten, gewährte mir die in solchen
trüben Zeiten doppelt wohlthuende Ueberzeugung, daß ich
die Liebe und Achtung Aller besaß. Du schönes, altes
von Blücher'sches Husarenregiment, noch jetzt als Greis
gedenke ich mit wehmüthiger Freude der an wechselnden
Eindrücken so reichen Zeit, die ich in deiner Mitte verleben durfte.

Eine sehr angenehme Ueberraschung war es mir, als

sogleich mit lautem Freudenruf mein treuer Bursche Christian Jochen Peeck, ein stämmiger Sohn Mecklenburgs, auf mich zusprang. Wir schüttelten uns Beide so recht vergnügt und herzlich die Hände — denn in solchen Augenblicken schwindet jeder Standesunterschied gänzlich — und Chrischan erzählte mir nun, daß es ihm gelungen sei, meine zwei übrigen Pferde mit ihrem Gepäck glücklich zu retten. Das war freilich eine frohe Botschaft, und ich konnte somit den Verlust des erschossenen Ukrainer Falben, obgleich dies ein sehr tüchtiges Campagnepferd war, schon eher vergessen. Mein Bursche, wie alle Mecklenburger, stets mit sehr gesundem Appetit begabt, wußte auch — mit einer mir oft räthselhaften Geschicklichkeit — wenn es nur irgend wie anging, möglich zu machen, daß er stets einige Lebensmittel in der Säbeltasche bei sich führte. Der sonst so ehrliche Kerl, den man unbesorgt zwischen Tonnen Goldes hätte lassen können, stahl mit der Dreistigkeit, aber auch Geschicklichkeit eines Raben, wenn es galt, Lebensmittel für seinen Herrn, für sich und seine geliebten Pferde zu bekommen. So hatte er denn auch jetzt Brod, einen mächtigen Schinken und eine große Flasche mit Brandwein bei sich, und mit riesigem Appetit hielt ich ein Frühstück, wie es mir in meinem ganzen Leben noch nicht so gut geschmeckt hatte. Neue Kraft kehrte in meine Glieder zurück; ich bestieg Eins meiner Pferde, einen sehr edlen Schimmel aus dem berühmten Ivenacker Gestüt in Mecklenburg, den mir der Großvater noch geschenkt hatte, und war nun bereit, fort und fort wieder gegen die Feinde

zu kämpfen, so bald und so lange mir nur die Gelegenheit dazu ward.

Das erste Bataillon unseres Regiments, das ungefähr noch an vierhundert achtzig bis fünfhundert wirklich kampffähige Husaren zählen mochte, kam jetzt mit den
Leibkarabinern, die sich uns angeschlossen hatten, vorläufig
unter dem Befehl des Generals Graf Kalkreuth, der die
sogenannte Reservedivision führte, heran. Die Unordnung
des vorigen Tages hatte' sich aber auch am 15. October
noch nicht vermindert, sondern womöglich noch gesteigert.
An eine Wiederaufnahme der Schlacht, wie dies ursprünglich in dem Willen des Königs gelegen hatte, dachte Niemand mehr, es herrschte nicht einmal ein fester Rückzugs-
plan, sondern die meisten Corpsführer handelten nach eigenem Ermessen und viele einzelne Bataillone und Schwadronen irrten planlos umher, ohne daß sich nur Jemand
um sie bekümmert hätte. Dazu fehlte es an einer irgendwie geordneten Verpflegung, es war Mangel an Lebensmitteln für Menschen und Pferde, und viele Truppentheile
mußten aus Noth plündern, während an andern Stellen
große Proviantvorräthe nutzlos verdarben und zahllose
Wagen aller Art den Feinden in die Hände fielen.

Wir marschirten nun auf Sömmerda zu, wo ein großer Theil des Heeres sich vereinigen sollte. Ein trübseliger
Marsch, voll der unangenehmsten und das Herz jedes ehrliebenden Preußischen Soldaten empörenden Einzelheiten.

Vor Weißensee wurde Halt gemacht, und es ergab
sich, daß der Ort schon von einer französischen Dragoner-
Division, die einen schnellen Marsch gemacht hatte, besetzt

war. Der alte General Graf Kalkreuth, der sonst ein persönlich sehr braver und ehrenwerther Mann gewesen sein soll, war jetzt durch die erlittenen Strapazen und Unglücksfälle körperlich und geistig so mitgenommen worden, daß er auch keine Spur von Energie mehr besaß.

Ohne nur erforschen zu wollen, wie stark das feindliche Corps sei, was sich uns in Weißensee in den Weg stellen wollte, sprach der alte Graf Kalkreuth sogleich von der Nothwendigkeit einer Kapitulation und es hätte wahrlich nicht viel gefehlt, so wäre es zu einer solchen gekommen, und die neun bis zehntausend Mann Preußen, die er noch befehligte, ohne Weiteres der Kriegsgefangenschaft übergeben.

Der edle Prinz August von Preußen, der sich bei unserem Corps befand, erhielt glücklicher Weise noch zur rechten Zeit Nachricht von solchem erbärmlichen Vorhaben. Auf schäumendem Rosse und von einem Adjutanten begleitet sprengte der Prinz zu dem General Kalkreuth und soll, wie uns Ohrenzeugen erzählten, sehr heftige Worte gegen denselben ausgesprochen haben. Weil der General Kalkreuth selbst kein Fünkchen von Muth mehr besaß, traute er auch seinen Untergebenen solchen nicht mehr zu, obgleich, wenigstens bei dem besseren Theile aller Soldaten und Officiere, der Wunsch sich auf das Aeußerste zu schlagen, vorherrschend war.

Auf die Worte des Prinzen August: „Er könne es vor Gott und seiner Kriegsehre nicht verantworten, wenn er hier in eine Kapitulation einwillige," soll der Graf Kalkreuth geantwortet haben: „Die feindliche Uebermacht

9*

hat uns umringt, die Truppen sind halb verhungert und völlig entmuthigt, wir müssen uns also ergeben."

Der Prinz August hat darauf heftig erwiedert: „Nein, wir müssen uns schlagen — nun und nimmermehr werde ich in eine so erbärmliche Kapitulation einwilligen," und wie der Graf Kalkreuth dann abermals von der Erschöpfung und Muthlosigkeit der Soldaten gesprochen, — im höchsten Zorn so laut, daß alle Umstehenden es mit hören konnten — ausgerufen: „Alle Hundsfötter, und wenn sie auch Generäle sind, mögen sich meinetwegen ergeben, die braven Soldaten aber sollen sich mit mir durchschlagen."

In demselben Augenblick kam nun auch der General von Blücher, der die Arrieregarde des Kalkreuth'schen Corps befehligte, angesprengt. Hochroth im Gesicht vor Zorn schrie derselbe schon auf fünfzehn Schritte Entfernung dem Grafen Kalkreuth zu: „Da kann ja kein Zweifel sein, daß wir uns durchschlagen — wie kann man wohl von einer Kapitulation sprechen."

Der Oberst von Massenbach, der schon damals mit eigennützigen Plänen umging, wollte sich nun auch in die Berathung mit einmischen und die unbedingte Nothwendigkeit einer möglichst baldigen Ergebung beweisen, kam aber bei dem General von Blücher hiermit so schlecht an, daß er bald beschämt still schwieg und bei Seite ritt.

Der General Graf Tauenzien ritt nun mit dem General von Blücher und noch einigen anderen Officieren, unter denen sich auch der Oberst Massenbach befand, der überall dabei sein mußte, nach Weißensee, um mit dem dort kommandirenden feindlichen General zu unterhandeln.

Unsere Husaren saßen unterdeß ab, fütterten ihre müden Pferde so gut sie konnten und warteten in höchster Spannung der Dinge, die da kommen würden. Wir Officiere hatten inzwischen unter uns beschlossen, eine Kapitulation unter keinen Umständen anzunehmen, sondern uns lieber einzeln durchzuhauen, und wenn wir auch dabei den Untergang finden sollten.

Nach einigen Stunden erhielten wir die gute Nachricht, daß aus einer Kapitulation nichts würde, sondern unser Corps rechts seitwärts von Weißensee nach Sondershausen seinen Weitermarsch unbelästigt fortsetzen solle. So hatten der Prinz August und unser Blücher ein Preußisches Corps vor der Schande, in welche der Graf Kalkreuth dasselbe sonst gestürzt haben würde, gerettet. Ich bin übrigens noch jetzt der festen Ueberzeugung, hätte Blücher unser ganzes Corps mit unumschränkter Vollmacht befehligt, so wäre nicht allein von keiner Kapitulation die Rede gewesen, sondern wir hätten die Franzosen ohne Weiteres angegriffen und sehr wahrscheinlich dann auch geworfen.

Wir Husaren blieben jetzt bei Greußen und bildeten unter dem Befehle des Generals von Blücher die Nachhut des Corps. Wir bivouakirten auf den Höhen, hielten eine längere Rast und benutzten diese, uns etwas wieder zu erholen, vielfache Schäden herzustellen und die nothwendig gewordene neue Eintheilung der Schwadronen und Züge vorzunehmen. Nur zu viele Lücken fanden sich vor, denn besonders von den Officieren war ein großer Theil mehr oder minder schwer blessirt worden. Manche

Leichtverwundeten blieben übrigens im Dienst, und ein
Lieutenant ließ sich sogar zwei Finger von der linken
Hand hier amputiren, ohne daß er sich deshalb eine Stunde
dienstunfähig meldete.

Am Nachmittag des sechzehnten rückten starke französische Cavalleriekolonnen gegen uns an; der General von
Blücher ließ aufsitzen und zum Gefecht bereit halten, und
schickte die Plänkler vor. Wir hatten uns jetzt wieder
mehr ausgeruht, waren kampfesmuthig und kampfestüchtig,
und besonders ich, der ich mich vorne bei den Plänklern
befand, hoffte sehnlichst, daß es zu einem tüchtigen Scharmützel kommen werde.

Es kam nun ein französischer Stabsofficier zu uns
und verlangte den kommandirenden General zu sprechen,
um diesem im Namen des Marschalls Soult, der die
Franzosen befehligte, eine Kapitulation anzubieten. Der
General Graf Kalkreuth ritt mit dem General von Blücher,
der mich als Ordonnanzofficier mit sich nahm, bald darauf zum Marschall Soult, und es wurde befohlen, daß
auf keiner Seite die Feindseligkeiten früher beginnen sollten, bevor diese Unterredung beendet war.

Der Marschall Soult benahm sich ungemein grob
und hochfahrend, zeigte recht brutale Sitten, die auf eine
vernachläßigte Jugenderziehung hindeuteten, und hatte den
alten Grafen Kalkreuth bald wieder so eingeschüchtert, daß
derselbe abermals die einzige Rettung in einer feigen
Kapitulation sah.

Grimmig um sich sehend und die Unhöflichkeit der
französischen höheren Officiere absichtlich mit gleicher Grob-

heit erwiedernd, stand unſer General von Blücher während
dieſer ganzen Unterhandlung da, nahm wenig Antheil
daran, da ſolche in franzöſiſcher Sprache, die er nicht
verſtand, geführt wurde, ſtieß aber wiederholt einen kern-
haften deutſchen Fluch zwiſchen den Lippen hervor. Endlich wagte auch der Graf Kalkreuth ihm den Vorſchlag
der Kapitulation zu machen und hatte dabei die Schwach-
heit, die Rückſicht auf die Erhaltung des Prinzen Auguſt
und des Theiles der Garbetruppen unſeres Königs, die bei
unſerem Corps befindlich waren, als Hauptgrund zu demſelben anzuführen.

Mit einem Blick der grimmigſten Verachtung ſah der
alte Blücher den Grafen Kalkreuth an und rief dann laut:
„Se. Königliche Hoheit der Prinz Auguſt hat viel zu viel
Soldatenehre in der Bruſt, als daß er in eine ſolche feige
Kapitulation mit einwilligen wird. Die Gardiſten Sr.
Majeſtät des Königs ſind brave Kerle, aber gelten hier
auch nicht mehr wie jeder andere Soldat, und der Teufel
ſoll mich holen, wenn ich für meine Perſon eine ſolche
Kapitulation annehme.“ Beſchämt wandte ſich der Graf
Kalkreuth um und ſetzte ſeine Unterhandlungen wieder mit
dem Marſchall Soult fort.

Da Blücher noch öfters das Wort Kapitulation vernahm, ſo riß ihm endlich die Geduld, er ging auf den
Marſchall Soult zu und rief laut in deutſcher Sprache,
die von einigen franzöſiſchen Officieren verſtanden wurde:
„Ich hoffe von den Herren nicht, daß ſie von mich, einem
alten Soldaten, der nun mit Ehre über ſechzig Jahre alt
geworden iſt, etwas Schlechtes verlangen. Als ein ehrlicher

Soldat will ich mich zu jeder Stunde zusammenhauen
lassen, wenn es nicht anders geht — aber jetzt feige ka=
pituliren, thue ich nun und nimmermehr", und dabei schlug
er mit der Hand an seinen Säbel, daß es laut klirrte.

Wahrhaft prächtig, ganz so wie ein braver deutscher
Soldat aussehen muß, sah der alte General von Blücher
in diesem Augenblick aus und ich hätte ihm vor Freuden
um den Hals fallen mögen.

Es fing nun wieder ein heftiges Durcheinandergerede
in deutscher und französischer Sprache an — der Marschall
Soult stampfte wiederholt mit dem Fuß auf die Erde,
und drohte uns mit seinem ganzen Zorn; unser Blücher
aber lachte ihm geradezu ins Gesicht — und zum Glück
ward endlich ausgemacht, daß die Feindseligkeiten beginnen
sollten, sobald wir wieder bei unseren Truppen angekom=
men sein würden. Im Galopp jagte der General von
Blücher zu der Nachhut zurück, ohne sich weiter um den
General Kalkreuth zu bekümmern.

Bald darauf fingen die Franzosen an, uns aus ihren
reitenden Batterieen mit Granaten zu beschießen, die uns
einigen Schaden zufügten. In ruhiger, fester Haltung, so
ordentlich wie auf dem Exercierplatz, traten wir unseren
Rückzug an, obgleich das Defilee, was wir passiren muß=
ten, sehr gefährlich werden konnte. Der Prinz August,
der stets wie ein echter Preußischer Prinz die Gefahr auf=
suchte, befehligte die Nachhut, und unter ihm schloß der
tapfere General von Oswald mit Füsilieren und Gre=
nabieren nebst einigen Husaren, unter denen auch ich mich
befand, das Ganze.

Wir besetzten die Brücke über die Helbe und hatten Befehl, uns nöthigenfalls zu opfern, um den Rückzug des übrigen Corps zu decken. Die Franzosen drängten hitzig vor, aber die braven Füsiliere der Bataillone Oswald und Greiffenberg schossen so tüchtig dazwischen, daß sie das weitere Vorrücken einstellten und nun das Städtchen Greußen mit Granaten beschossen, so daß es bald in vollen Flammen stand. Es war ein lebhaftes Gefecht; die Franzosen verloren zwar viele Mannschaft, wir aber auch nicht mindere; hielten jedoch bis gegen 9 Uhr Abends Stand, und setzten dann von den Feinden unbelästigt unseren weiteren Rückzug fort. Dies bedeutende Nachhut-gefecht bei Greußen lieferte den frohen Beweis, daß der Kern der Preußischen Truppen, auch selbst bei diesem unheilvollen Rückzug, noch nicht den Muth eingebüßt hatte, sondern sich gern und brav schlug — sobald nur die höheren Führer nicht Kopf und Herz verloren hatten, wie dies leider nur zu oft der Fall war. Mir selbst wurde bei dieser Gelegenheit der Kolpack von einer Kugel durch-schossen, doch hatte ich auch die Freude, einen französischen Cavallerieofficier, der sich zu weit vorgewagt, gefangen zu nehmen.

Wir marschirten nun über Sondershausen nach Nord-hausen, und es folgte eine traurige Zeit voll Plage und Anstrengung, und was noch ungleich drückender war, voll der herbsten Enttäuschungen, an welche ich jetzt ungern mehr zurückdenken mag. Wie weit war dies sonst mit Recht so stolze Preußen in diesen wenigen Tagen schon gesunken, und doch sollte das Schrecklichste noch kom-

men. Die feige Uebergabe von Erfurt machte hierin den
Anfang und ich entsinne mich noch, in welchen hefti=
gen Zorn der alte Blücher gerieth und wie er mit der
Faust auf den Tisch der kleinen Dorfschenke schlug, daß die
Gläser klirrten, als man ihm die Meldung hiervon machte.

Wir marschirten nun hin und her, und ein fester
Plan zum Rückzug fehlte gänzlich, denn leider hatte der
Fürst Hohenlohe den Oberbefehl bekommen, und von einem
solchen Führer, der ganz unter dem Einfluß des Obersten
Massenbach stand, war nichts Gescheutes zu erwarten.
Wir sollten suchen nach Cüstrin zu gehen, um dort über
die Oder zu setzen, denn die Vertheidigung von Berlin,
die anfänglich beabsichtigt war, hatte man bald wieder
aufgegeben.

Wir zogen nun zuerst in die Gegend von Magdeburg
und ich selbst brachte als Ordonnanzofficier zwei peinliche
Tage in dieser Festung zu, und war Zeuge der grenzen=
losen Unordnung und Verwirrung aller Art, die dort
herrschte. Ich glaube, daß es bei dem Babylonischen
Thurmbau nicht confuser zugegangen sein kann, wie jetzt
in Magdeburg.

Unser Regiment stand eine Zeit lang darauf unter
dem General Bila, wir waren häufig in der Nachhut
und ich selbst fand zu meiner Freude noch mehrmals
Gelegenheit mit den Franzosen zu scharmuziren. Von
Sieg oder nur bedeutendem Erfolg konnte bei uns unter
so traurigen Verhältnissen natürlich keine Rede sein, doch
wiesen wir den Feinden noch tüchtig die Zähne, und zeig=
ten ihnen, daß wir Blücher'sche Husaren auch nicht die

allermindeste Furcht hatten und gern bereit waren, uns zu jeder Stunde bei Tag oder Nacht zu schlagen, sobald wir nur den Befehl dazu erhielten.

Zu unserer größten Freude übernahm nunmehr der General von Blücher das selbstständige Commando über unser Corps, und von dem Tage an kam sogleich wieder ein ungleich besserer Geist in dasselbe. Alle gewannen wieder Vertrauen und die schon gelockerte Disciplin ward wieder fester, ohne daß der General hätte nöthig gehabt, zu Strafen seine Zuflucht zu nehmen; einen so wohlthätigen Einfluß übte er auf die Soldaten aus. Unser specieller Brigadeführer war der wackere General von Oswald, mit dessen Leitung wir schon zufrieden sein konnten.

Ein heftiges Gefecht hatten wir Blücher'schen Husaren am 29. October in der Gegend von Ruppin mit französischer Cavallerie vom Corps des Generals Lannes. So schnell unsere müden Pferde nur laufen wollten, jagten wir auf die Feinde los, zersprengten solche gänzlich, hieben Manche zusammen und machten selbst einzelne wenige Gefangene. Auch am anderen Tage hieben wir uns im Verein mit zwei Schwadronen von dem Usedom'schen Husarenregiment noch wieder gehörig mit den Franzosen umher, und mancher kecke feindliche Reiter, der schon in übermüthigem Siegestaumel geschwärmt hatte, mußte aus dem Sattel heraus und die Preußische Erde mit seinem Blute färben. Unsere Vorposten standen den französischen jetzt so nahe, daß häufige Unterredungen zwischen ihnen stattfinden konnten. Die französischen Soldaten haben die gute Eigenschaft, Tapferkeit selbst bei ihren Gegnern zu ehren, und da wir Blücher'schen Husaren uns stets und bei jeder Gelegenheit wacker mit ihnen herumgerauft hatten, so kannten sie unsere dunkelrothen Dollmanns sehr wohl und bewiesen solchen eine besondere Hochachtung.

War aber bei dem ganzen Corps des Generals von Blücher von Tage zu Tage mehr militairische Ordnung zurückgekehrt, so lockerte sich Disciplin und Zucht bei dem Hohenlohe'schen Corps zusehends. Desertionen und Marobiren der Soldaten kamen täglich in erschreckender Weise vor; kurz es waren scheußliche Zustände dort.

So mußte diese schändliche Kapitulation von Prenzlau denn wohl geschehen, und an 15,000 Preußen streckten in ihrem eignen Lande die Waffen vor einem Feinde, der, wie sich später auswies, ihnen an Stärke kaum gleich kam.

Wir Husaren, die von dieser Schande, welche der Preußischen Armee hierdurch zugefügt wurde, noch nichts wußten, hieben uns an dem Tage bei Lychen wieder tüchtig mit den nachdrängenden Franzosen umher. Unser Vater Blücher — so wurde der General schon damals häufig genannt — war bei uns und so ging es denn mit freudigem Hurrah gegen die verhaßten Feinde vorwärts. Zwei französische Chasseursregimenter wurden von uns geworfen und mancher stolze Reiter mußte ins Gras beißen.

Am Abend dieses Tages kamen wir, auf das Aeußerste ermüdet und halb verhungert, in Boitzenburg an, allein das Gefühl, heute so recht unsere Soldatenpflicht erfüllt zu haben, stimmte unsere Husaren so froh, daß sie —

zum Erstenmal seit dem unglücklichen Tage von Auerstedt
— sogar zu singen anfingen.

Es war am 29. October in der Nacht, als ich mit
einer Patrouille von zwölf freiwilligen Husaren wieder
zum Recognosciren vorgeritten war, und bald auf zwei
versprengte Preußische Dragoner stieß. Die Leute theilten
mir fluchend und im höchsten Unwillen über das Ge-
schehene mit, daß das ganze Corps des Fürsten Hohenlohe bei Prenzlau habe die Waffen strecken müssen, und
es ihnen nur gelungen wäre sich durch die Flucht zu retten.
Ich wollte meinen Ohren nicht trauen, und nahm die
Soldaten anfänglich für Lügner; da sie aber ihre Aus-
sage mit der Versicherung der Wahrheit derselben wieder-
holten, so hielt ich es für meine Pflicht, sie zum General
von Blücher zu führen, der eben zu Pferde steigen wollte,
um mit der Avantgarde wieder zu marschiren.

Die Dragoner machten vor dem General ebenso
ihre Meldung, wie sie solche zu mir gethan hatten. „Das
ist nicht wahr — kreuzdonnerwetter Kerl, Du lügst, das
kann nicht wahr sein", rief Blücher in größter Aufregung.

„Bin ein alter Soldat, diene schon seit 1790 in Ehren
und habe noch niemals meine Vorgesetzte belogen", antwortete unwillig der eine Dragoner, dessen ganzes Auftreten den altgedienten, tüchtigen Soldaten zeigte.

„So schlage doch das Donnerwetter diese Hunde,
welche dem Preußischen Namen solche Schande zufügten,
millionen Klafter in die Erde hinein", brauste der General
von Blücher auf, und auch bei allen anwesenden Offi-

cieren wurden laute Ausrufungen des höchsten Zornes hörbar.

Die Dragoner erzählten nun noch dem General von Blücher die näheren Umstände, wobei dieser noch häufig in ein lautes Fluchen ausbrach, als auf schweißbedecktem Pferde, was sich vor Müdigkeit kaum noch auf den Füßen halten konnte, auch ein Officier des Hohenlohe'schen Corps, der sich ebenfalls noch durch die Flucht gerettet hatte, bei uns eintraf. Dieser bestätigte nicht allein die Aussagen der Dragoner, sondern fügte noch Einzelheiten hinzu, welche die Schwäche des Fürsten Hohenlohe und die Gesinnung des Obersten von Massenbach in noch grellerem Lichte hervortreten ließen.

Der General von Blücher befahl jetzt, den Obersten von Scharnhorst, dem er mit Recht ein unbedingtes Vertrauen schenkte, herbeizuholen, um mit ihm die Abänderung unserer künftigen Operationspläne, welche hiernach nöthig wurden, zu berathen. Der kalte, klare, besonnene Verstand von Scharnhorst, der 1806 dem alten General ebenso zur Seite stand, wie der General von Gneisenau dies von 1813 — 15 that, übte stets einen großen und wohlthätigen Einfluß auf den oft vielleicht etwas zu hitzigen und aufbrausenden Blücher aus. Bei dem überwog die kecke Reiternatur häufig die ruhige Ueberlegung; er dachte nur immer an das Dreinhauen, und seiner Neigung nach wäre er mit seinem ganzen Corps am Liebsten gerade zu auf die Feinde losmarschirt, wenn diese auch noch so übermächtig gewesen wären und hätte sich fort und fort geschlagen, so lange nur seine Reiter noch ein Pferd und feine Infanteriften noch eine Patrone zum Verfchießen gehabt hätten. Bei dem Oberften von Scharnhorft, die= fem edlen Mann, dem Preußen ja ganz Deutfchland fo unermeßlich viel verdankt, behielt die ruhige Befonnenheit aber ftets die Oberhand. Dem Preußifchen Waffenruhm hätte er zwar ficherlich nicht das Mindefte vergeben und mit Recht fich und unfer Corps lieber geopfert, bevor er der militairifchen Ehre etwas gefchadet, aber von tollkühnen, waghalfigen Unternehmungen, die doch zu keinem guten Ende führen konnten, rieth er dem General von Blücher ftets ab.

Die Kunde von der Kapitulation bei Prenzlau hatte fich nur zu fchnell auch in unferem Corps verbreitet und wie natürlich den nachtheiligften Einfluß auf die Stimmung Aller ausgeübt. Befonders bei einigen Infanterieregimen= tern, in denen die Mannfchaft freilich durch die fehr an= geftrengten Märfche bei mangelhafter Verpflegung unge= mein abgemattet war, fo daß fie fich kaum noch auf den Füßen erhalten konnte, zeigte fich ein übeler Geift, und viele Soldaten riefen fchon laut aus, es fei nun am Beften, wenn auch hier kapitulirt würde, damit dann diefe ewige Plackerei, die doch zu nichts mehr führen könne, aufhöre. Der Energie der Officiere gelang es jedoch bald, auch diefe mißmuthigen Soldaten wieder zu ihrer Pflicht zurückzuführen, fo daß im Wefentlichen die Subordination in unferem ganzen Corps ziemlich ungefchwächt blieb. Daß freilich Vieles jetzt vorkam, was in einer Friedens= garnifon nicht geduldet wäre, konnte nicht vermieden werden.

Wir Officiere traten in größeren Gruppen, die aus
verschiedenen Regimentern und Waffengattungen gebildet
waren, zusammen und besprachen laut die verhängnißvolle
Kapitulation. Eine gerechte Entrüstung herrschte unter
uns Allen und die Namen des Fürsten Hohenlohe, Maf=
fenbachs und noch anderer Herren wurden mit schimpflichen
Benennungen, die ich hier nicht mehr wiederholen mag,
belegt. Ueber unsere künftige Verwendung schwebten wir
in banger Ungewißheit, bei der uns nur die Ueberzeugung
trösten konnte, daß unser Führer von Blücher niemals
in eine Handlung einwilligen würde, durch welche unsere
Preußische Waffenehre nur im Allerminbesten verletzt wer=
den könnte.

Einige Stunden mochte die Berathung des Obersten
von Scharnhorst mit dem General von Blücher wohl ge=
dauert haben, als Letzterer mit ziemlich munterem Ge=
sichte zu uns trat und mit seiner frischen Stimme, die
auf Alle stets einen so belebenden Einfluß ausübte, aus=
rief: „Nun, meine Herren, laffen Sie die Köpfe man
nicht hängen, so leicht sollen die verdammten französischen
Racker uns noch nicht kriegen und wir wollen, wie ich
hoffe, in der nächsten Zeit noch manch gutes Preußisches
Husarenstücklein ausführen."

Unwillkürlich brach die ganze Gruppe der Officiere
bei solchen aufmunternden Worten in ein lautes „Hoch
unser General von Blücher" aus, und ein junger Lieute=
nant von „Usedom=Husaren" rief in wahrer Begeisterung:
„Lieber den Tod wie die Schande, Ew. Excellenz, so den=
ken wir Alle." (Er fiel auch mit dem Säbel in der Hand

bei Lübeck.) Wohlgefällig schmunzelte der Alte bei diesem
wirklich aus dem Herzen kommenden Ausruf der Officiere,
in den auch viele Husaren, die ihn gehört, mit eingestimmt
hatten, zwirbelte sich seinen langen Bart und sagte: „Danke
— danke, ist mich eine große Ehre so tapfere Soldaten zu
befehlen. Wo ich was zu sagen habe, da soll kein Preußischer Soldat Schande bekommen. das glauben Sie von
mich."

Die Kapitulation von Prenzlau erforderte nun auch
für unser Blücher'sches Corps, das damals noch an 10,000
Mann unter den Waffen zählen konnte, eine völlig veränderte
Marschrichtung. Ganz seinem kühnen Character getreu
hatte der General von Blücher jetzt den Entschluß gefaßt,
mit seinem Corps nach Mecklenburg zu marschiren, um
somit beträchtliche französische Heerhaufen nach sich zu
ziehen und dadurch die Operationen des Kaisers Napoleon
hinter der Oder zu vereiteln. Daß unser Corps bei
diesem kühnen Manöver aufgeopfert werden mußte, war
zwar wahrscheinlich, aber wir verringerten auch dadurch
die feindlichen Streitkräfte beträchtlich und verschafften
den Trümmern der geschlagenen Preußischen Hauptarmee
eher die Möglichkeit, sich hinter die Oder zu retten und
dort mit der frisch heranziehenden russischen Hauptarmee
zu vereinigen. Je mehr Feinde daher mit unserer Verfolgung beschäftigt wurden und je länger wir solche aus-
dehnen konnten, als desto gelungener durfte auch unser
Plan angesehen werden. Wir mußten nun oft Kreuz-
und Querzüge machen, um die verfolgenden feindlichen
Corps über die eigentliche Richtung unseres Marsches,

ber gar kein festes Hauptziel haben konnte, möglichst zu
täuschen.

Am 30. October marschirten wir in das mecklenburgische Gebiet hinein und kamen bei dem kleinen Residenz-
städtlein Neu-Strelitz vorbei. Es war dies die Heimath
der in ganz Preußen so hoch verehrten Königin Louise, und
diese Rücksicht bestimmte den General von Blücher, daß
alle unsere Truppen nur an dem Städtlein vorbei und
nicht in dasselbe hinein marschiren durften, da sonst Unordnungen schwer zu verhüten gewesen wären. Unsere
Verwundeten ließen wir aber in Neu-Strelitz zurück, und
bei dieser Gelegenheit kam ich selbst dort hinein, freute
mich über manche dortigen Verhältnisse, erquickte mich an
einem so guten Mahl und kräftigen Trunk, wie ich Beides
seit mehreren Wochen nicht mehr gehabt hatte, und fand
in aller Eile noch an einem zwar komischen, aber doch ganz
vorzüglichen Liebesabenteuer mit einem hübschen Fräulein,
das zum Hofstaate gehören sollte, viel Vergnügen. Die
Wahrheit des Schiller'schen Verses:

> Der Reiter und sein geschwindes Roß,
> Sie sind gefürchtete Gäste,
> Es schimmert die Lampe im Hochzeitsschloß,
> Ungeladen kommt er zum Feste,
> Er wirbt nicht lange, er zeigt nicht Gold,
> Im Sturm erringt er den Minnesold.

lernte ich hier im Residenzschlosse zu Strelitz zum Erstenmale
so recht empfinden. Später bei all' meinen Kriegsfahrten
hatte ich freilich noch häufig Gelegenheit zu erproben,
welche schnelle Siege auf dem Felde der Liebe ein lecker

Kriegsmann, besonders wenn er in einem Feldzuge ist, erringen kann.

Solche kleine Ergötzlichkeiten waren uns aber auch wirklich zu gönnen, denn wir hatten seit dem 14. October nicht allein schon Vieles erduldet, sondern sollten noch größeren Strapazen entgegengehen. Drei starke französische Corps, das von Mürat, Soult und Bernadotte, von denen Jedes uns an Zahl schon überlegen war, verfolgten uns auf unserem kühnen Zug durch das Mecklenburger Land, ließen uns Husaren der Nachhut fast keine Stunde Ruhe und brachten dabei Gefahren aller Art in Menge.

In dieser Hinsicht war unseres heldenmüthigen Führers Blücher Plan vortrefflich geglückt, denn wir entzogen dem Kaiser Napoleon über 30,000 Mann seiner besten Truppen; besonders Cavallerie, die er zu unserer Verfolgung ausgesandt und somit nicht zur freien Verwendung für seine größeren Kriegsoperationen bereit hatte.

Ich hatte mich kaum aus den Armen der Liebe des schönen Hoffräuleins in Neu-Strelitz losgerissen, als ich schon an demselben Tage mit französischen reitenden Chasseurs, die uns folgten, herumscharmutziren mußte. Der Wein und die lange entbehrte, gute Mahlzeit in Strelitz hatten mir neue Kräfte verliehen, mein so eben genossenes Liebesglück meine Sinne aufgeregt, und so ging ich denn mit doppelt freudigem Muthe in das Gefecht hinein, hieb zwar einen französischen Quartiermeister vom Pferde, erhielt aber selbst auch eine leichte Streifwunde am Ohre, so daß ich einen Verband anlegen mußte; ohne

jedoch sonst in der Erfüllung meines Dienstes verhindert
zu sein. Der krumme Säbel meines Gegners war so
scharf geschliffen gewesen, daß er mir förmlich mein Ohr-
läppchen damit aufgeschlitzt hatte, was eine ganz eigenthümliche Narbe gab.

Es mußte den Franzosen sehr viel daran gelegen
sein, auch unser Corps aufzulösen, denn der Marschall
Bernadotte schickte schon jetzt einen höheren Stabsofficier
als Parlamentair zu dem General von Blücher, um diesen unter sehr ehrenvollen Bedingungen zur Uebergabe
aufzufordern. Der Franzose, übermüthig durch die letzten
glücklichen Erfolge der französischen Armee geworden,
wollte auch bei uns in gewohnter arroganter Weise auftreten, kam aber damit bei unserm General von Blücher
gerade an den Rechten. Der Alte paffte dem französischen
Officier den Dampf aus seiner kleinen Tabackspfeife gerade
in das Gesicht und verbat sich bei der Unterhaltung die
französische Sprache, indem er lachend sagte: „Er habe in
seiner Jugend etwas Besseres zu thun gehabt, als französisch plappern zu lernen.“ Es mußte nun der Trompeter
des französischen Stabsofficiers, ein geborener Elsasser,
als Dollmetscher genommen werden, und dieser trug in
seinem schlechten Deutsch unserem General die Auffor-
derung des Marschalls Bernadotte vor. Wiederholt
hatte der Alte bei dieser Rede schon die Pfeife aus dem
Munde genommen und sich heftig geräuspert; stets ein
untrügliches Zeugniß, daß der Unmuth des Zornes in
ihm aufstieg.

Als der Trompeter seine Rede beendet hatte und der

französische Oberst erwartungsvoll auf den General von
Blücher blickte, sagte dieser zu dem Dollmetscher.

„Solche unverständige Rede macht mich Gift und
Galle im Leibe, mein lieber Trompeter, und ich will sie
nicht wieder hören. Reiten Sie mit Ihrem Herrn Obersten
da zu dem Marschall Bernadotte zurück und sagen Sie,
ich ließe ihn bestens grüßen, aber mit solchem Schnickschnack
von Kapituliren solle er mich verschonen, und ich würde
deshalb gar keine Parlamentairs annehmen. Ein braver
Soldat sei ich all' mein Lebtag gewesen und als solcher wolle ich auch sterben." Mit diesen Worten wandte
der Alte dem verblüfften Franzosen den Rücken, stieg zu
Pferde und ritt im Galopp fort.

Wir marschirten nun weiter in das mecklenburg-
schwerinsche Gebiet, und die übermächtigen französischen
Corps waren immer dicht hinter uns her, so daß unsere
Nachhut fast täglich mehr oder minder blutige Gefechte
zu bestehen hatte. Unter solchen Umständen war es mir
nicht möglich das Stammgut unserer Familie, auf dem
ich den frohesten Theil meiner Jugendzeit verlebt hatte,
und was nach des Großvaters Tode mein Onkel bewohnte,
zu besuchen, so gern ich dies auch sonst gethan hätte.
Bis auf zwei Meilen bin ich der Gutsgrenze nahe gekommen, und es machte einen eigenthümlichen Eindruck
auf mich, in dieser Gegend, die ich als Knabe so oft mit
froher Lust durchstreift hatte, nunmehr als Husarenofficier,
der verfolgt wurde, gegen die feindliche Uebermacht zu
kämpfen.

Das fette Mecklenburger Land mit seinen Schinken

und Würsten und großen Buttertöpfen kam unseren hungrigen Mägen jetzt trefflich zu Statten, und wir hätten
uns gerne hier erholt, wenn uns die stets heftiger an-
brängenden Feinde nur mehr Zeit dazu gelassen. Auch
unsere armen Pferde, die Tag und Nacht nicht unter den
Sätteln fortkamen und besonders bei uns Husaren unausgesetzt die größten Anstrengungen bestehen mußten, konnten sich wenigstens in den vollgefüllten mecklenburgischen
Kornböden gehörig sattfressen, wenn sie Zeit dazu hatten.
Wir bezahlten übrigens alle unsere Bedürfnisse baar oder
stellten sonst Requisitionsscheine barüber aus; die uns verfolgenden Franzosen plünderten aber tüchtig, und Mecklenburg wird noch lange an diese ungebetenen Gäste gedacht haben.

Unter den verschiedenen kleinen Scharmützeln, die wir
Husaren, welche die Nachhut bildeten, fast unausgesetzt
mit den leichten, feindlichen Truppen zu bestehen hatten,
ist mir noch das eine unweit von dem Städtchen Waren
beshalb besonders erinnerlich, weil es mir zuerst Gelegenheit verschaffte, mit dem damaligen Oberst von York, der
die Jäger befehligte und sich später einen so berühmten
Namen erwarb, in nähere Berührung zu kommen. Wie
aus Stahl und Eisen geschmiedet war dieser kleine äußerlich
so unscheinbare und innerlich babei so bedeutende Oberst von
York, und wo er das Commando führte, da konnte man
sicher sein, daß die Preußische Waffenehre unbefleckt erhalten blieb. Er war kein liebenswürdiger Character,
nnd die ungezwungene Harmlosigkeit des alten Blücher,
in dessen Nähe sich Jeder wohl und behaglich fühlte und

der selbst für den gemeinsten Fuhrknecht ein freundliches
Wort oder derben Witz bereit hatte, fand man bei ihm
nicht. Kurz, sarkastisch, grob und herb in Wort und That
war er gegen Vorgesetzte wie Untergebene, und Niemand
liebte, aber Jeder achtete ihn ungemein. Seine grünen
Jäger, die zwar treffliche Soldaten und sichere Büchsen-
schützen, aber dabei häufig rohe, verwilderte und sehr leicht
zum Uebermuth geneigte Gesellen waren, mußte der kleine
Oberst von York blos durch Blick und Wort trefflich in
Zucht zu halten, ohne daß er eigentlich zu Härten seine
Zuflucht zu nehmen brauchte. Ein tabelndes Wort ihres
Obersten galt diesen Jägern schon als Strafe, ein lobendes
hingegen als ein zwar schwer zu erringender, aber dann
auch sehr befriedigender Lohn. Gar mancher wackere
Schütze wagte freudig sein Leben, um nur ein „Gutge-
macht Jäger“ oder „ich bin mit Dir zufrieden gewesen“
aus dem Munde seines so finster und schroff dreinsehen-
den Obersten zu erhalten. Eben solchen Einfluß übte
dieser auch auf alle Offitiere, die mit ihm in nähere
Berührung kamen. Wie an sich selbst, so machte er
auch an seine ganze Umgebung die größten Ansprüche,
war oft rauh und verletzend, und äußerst selten freundlich
und wohlwollend. Niemand wollte gern als Adjutant
oder Ordonnanzofficier zu ihm und doch fühlte sich Jeder
dadurch geehrt, wenn des Obersten von York Zufriedenheit ihn traf, denn dies konnte als sicherer Beweis gelten,
daß er etwas wirklich Tüchtiges geleistet hatte.

Bei diesem Gefecht unweit Waren, das sich dann
durch eine Waldgegend, die „Rossentiner Heide“ genannt,

ben ganzen Tag über fortfpann, wiefen wir die Feinde
mit blutigen Köpfen zurück, fo daß ihnen für die nächften
Tage die Luft zu einer lebhaften Verfolgung fchon ver-
ging. Wohl an acht franzöfifche Cavallerieregimenter und
die Infanteriedivifion Dupont des Bernadotte'fchen Corps
kämpften an diefem Tage gegen uns, und doch konnten
die Franzofen fich auch nicht des minbeften Erfolges
rühmen. Der Oberft von York, ein fehr fefter Reiter,
fetzte fich an die Spitze von drei Schwadronen vom
Hufarenregiment „Köhler", machte eine vortreffliche Attaque auf ein franzöfifches Chaffeursregiment und hieb
baffelbe gehörig zufammen. Unfere Blücher'fchen Hufaren
verloren bei diefer Gelegenheit an zehn bis zwölf Mann
burch franzöfifches Kanonenfeuer, kamen jedoch nicht
recht zum Einhauen. Ich felbft war mit einer Rekog-
noscirpatrouille von fünfundzwanzig Mann nicht bei unferem Bataillon, fondern befand mich anfänglich weit feit-
wärts, wurde dann von franzöfifchen Chaffeurs fcharf
verfolgt und kam nun zu den York'fchen Jägern. Es
war ein prächtiges Gefecht, welches diefe Jäger hier
in der Roffentiner Heide gegen die bedeutend ftärkere
feindliche Uebermacht unterhielten, und hierbei lernte
ich zuerft fo recht die große Bedeutung von muthigen,
gut ausgebildeten und ficher zielenden Büchfenfchützen,
wenn ein fähiger Führer fie befehligt, erkennen. Wir
Cavalleriften find leider nur zu oft von der Befchaffen-
heit des Bodens, auf dem wir fechten follen, abhängig,
und können häufig lange nicht folche Erfolge, wie wir
gern möchten, erreichen. Als ich an diefem Tage die

grünen Schützen so trefflich und so glücklich kämpfen sah,
wünschte ich mir wirklich ein York'scher Jägerofficier zu
sein — wenn ich kein Blücher'scher Husarenofficier gewesen wäre.

Noch in der Dunkelheit knallten die wackeren Jäger
und Füsiliere so lustig auf den Feind, daß dieser bald
trotz seiner großen Uebermacht das Gefecht abbrach und
unsere Truppen nicht weiter belästigte. Ueber vierzehn
Stunden waren einzelne Jägercompagnieen fast unausgesetzt im Gefecht gewesen und hatten trotzdem wacker
ausgehalten, so groß war der Einfluß, den der Oberst
von York auch in dieser Hinsicht auf seine Truppen aus-
zuüben mußte. Ich selbst wurde noch am späten Abend
mit dem Rapport über dies für unsere Waffen so
höchst ehrenvolle Treffen zum General von Blücher geschickt, der sein Hauptquartier anderthalb Meilen weiter
rückwärts hatte. Zwar war der Braune, den ich ritt,
schon verzweifelt müde, denn das Thier hatte seit vierundzwanzig Stunden unausgesetzt unter dem Sattel sein
müssen, aber wenn man eine gute Nachricht zu bringen
hat, schont man auch die Sporen nicht.

Den General von Blücher traf ich noch im Sattel
sitzend auf dem Wege zu uns, wohin er von Ungebuld
getrieben sich aufgemacht hatte. Mit seinen Falkenaugen
erkannte er meine Uniform trotz der Dunkelheit schon aus
einiger Entfernung, und rief laut: „Donnerwetter, das ist
ja Einer von meinem eigenen Regiment!" Als ich näher
gekommen war, schrie er dann: „Fritze, Du bist es —
was bringst Du für eine Meldung — man schnell heraus

damit." (Der General von Blücher nannte mich jetzt häufig Du und mit bloßem Vornamen.)

Als ich ihm die Meldung von dem glücklichen Ausgang des Gefechtes, um welchen er bei der großen feindlichen Uebermacht schon sehr besorgt gewesen war, gemacht hatte, lachte er laut auf und meinte: „Na das ist denn doch mal was Gutes, was Du mich bringst, Junge — habe so in der letzten Zeit nichts wie Schlechtes hören müssen. — Ja diese Franzosen sollen noch öfters Schmiere von uns kriegen," und, zu seiner näheren Umgebung gewandt, fügte er noch hinzu: „Hab' ich Euch das nicht immer gesagt, der York der versteht auch das scharfe Beißen wie ein Dachshund, wenn er auch für gewöhnlich ebenso brummig ist und keinen Spaß verträgt." Der General von Blücher ließ sich nun noch über die Einzelheiten dieses rühmlichen Gefechtes näheren Bericht abstatten, schmunzelte wiederholt vergnüglich dabei und meinte: „Sind Teufelskerle diese grünen Jäger vom York, wenn sie auch im Frieden unserem Könige schon manchen Rehbock wegstibitzt haben," brummte aber auch mitunter, wenn ich ihm sagen mußte, daß wegen des sumpfigten Terrains die Cavallerie nicht so oft zum kräftigen Einhauen hätte gelangen können, wie sie dies selbst gewünscht hätte. Ich mußte nun den General noch bis zum Gute „Alt-Schwerin", wo er sein Nachtquartier nahm, begleiten, war dann aber so ermüdet, daß ich mich neben meinem ebenfalls gänzlich erschöpften Pferde der Länge lang in das Stroh warf und bis zum hellen Morgen ohne Unterbrechung fortschlief.

Der gestrige Empfang war den Franzosen doch so unsanft vorgekommen, daß sie das allzuhitzige Vordrängen aufgaben, und unsere total ermüdeten Truppen somit am 1. November einen Rasttag machen konnten. Solche kurze Rast war aber für unsere Infanterie wie Reiterei von der dringendsten Nothwendigkeit, denn die fast ununterbrochenen Märsche von Auerstedt her, häufig dazu noch bei sehr mangelhafter Verpflegung, hatten Alle auf das Aeußerste erschöpft. Die Infanterie lief zum Theil trotz des kalten Novemberwetters schon barfuß, die Uniformen hingen in Fetzen umher, durch die Löcher der Collette pfiff der Wind und die in Wochen nicht mehr geputzten Gewehre waren häufig so verrostet, daß sie nicht mehr losgehen wollten. Bei der Cavallerie waren die Menschen, weil sie nicht zu Fuß zu gehen brauchten, größtentheils zwar in besseren Verhältnissen wie bei der Infanterie; aber nur zu viele Pferde zeigten sich arg gedrückt, abgetrieben, lahm oder ohne Eisen. Die Sporen mußten jetzt bei diesen armen, arg gequälten Thieren schon gehörig wirken, wenn eine Husarenschwadron nur im Galopp zur Attaque vorgehen wollte Die Husarenregimenter Pletz und Köhler, welche auf dem ganzen Rückzug die Nachhut gebildet und dadurch mit am Meisten gelitten hatten, mußten abgelöst und durch Rudorf=Husaren ersetzt werden. Auch bei der leichten Infanterie kamen frische Bataillone zur Nachhut.

Es ließen sich am 2. November gar keine Franzosen hören noch sehen, und so glaubte der General von Blücher anfänglich, daß dieselben vielleicht von unserer wei=

teren Verfolgung abgestanden und wieder zurückmarschirt
wären, um über die Oder zu gehen. Da er fest entschlossen war, unser ganzes Corps nöthigenfalls zu opfern,
wenn nur der Preußischen Armee jenseits der Oder, bei
welcher Se. Majestät der König sich befand, eine Erleich-
terung dadurch bewirkt werden konnte, so faßte er den
Plan in diesem Falle den Feinden wieder nachzumarschiren,
so daß unsere Nachhut dann unsere Vorhut geworden
wäre.

Da es jedoch wünschenswerth schien, eine genaue
Erkundigung über die feindliche Stellung einzuziehen, so
erbot ich mich, ganz allein auf eine weitere Rekognoscirung
vorzureiten. Mein Ivenacker Schimmel war noch ziemlich frisch und dabei ein so vorzüglicher Läufer und Sprin-
ger, daß die Franzosen mich so leicht nicht einholen konnten; ich kannte die Gegend, die Sitten und Sprache
des mecklenburgischen Landvolkes und durfte somit hoffen,
ganz allein auf dieser gefährlichen Rekognoscirung noch
am Leichtesten durchzukommen.

Als ich mich beim General von Blücher deshalb
meldete, sprach er: „Fritz, das freut mich, daß Du Dir
freiwillig zu diesem Ritt meldest — wäre ich vierzig Jahre
jünger und noch Lieutenant, ich hätte solch Stücklein auch
gemacht."

Am Nachmittag des 2. Novembers ritt ich allein ab,
nachdem ich für mich einige Lebensmittel und für meinen
Schimmel einige Rationen Hafer mitgenommen hatte.
Die Feinde standen in starker Zahl mir gegenüber, und
so mußte ich doppelt vorsichtig sein, vertraute aber bei

meinem gefährlichen einsamen Ritt auch viel mit auf die
bekannte Sorglosigkeit, mit welcher die Franzosen stets
den Vorposten- und Patrouillendienst versehen haben. Da
ich nur auf ganz abgelegenen Nebenwegen ritt und mich
womöglich immer nur durch die Büsche hindurchschlich, so
dämmerte es schon stark, als ich auf dem freien Felde
einem heimkehrenden Holzhauer zuerst begegnete. Der
Mann war ein ehrlicher Mecklenburger, dem ich schon
vertrauen konnte; ich redete ihn daher zu seinem Erstaunen
in dem mir von Jugend auf geläufigen Plattdeutsch an
und fragte nach näheren Nachrichten über die Franzosen.
Die waren denn auch in der Nacht noch auf dem Gute,
zu dem er gehörte, gewesen, hatten dort arg gewirth=
schaftet, einige Pferde mit fortgenommen, Kühe und
Schweine ohne Weiteres geschlachtet, so daß die großen
Bratfeuer die ganze Nacht nicht ausgegangen waren,
und es besonders auch auf die Mädchen abgesehen.
Am Morgen wären die Franzosen mehr links seitwärts
wieder abmarschirt, erzählte mir der Arbeitsmann. Auf
dem Pachthofe, wohin mich nun dieser Tagelöhner führte,
sah es arg aus; es war förmlich geplündert worden, der
Pächter hatte sich mit seiner Familie und dem werthvoll=
sten Vieh noch zur rechten Zeit geflüchtet, den Bauer-
dirnen und Frauen war aber — nach ihrer eigenen, oft
sehr naiv vorgetragenen Erzählnng — von den Franzosen
fast nie Pardon gegeben worden.

Ich fütterte meinen Schimmel hier und suchte dann
einen Boten nach dem nächsten Dorfe zu erhalten, was

mir anfänglich nicht gelingen wollte, da alle Leute entsetzliche Furcht vor den Franzosen hatten, bis sich endlich
ein alter Mann entschloß, mir den Weg mit einer Laterne
zu zeigen. Aus dem nächsten Dorfe erscholl mir schon von
Weitem ein gräulicher Lärm entgegen, der mir verkündete,
daß der Feind hier sein müsse. Mein alter Wegweiser
ließ vor Schreck jetzt seine Laterne ausgehen und lief
dann fort, so schnell ihn seine Beine nur tragen konnten,
ohne auf mein weiteres Zureden nur ein Wort zu erwie-
dern. Da war ich denn in stockfinsterer Nacht wieder
allein auf mich angewiesen, und mußte sehen wie ich mir
selbst am Besten helfen konnte.

Wußte ich nun zwar, daß Feinde in der Nähe waren, so wollte ich doch gern genauere Auskunft haben und
beschloß daher, wenn irgendmöglich, einen Franzosen gefangen zu nehmen. Ich ritt nun vom Wege ab in ein
kleines Tannendickicht hinein, band meinen Schimmel an
einen möglichst versteckten Platz dort fest, zog meine beiden
geladenen trefflichen Pistolen aus der Holfter, steckte sie in
die Manteltasche und schlich mich dann quer vom Felde
sehr leise in einen Garten des Dorfes, in dem die Feinde
hausten.

Wild und toll genug schien es in diesem Dorfe, in
welchem ich als Junge einmal mit dem Großvater, der
ein Füllen hier kaufen wollte, gewesen war, zuzugehen.
Die Franzosen, so viel ich erkennen konnte, rothe Husaren
und leichte Infanteristen vom Bernadotte'schen Corps
hausten arg in den Häusern, und zwischen ihrem lauten
Gejuble, Gesinge und Gelärme aller Art konnte man

häufig das Heulen und Kreischen der gemißhandelten oder
geplünderten Männer, Weiber und Kinder, das Brüllen
der Rinder, Blöken der Schafe und Schreien der Schweine,
die geschlachtet wurden, hören. Große Feuer brannten in
den Gärten und auf der Dorfstraße, um welche die Feinde
sich gelagert hatten, jubelten, tranken und sangen; kurz
ein so recht schauerliches Bild des Krieges mit seiner
Last für die Bevölkerung des Landes, in dem er hauset,
zeigte sich mir jetzt in dem sonst so friedlichen mecklenburgischen Bauerndorfe.

Ich verkroch mich nun heimlich in den Backofen des
Schulzengartens in der Hoffnung, einen einzelnen Franzosen, der sich von seinen Kameraden abgesondert hatte,
überraschen und gefangen nehmen zu können. Wohl an
zwei Stunden mußte ich in diesem unbequemen, lästigen
und dabei auch sehr gefährlichen Versteck des Backofens
ausharren und Zeit und Weile wurde mir nicht wenig
dabei lang. Ich beschloß trotzdem noch so lange wie es
irgend gehen wollte hier zu verweilen, und wurde zuletzt
auch durch einen günstigen Erfolg belohnt. Ein französischer junger Husarenofficier zog halb mit Güte, halb mit
Gewalt eine stämmige mecklenburgische Bauerndirne in
den Garten, um unter einem Baume dort süße Augenblicke der Liebe mit ihr zu feiern. Bei seinen verliebten
Tändeleien war der Franzose, der, um es sich bequemer
zu machen, den Säbel abgelegt hatte, so eifrig, daß er
es gar nicht bemerkte, wie ich mich leise hinter ihm schlich,
plötzlich zusprang und ihn, bevor er noch Widerstand leisten konnte, zu Boden riß, dann, um ihn am Schreien

zu verhindern, schnell mein Taschentuch in den Mund stopfte und darauf mit seinen eigenen Hosenträgern die Hände band.

Welch Schrecken das Gesicht dieses so unsanft über- raschten Franzosen zeigte, als er sich urplötzlich, statt in den süßen Armen der Liebe zu ruhen, von einem Preußi- schen Husaren gefangen genommen sah, war unbeschreib- lich. Der nicht viel minder überraschten Dirne gebot ich mit einem derben mecklenburgischen Fluch vor Allem zu schweigen, und zitternd versprach sie mir dies auch. Ich faßte nun meinen wehrlosen Gefangenen am Kragen, setzte ihm meine gespannte Pistole auf die Brust und sagte ihm auf französisch, daß er sicher sein könne, beim mindesten Flucht- oder Lärmversuch von mir über den Haufen ge- schossen zu werden. Zitternd folgte mir nun mein Ge- fangener — ein noch ziemlich unerfahrener junger Offi- cier — aus dem Dorfe fort, bis auf das freie Feld. In einiger Entfernung vom Dorfe glücklich angekommen, machte ich Halt und sagte dem Franzosen, er solle nur gewissenhafte Auskunft über Stellung, Stärke und nächste Marschrichtung der französischen Corps geben — wolle er dies offenherzig thun, so solle er sogleich wieder in Frei- heit gelangen, wo nicht, würde ich ihn als Gefangenen mit zum Blücher'schen Corps nehmen, und gelänge mir dies nicht, sogleich erschießen.

Der Franzose mochte mir ansehen, daß ich fest ent- schlossen war, auch das zu halten, was ich ihm versprach, wählte von zwei Uebeln das Kleinste und theilte mir mit, daß die feindlichen Corps nicht nach der Oder aufbrechen,

ſondern uns nach einiger Raſt ununterbrochen verfolgen
würden. Auch ſonſt erhielt ich noch einige brauchbare
Notizen von ihm, worauf ich dann lachend, mich über
die unſanfte Störung entſchuldigend und beim nächſten
Liebesabenteuer beſſeren Erfolg wünſchend, Abſchied von
ihm nahm. Der Franzoſe, froh, daß die Sache doch noch
ein ſo gutes Ende für ihn genommen hatte, machte mit
echt franzöſiſchem Leichtſinn noch einige frivole Witze über
dies Abenteuer und ging dann nach dem Dorfe zurück;
ich aber eilte ſo ſchnell wie möglich zu meinem Schimmel
und jagte dann ſpornſtreichs quer durch die Felder nach
jener Gegend zu, in der ich Preußiſche Truppen ver-
muthete.

Die Franzoſen mußten aber in der Nacht doch noch
eine Vorwärtsbewegung gemacht haben, denn am hellen
Frühmorgen ſtieß ich in einem Hohlwege unerwartet auf
eine ſtarke Patrouille franzöſiſcher Dragoner, die zwar
anfänglich ſtutzten, als ein Preußiſcher Huſarenofficier
plötzlich in ihrem Rücken erſchien, dann aber mit wildem
Geſchrei auf mich losgingen. Es war eine förmliche
Hetzjagd zu nennen, denn gewiß an zwanzig bis dreißig
Dragoner verfolgten mich einzelnen Reiter unter Jubel
und lautem Halloh. Nur die Kraft und Schnelligkeit
meines wackeren Roſſes konnte mich jetzt retten, und mein
Schimmel zeigte nunmehr, was ein edles Thier der echten
Ivenacker Zucht zu leiſten vermochte. Wie ein Vogel ſo
ſchnell ging es über Gräben und Hecken hinweg, ſo daß
die plumpen franzöſiſchen Dragonergäule mir nicht folgen
konnten. Mitten durch ein Dorf ging die fliegende Jagd,

mit offenen Mäulern und glotzenden Augen starrten die
mecklenburgischen Bauerburschen dies seltsame Schauspiel
an, doch öffnete ein alter Schulmeister mir freundlich ein
hohes Gatterthor und theilte mir in aller Eile noch einen
näheren Richtweg nach dem Städtchen Criwitz, das ich
zu erreichen wünschte, mit.

So gelang es mir denn glücklich nach einer langen
verzweifelten Hetze den feindlichen Dragonern zu entkom-
men, und gegen Mittag langte ich bei den ersten Preußischen vorgeschobenen Posten an.

Als ich später dem General von Blücher meine Meldung abstattete, lachte er sehr über die Gefangennehmung
des französischen Officiers; ich mußte ihm alle Einzelheiten davon genau erzählen und er meinte schließlich: „Junge
ist das nicht eine Lust Husar zu sein; soll mich der Teufel holen, wenn ich nicht noch Lieutenant sein möchte,
um solche Stücklein zu machen. Nichts wie Schererei
habe ich jetzt als General, und zum rechten Dreinhauen
komme ich selbst gar nicht mehr."

Bei Criwitz hatten unsere Truppen an dem Tage
noch ein recht heftiges Gefecht mit den Feinden, wiesen
ihnen aber gehörig die Zähne und nahmen selbst einen
französischen Husarenobersten gefangen. Leider fand bei
dieser Gelegenheit ein Freund und Landsmann von mir,
der Rittmeister Cordshagen von Rudorf-Husaren, den
Reitertod an der Spitze seiner Schwadron. Sein Vater
war ein armer Schäferknecht aus einem mecklenburgischen
Dorfe, ganz nahe von Criwitz, wo jetzt der Sohn sein
Leben endete, gewesen. Als gemeiner Husar hatte er sich

unter dem alten Zieten in dessen Regiment anwerben
lassen, und war dann durch Muth, Geschicklichkeit und
sonstige gute Eigenschaften bis zum Stabsofficier avan-
cirt, worauf Friedrich der Große ihn in den Adelsstand
erhob.

Wenn wir auch bei Criwitz den Franzosen nochmals
gehörig die Zähne wiesen, so wurde es doch sonst immer
schlechter mit unserem Corps. Bei der Infanterie blieben
die maroden Soldaten zu ganzen Haufen an der Straße
liegen, und die Cavallerie hatte so viele gedrückte und
abgejagte Pferde, daß es ein ungemein kläglicher Anblick
war. Ohne die Energie des alten Generals von Blücher
wäre unser Corps kaum noch schlagfähig gewesen, so aber
durfte von einer Kapitulation noch gar keine Rede sein.
Der Marschall Bernadotte, der gar so lüstern nach der
Ehre zu sein schien, unser Corps gefangen zu nehmen,
schickte abermals einen Obersten als Parlamentair zum
alten Blücher. Der hörte denselben aber gar nicht einmal
an, sagte, sein Gerede sei doch nur leeres Gewäsch und
er solle sich nur wieder abtrollen.

Da wir in einem Dorfe dicht bei der sehr schön
zwischen Seeen gelegenen, mecklenburgischen Residenzstadt
Schwerin ein Nachtquartier machten, so ging ich am
Abend noch auf einige Stunden dahin, um eine alte Großtante, die mich als Jungen stets sehr verzogen hatte, zu
besuchen. Die gute Dame dachte sich die Franzosen als
ganz unbesiegbare Menschenfresser, die uns Preußen alle
bei lebendigem Leibe noch verschlingen würden, flehte mich
an, meine Uniform auszuziehen und mich womöglich in

Weiberkleidung bei ihr zu verstecken, und weinte bitterlich, daß ihr geliebter Fritz schon in so jungen Jahren so elend zu Grunde gehen solle.

Es müssen doch in der That oft komische Gedanken in den Köpfen von so alten Jungfern spuken! Angenehmer wie die Thränen, Bitten und vergeblichen Ermahnungen der guten, alten Tante war mir ein Röllchen mit fünfzig holländischen Dukaten und ein kleiner Vorrath von reiner Wäsche, an der ich großen Mangel litt, welche sie mir beim Abschied noch zusteckte.

Es war anfänglich unseres Generals von Blücher Absicht gewesen, bei Boitzenburg über die Elbe zu gehen, allein da Truppen des Marschalls Soult (wie fälschlich berichtet wurde) hier schon den Weg versperrt haben sollten, so marschirten wir über Gadebusch nach der alten Hansestadt Lübeck. Zu retten war unser Corps doch nicht mehr; es galt nur noch die Franzosen möglichst lange hinzuhalten und ihnen noch recht viele Leute kampfunfähig zu machen, bevor wir dann selbst den Untergang fänden. Hätten wir nur in Wismar oder Rostock oder einem anderen deutschen Ostseehafen Schiffe genug bekommen können, um mit diesen nach Ostpreußen zu fahren, so wäre dies freilich das Beste gewesen; allein leider wollte das nicht gelingen.

Unser Regiment, das furchtbar mitgenommen war, kam nun vor Lübeck nicht mehr zum Gefecht, ich selbst blieb aber im Gefolge des Generals von Blücher und wurde von diesem fortwährend zu Entsendungen verwandt. Der Ausdauer und Schnelligkeit meines Ivenacker Schimmels, der fast das Unglaubliche leistete, und meiner ge-

nauen Kenntniß der plattdeutschen Sprache habe ich diese
Auszeichnung gewiß wesentlich mit zu verdanken gehabt.

Die guten Bürger von Lübeck waren ersichtlich über
unsere Ankunft und den fest ausgesprochenen Entschluß
des Generals von Blücher, sich hier auf das Aeußerste
zu vertheidigen, sehr mißvergnügt und wünschten uns weit
hinweg wo der Pfeffer wächst. Von ihrem Standpunkt
aus konnte ihnen dies auch gar nicht verdacht werden,
aber ebenso sehr war es unsere heilige Soldatenpflicht,
auf das Schicksal einer Stadt weiter nicht viel Rücksicht zu
nehmen, wenn es galt, die militairische Ehre eines Preußischen Corps so lange wie nur irgend möglich zu vertheidigen. Ein General, ja ein jeder Officier, der sich in
einem Kriege von irgend einer anderen Rücksicht wie von
der militairischen leiten läßt und der nicht unbedingt
Alles opfert, wenn es gilt, seine kriegerische Ehre zu retten, ist nicht der Uniform werth die er trägt, und sollte
lieber die Elle wie den Degen führen.

Wir suchten nun in und um Lübeck eine möglichst
feste Stellung zu nehmen, und die Franzosen, die mindestens die fünffache Uebermacht zählen mochten, ließen auch
nicht lange auf ihre Ankunft warten. Ich war die letzten
zwei Tage und Nächte unaufhörlich im Sattel gewesen,
und hatte bei den eiligen Hin- und Herritten zwischen
unseren einzelnen Truppen, größtentheils quer durch die Felder, meine beiden Pferde ganz abgehetzt und mich so ermüdet, daß ich kaum noch meine Glieder bewegen konnte,
als am 6. November der Angriff der Franzosen auf Lübeck
anfing. Da mußte ich denn freilich wieder in den Sattel

hinein, und mein Schimmel durch heftige Spornstöße zur äußersten Aufbietung aller seiner Kräfte angestachelt werden.

Die Franzosen stürmten mit großer Schnelligkeit vorwärts, doch kam es an mehreren Stellen noch zu heftigem Widerstand, und sie büßten viele Menschen ein, bevor sie als Sieger in Lübeck einziehen konnten.

Ich befand mich an diesem Tage meistens im Gefolge des Generals von Blücher, und wurde von diesem zuerst mit einem Befehl an den Herzog von Braunschweig-Oels, der das Burgthor mit den beiden Regimentern Oels und Mannstein besetzt hielt, abgeschickt. Der Herzog, ein persönlich so tapferer Mann, wie nur Einer jemals für die Ehre der deutschen Waffen stritt, schien diesmal Tage keine recht klare Erkenntniß von dem Plane der Vertheidigung Lübecks, den der Oberst Scharnhorst ausgearbeitet hatte, zu besitzen, und beging, wie ich glaube, den Fehler, das Burgthor früher zu räumen wie es wohl nöthig gewesen wäre. Die französische Infanterie der Division Drouet, gedeckt durch das in der Nähe einer großen Stadt stets sehr durchschnittene Terrain, fügte unseren schon ungemein ermatteten Truppen, bei denen die Munition bald zu mangeln anfing, vielen Schaden zu, so daß bald Verwirrung einzureißen begann.

Unsere Artillerie, die nach meinem Dafürhalten hier nicht sonderlich zweckmäßig aufgestellt war, feuerte anfangs sehr lebhaft; als aber ihr Befehlshaber, der brave Lieutenant Thadden, erschossen war, wurde das Feuer so unregelmäßig, daß es keine sonderliche Wirkung haben konnte.

Der Herzog von Braunschweig, dem das Pferd unter
dem Leibe erschossen war, hatte mich wieder zu dem General von Blücher gesandt, diesen um Verstärkung zu
bitten; allein in dem Gewühl von Verwundeten, Ver-
sprengten, leeren Munitionswagen aller Art, welches in
den engen, krummen Gassen von Lübeck herrschte, und
gänzlich ohne Lokalkenntniß daselbst, war es mir nicht
möglich denselben so schnell wie ich wünschte, zu finden.
Französische Granaten fielen jetzt auch schon in die
Stadt, platzten in den Straßen, tödteten und verwundeten viele Soldaten und trugen noch mehr dazu bei,
die allgemeine Verwirrung zu vermehren. Plötzlich wie
ich um eine Straßenecke biege, sehe ich große Haufen französischer Voltigeurs und höre die Klänge ihrer
Hörner, während sogleich mehrere Schüsse mich empfingen,
durch welche mein Schimmel am Halse verwundet ward.
Die Feinde waren schon in die Stadt selbst gedrungen; ein
mörderischer Straßenkampf begann jetzt, und viel Preußisches Soldatenblut färbte die Pflastersteine. Besonders
die grünen Jäger von York wehrten sich wie Verzweifelte
gegen die in immer zahlreicheren Schwärmen eindringenden
Feinde, ihre sicheren Büchsen sandten noch manchen tödt-
lichen Schuß in die feindlichen Reihen, allein sie selbst
fielen auch meistens, da die erbitterten Franzosen sogar
schon verwundet daliegende Jäger ohne Erbarmen mit
ihren Bajonnetten durchbohrten. In diesem wilden Straßenkampf, bei dem ich mich so viel wie möglich mit zu
betheiligen suchte und noch einen Franzosen mit der Pistole zusammenschoß, sank auch der Oberst von York, der

bis zum letzten Augenblick mit kalter Entschlossenheit das Gefecht zu leiten versucht hatte, — so weit dies unter solchen Umständen möglich sein konnte — schwer verwundet zu Boden.

Mein Schimmel erhielt jetzt abermals eine Wunde und ward dadurch so unlenksam, daß ich nur schnell abspringen mußte. Das wüthend gewordene Pferd rannte mit Aufbietung der letzten Kräfte jetzt mitten zwischen die französischen Boltigeurs hinein und brach dort, wie ich deutlich sehen konnte, zusammen.

In diesem Augenblicke sah ich auch den General von Blücher, wie er, den bloßen Degen in der Hand, eine Abtheilung Cürassiere und dann Jäger und Magdeburg'sche Füsiliere zu sammeln suchte, um die Feinde zurückzutreiben. Auch eine Menge versprengter Officiere hatte sich um den General versammelt. Ich riß einem erschossenen Jäger die Büchse aus der erstarrten Hand, nahm Patronen aus seiner Tasche und schloß mich nun zu Fuß dem General von Blücher an.

Ein reiterloses Cürassierpferd ward bald von mir aufgefangen, und mit einem Dutzend gesammelter Cavalleristen aller Regimenter, versuchte ich auf einen Trupp feindlicher Boltigeurs, der in einer Querstraße aufgestellt, uns vielen Schaden zufügte, einzuhauen. Schon waren wir im Galopp herangeritten, da gaben die Feinde eine Salve, ich empfand einen stechenden Schmerz in der linken Schulter, mußte den Zügel fallen lassen und mein scheu gewordenes Pferd drehte mit mir um, und warf mich dann an einer Ecke gegen einen Prellstein. Eine

feindliche Kugel hatte mir das linke Schlüsselbein entzwei
geschossen, der Sturz aber eine Rippe zerbrochen.

Auf Händen und Füßen kroch ich langsam an den
Häusern fort, denn gehen konnte ich nicht mehr, und es
glückte mir auch das Haus des braven Lohgerbermeisters,
bei dem ich in der letzten Nacht einige Stunden gerastet
hatte, zu erreichen. Wahres christliches Mitleiden trieb
diese wackere Familie dazu, mich, den schwer verwundeten
Preußischen Officier, bei sich aufzunehmen und ein be-
quemes Lager in einem ganz versteckt liegenden Hinterstübchen zu bereiten.

Fünftes Kapitel.

Heilung meiner Wunden in Lübeck. — Gastfreundliche Aufnahme
bei einer Lohgerberfamilie. — Reise nach Ostpreußen zum
Heere. — Uebermuth der Franzosen in Preußen. — Klägliches
Benehmen vieler Einwohner. — Gefährliches Durch-
schleichen durch die feindlichen Vorposten. — Ankunft beim
Corps des Generals von L'Estocq. — Eintheilung als
Ordonnanzofficier. — Neue Equipirung. — Erstes Gefecht
mit den Feinden. — Die russische Armee unter General
von Bennigsen. — Schlacht bei Eylau. — Verschiedenartige
Scenen während derselben. — Verlust des Pferdes. —
Aufenthalt im russischen Hauptquartier. — Uebeler Eindruck
des Rückzuges nach Königsberg.

Eine trübe Schmerzenszeit verbrachte ich in dem
kleinen, ganz versteckt liegenden Hinterstübchen des Lohgerbermeisters zu Lübeck. Meine Wunden schmerzten sehr;
ärztliche Hülfe war in den ersten zwei Tagen in der Stadt,
wo die Franzosen schrecklich hausten, plünderten und brand-
schatzten, nicht zu erhalten, und dabei mußte ich jeden

Augenblick befürchten, daß die Feinde mein Versteck ent-
deckten und mich dann tödteten, oder was mir fast noch
schrecklicher dünkte, gefangen nahmen. Endlich gelang es
meinen Wirthsleuten einen Stadtchirurgen, der jedoch nicht
ohne Geschicklichkeit war, zu mir zu führen; meine Wunden wurden verbunden, und bei meiner robusten Gesundheit und der sorgfältigen Pflege besserte sich von nun an
meine Gesundheit wieder immer mehr, so daß ich nach
vier Wochen schon mein Lager verlassen konnte.

Wurden aber meine körperlichen Schmerzen nun auch
geringer, so nahmen leider die ungleich drückenderen
der Seele fortwährend noch mehr zu. Welche traurige
und täglich trauriger werdenden Nachrichten enthielten die
Zeitungen, welche mir mein wackerer Wirth allwöchentlich
zweimal in etwas veralteten Exemplaren brachte. Zuerst
die Kunde, daß auch die Trümmer unseres Blücher'schen
Corps am 7. November bei Ratkau hatten kapituliren
müssen, wobei mich nur die Energie, die unser alter General bis zum letzten Augenblick dabei bewiesen, einigermaßen zu trösten vermochte. „Ich kapitulire nur, weil
ich kein Brod und keine Munition mehr habe," hatte
Blücher eigenhändig unter dieser Kapitulation geschrieben,
und als die Franzosen dies anfänglich nicht dulden
wollten, gedroht, die Uebergabe dann wieder rückgängig
machen und sich bis zum letzten Mann zu vertheidigen.
So muß auch nach meiner festen Ueberzeugung jeder
deutsche Officier, welchen Grad er nun immerhin bekleiden
mag, handeln, und Schande über den ehrlosen Feigling,

der eine Kapitulation eingeht, so lange ihm nur noch irgend
wie die Möglichkeit zum Durchhauen übrig bleibt.

Hatte aber Blücher seine und unseres Corps Ehre
auch bis zum letzten Augenblick vollgültig zu wahren gewußt, so war dies, wie bekannt, leider nicht von vielen
Führern des Preußischen Heeres in ähnlicher Weise geschehen und dies erfüllte mich und jeden wahren Patrioten
mit tiefem Ingrimm.

Wie kläglich benahmen sich in dieser Zeit der Schmach
und des Elendes auch viele hochgestellte und niedere Be-
amte und selbst die Einwohner der großen Städte; besonders
auch die von Berlin. Wie schien aller Patriotismus vor
diesem übermüthigen Franzosen geschwunden zu sein! Es
mußte nach den Berichten der Zeitungen jetzt traurig in
Preußen zugehen, und wer, wie ich, von Kindheit an
nur in dem Gefühl des Preußischen Ruhmes auferzogen
war, der mußte solche Schmach schon zwiefach bitter
empfinden.

In diesen trüben Stunden gereichte mir die brave
Lohgerberfamilie, die mich so gut versteckt hielt und so
hülfreich pflegte, zu wahrem Trost. Echt deutsche, kern-
hafte Menschen waren dies, treu, bieder, voll wahrer
Frömmigkeit und ohne jeglichen falschen Schein. Der
Vater, ein Muster eines deutschen Bürgers, war von
gerechtem Stolz auf seine alte Vaterstadt Lübeck, auf sein
Lüb'sches Recht, auf sein Gewerbe und seinen geachteten
Namen erfüllt, dabei fleißig und sparsam, zwar derb in
Wort und That, aber auch zuverlässig und mildthätig,

nicht ohne kernigen Mutterwitz und klares, verständiges
Urtheil über alle Dinge, welche er seinem Stande nach
beurtheilen konnte.

Dieser schlichte Lübecker Lohgerbermeister beschämte
mit seinem gesunden Urtheil gar manche Excellenzen und
vornehme Persönlichkeiten, mit denen mein späteres Leben
mich vielfach in nähere Berührung brachte, und gar häufig
mußte ich seiner noch gedenken. Die Hausfrau war ein
gutes, braves, durch und durch mildthätiges Weib, voller
Wirthschaftlichkeit, aber sonst ohne weitere geistige Bega-
bung und Ausbildung. Sie las am Abend nach voll-
brachter Tagesarbeit gern in der Bibel, besuchte in from-
mer Weise so oft wie möglich die Kirche, kümmerte sich
aber sonst nicht viel um das, was weiter in der Welt
vorging.

Die neunzehnjährige Tochter Marie war ein prächtiges Mädchen; so gesund an Geist, Körper und Herz,
wie man dies selten finden wird. Sie war verständig
und hatte mehr wirkliche Bildung wie die Meisten der
adeligen Fräuleins, mit denen ich bisher zusammen gekommen war, verrichtete dabei willig alle häuslichen Arbeiten und pflegte mich mit einer Sorgfalt, wie solche
gar nicht größer sein konnte. Sie wäre sonst wunder-
hübsch gewesen, hatte aber rothes Haar, was ich niemals habe leiden können. Gar oft saß sie an meinem
Bette, strickte Strümpfe oder beschäftigte sich sonst nütz-
lich, plauderte dabei aber harmlos und unbefangen mit
mir und half mir manche fast unerträglich langweilige

Stunde verkürzen. Dies brave, gute Mädchen, deren An=
benken ich stets dankbar bewahren werde, hat später einen
Förster in Holstein geheirathet.

Da in Lübeck fortwährend eine·französische Besatzung
blieb, so mußte mein Aufenthalt sehr geheim gehalten
werden, indem ich sonst ohne Weiteres gefangen genommen
worden wäre. Ich schnitt deshalb meinen Schnurrbart, den
ich bisher in jugendlicher Eitelkeit so sehr gepflegt hatte,
ab und suchte auch sonst alle Spuren meines militairischen
Aeußeren möglichst zu verwischen; wie denn auch meine
Uniformsstücke und Waffen versteckt wurden. Ich galt
bei den Nachbaren als ein Vetter der Frau aus Mecklen=
burg, der früher Jägerbursche gewesen, jetzt aber schwer
erkrankt war.

Meine ganze Equipage, wie auch mein zweites Pferd
hatte ich verloren, und nur das gerettet, was ich am
Leibe bei mir trug, wobei sich glücklicher Weise auch das
Geld befand, welches ich von der Großtante in Schwerin
erhalten hatte. Ich habe niemals wieder etwas von dem
Schicksal meines Burschen, der mein Pferd und meine
Feldequipirung bei sich gehabt hatte, erfahren.

Mit der allmähligen Heilung meiner Wunden stieg
auch das Gefühl des Unmuths über meine jetzige Unthä=
tigkeit. Ich hatte erfahren, daß sich in Ostpreußen wieder
ein Corps gesammelt habe, um so viel als möglich die
Preußische Waffenehre noch zu vertheidigen, und brannte
nun vor Begierde in die Reihen meiner Kameraden wieder
einzutreten und aufs Neue gegen die verhaßten Feinde

zu kämpfen. Tag und Nacht fast ließ mich dieser Gedanke nicht zur Ruhe kommen, und manche einsame, nächtliche Stunde lag ich auf meinem Lager und sann über
die besten Pläne nach, wie ich mich durch die feindlichen
Corps hindurch am Schnellsten nach Ostpreußen schleichen
könne. Aus Mecklenburg, welches ebenfalls noch von den
Franzosen besetzt und arg verwüstet war, hatte ich mir
noch an 100 baare Louisb'ors, die in damaliger Zeit
selbst von einem wohlhabenden Gutsbesitzer schwer auf-
zutreiben waren, verschafft, außerdem auch noch einen
Paß mit meinem Signalement, in welchem ich als Viehhändler Carl Brand bezeichnet war. So konnte ich es
denn schon wagen, meine Reise landwärts nach Ostpreußen anzutreten. Ich wäre zwar lieber mit einem Schiff
von Lübeck aus abgesegelt, doch ruhte in jetziger Winterszeit die Schifffahrt auf der Ostsee fast gänzlich.

Den Weihnachtsabend verbrachte ich noch recht traulich und vergnügt im Kreise der wackeren Lohgerberfamilie, die mir, dem fremden Officier, so viele Wohl-
thaten erwiesen hatte. Da der Meister standhaft jede
Vergütung an baarem Gelde ausschlug, so benutzte ich
die Gelegenheit des Weihnachtsfestes, allen Familienmit-
gliedern hübsche Geschenke mit silbernen Sachen zu machen, welche sie sehr zu erfreuen schienen. Die Tochter
hatte mir eine warme, wollene Unterziehjacke gestrickt,
der Vater aber ein Paar derbe Wasserstiefel von Rinds-
leder geschenkt; Beides Dinge, die ich für meine beabsichtigte Wanderung gut gebrauchen konnte. Ich ließ Punsch

machen, und wir faßen vergnüglich bis zur späten Stunde
in der hellerleuchteten Wohnstube, verzehrten Karpfen in
Bier gekocht; knackten Haselnüsse und stießen die Gläser
auf baldigen günstigen Erfolg unserer Preußischen und
Deutschen Waffen gegen die verhaßten Franzosen an.
Es ist doch etwas Schönes um ein traulich stilles Weih-
nachtsfest in einer wahrhaft deutschen Familie, und wenn
es auch nur die eines schlichten Handwerkers ist.

Der Chirurgus, der mich behandelte, schüttelte zwar
bedenklich den Kopf, als ich mit ihm von einer Fahrt
nach Ostpreußen sprach, und meinte, ich sei besonders bei
dieser Winterkälte noch zu schwach dazu, allein ich hatte
weder Rast noch Ruhe mehr in Lübeck, wo ich jeden Tag
gefangen genommen werden konnte, und erklärte, unter
allen Umständen reisen zu wollen. Mein Wirth kaufte
mir eine starke, warme Kleidung, wie solche für einen zur
Winterszeit reisenden Viehhändler angemessen war; ich
packte einige Wäsche in einen Mantelsack und ließ meinen
Paß von der französischen Militairbehörde in Lübeck nach
Lüneburg visiren, was auch ohne weiteren Anstand geschah.

Am Sylvesterabend des unheilvollen Jahres 1806,
in dem so manche schöne Lebenshoffnungen für mich ver-
nichtet wurden, bestieg ich in Lübeck den Postwagen.
Meine Wirthsleute begleiteten mich noch bis zum Wagen,
wir schüttelten uns wahrhaft herzlich die Hände, und der
Abschied von diesen wackeren Bürgersleuten, die doch so
wirklich vornehme Gesinnungen in ihrer Brust trugen,
hätte mir fast einige Thränen entlockt.

Eine Reise zu damaliger Zeit in einem ordinairen Postwagen und nun gar im Januar bei arg verschneiten Wegen und der grimmigsten Kälte konnte wirklich als eine harte Geduldsprobe gelten. Der Wagen· war nur ein Frachtwagen mit Plandach und in Riemen geschnallten leder= nen Sitzbänken; die Fahrt ging Schritt vor Schritt, in jedem Dorfkruge wurde womöglich angehalten und geschnapst, und die Reisegesellschaft bestand nur zu·oft aus den rohesten und widerwärtigsten Personen der unteren Stände.

So war es denn auch auf dieser Fahrt der Fall; Schlächterburschen, polnische Juden, vagirende Schauspieler und ein französischer Polizeibeamter unteren Grades bil= deten die unerquickliche Reisegesellschaft, und dabei durfte ich mich nicht einmal von dem näheren Verkehr mit diesen Leuten ausschließen, sondern mußte in meiner Rolle als Viehhändler gute Freundschaft halten und manchen Schnaps mit trinken, wenn ich nicht Verdacht erregen wollte. Wie langsam aber damals, besonders im Winter bei tiefem Schnee, ein solcher Postwagen fuhr, zeigt, daß wir, so viel mir noch jetzt erinnerlich ist, auf dem Wege von Lübeck nach Lüneburg zwei volle Tage zugebracht haben. Es war ein recht unbehaglicher Neujahrstag, den ich auf diese Weise verlebte.

In Lüneburg hatte ich anfänglich viele Schererei, bevor ich meinen Paß nach Salzwedel visirt erhielt, nahm dann einen leichten, offenen Bauerwagen und fuhr über Salzwedel und Brandenburg nach Berlin, wo ich am 6. Ja= nuar anlangte. Unter welch' ganz anderen Umständen hatte ich früher diese Hauptstadt des stolzen Preußischen Staates gesehen. Wahrlich niemals schnitt mir der Gedanke an diese furchtbare und so schnelle Veränderung tiefer in die Seele als jetzt, da ich in Berlin die Franzosen mit unumschränkter Willkür schalten und walten sah. Und wie unsäglich erbärmlich benahm sich nunmehr bei diesem Unglück der ganze vornehme und niedere Pöbel, den Berlin, wie alle großen Städte, in nur zu bedeutender Zahl besitzt. Alle diese gebildeten, geistreich sein wollenden Kreise der Beamten, Banquiers, Schöngeister und Künstler, welche früher so sehr entzückt gewesen waren, wenn Prinz Louis Ferdinand oder irgend ein anderes Mitglied des Königlichen Hauses sie mit seiner Gegenwart beehrt hatte, waren jetzt plötzlich französischer gesinnt, wie selbst viele französische Officiere. Der Kaiser Napoleon, obgleich er Deutschland knechtete und mit Füßen trat, war ihr Held und Heros; die französische Sprache galt als die einzige, die in den Salons — besonders der sogenannten Geldaristokratie — in Mode war, und den französischen Officieren wurden oft die frechsten Zudringlichkeiten gegen Frauen und Mädchen als liebenswürdige, vornehme Manieren ausgelegt.

Da waren mir die schlichten Bauern in der Altmark, Pommern und Ostpreußen, welche die Franzosen als eingedrungene Landesfeinde auf das Bitterste haßten und dem französischen Uebermuth den möglichsten, wenn auch passiven Widerstand entgegenzusetzen suchten, doch ungleich achtungswerther wie diese sogenannt gebildet und vornehm sein wollenden Menschen, unter denen sich auch leider manche

entartete Sprößlinge der geachtetsten Adelsfamilien des
Landes befanden.

In der Altmark machte ich einmal Nachquartier in
einem Dorfe, wo alle Mädchen es unter sich versprochen
hatten, keine Liebschaft mit irgend einem französischen Soldaten anzufangen, ja nicht einmal mit einem solchen zu
tanzen; in nur zu vielen eleganten Berliner Salons
waren hingegen die französischen Officiere die willkom-
mensten Gäste; Dutzende von jungen Mädchen und selbst
verheirathete Frauen aus guten Familien knüpften mit
ihnen Liebeshändel an, die oft einen traurigen Ausgang
nahmen.

Ungefähr acht Tage hielt ich mich in Berlin auf und
meine Stimmung war, wie man sich denken kann, nicht
die heiterste, dann setzte ich meine Reise nach Ostpreußen
fort. Nach wie vor war meine Fahrt dahin unangenehm,
und je mehr ich mich nun wieder in der Mitte der nach
diesen Gegenden marschirenden feindlichen Truppen befand,
desto größer mußte meine Vorsicht sein, um mich nicht
denselben zu verrathen. Täglich fast war ich Zeuge des
empörenden Uebermuthes, mit welchem die Franzosen in
den von ihnen besetzten Gegenden schalteten und wal-
teten, und mußte Reden mit anhören und Scenen erleben,
daß sich mir vor gerechtem Zorn die Hände ballten und
das Gesicht röthete; — und doch durfte ich nur schweigen.
Welche rohe Behandlung ward mir auch oft persönlich
von den vielen französischen Gensd'armen, Platzcomman=
danten und Polizeiofficianten aller Grade, denen ich meine

Legitimationspapiere oft mehrmals in einem Tage zei=
gen mußte. Stundenlang ließen diese Kerle, oft nur aus
Faulheit oder Hochmuth, mich vor der Thüre warten, bis sie
mich eines Blickes würdigten und fuhren mich dann gröber an,
wie ich je gegen den dümmsten Rekruten verfahren wäre.
Wie sehnlichst ich besonders in solchen Augenblicken wünschte,
diesen so bitter gehaßten Feinden wieder als Preußischer
Officier mit dem Säbel in der Faust im offenen Kampfe
gegenüber zu stehen, wird jeder Soldat begreiflich finden.

Ich hatte noch verschiedene Abenteuer, mitunter lu=
stiger, ungleich häufiger aber verdrießlicher Art zu beste=
hen, bis es mir gelang auf heimlichen Schleichwegen die
ersten Preußischen Truppen zu erreichen. Ohne die Hülfe
eines wackeren Holzwärters unweit Braunsberg wäre es
mir übrigens schwerlich gelungen, mich durch die franzö=
sischen Linien hindurch zu den Preußen zu schleichen. Ueber
vierundzwanzig Stunden führte mich dieser wahre Patriot,
der schon mehreren Preußischen Officieren und Soldaten
auf ähnliche Weise geholfen hatte, auf den verstecktesten
Waldwegen dicht an den französischen Vorposten vorbei.
Wir mußten uns bei diesem gefährlichen Gang einmal
unter einer kleinen Brücke verkriechen, und bei der eisigen
Januarkälte über sechs Stunden in dieser unbequemen
Lage fast regungslos ausharren, wobei ich mir ein Ohr=
läppchen erfror, bis sich die feindlichen Patrouillen wieder
entfernt hatten, und wir auf den tiefverschneiten Wald=
wegen langsam wieder fortwandern konnten.

Diesen ebenso beschwerlichen wie gefährlichen Führer=
dienst — denn wäre er dabei entdeckt, so hätten ihn die

Franzosen ohne Weiteres als Spion erschossen, wie sie dies auch schon wiederholt bei ähnlichen Vorfällen gethan hatten — verrichtete der wackere Holzwärter, ohne selbst die mindeste Belohnung dafür zu nehmen. Hartnäckig schlug er alles Geld aus, was ich ihm anbot, und sagte: „Behalten Sie es nur, Herr Lieutenant, wer weiß, wo Sie die blanken Thaler noch nothwendig gebrauchen können. Es ist meine Pflicht, unserm allergnädigsten Könige auf jede Art jetzt zu dienen, und das thue ich auch, wenn ich unseren Truppen frische Soldaten zuführe, welche diese verdammten Rackers von Franzosen schlagen helfen", sprach dieser Ehrenmann im groben Flauschrock, schüttelte mir noch herzlich die Hand und trat dann seinen gefährlichen Rückweg wieder an.

Es gereichte mir zur großen Freude, diesem treuen Holzwärter im Frühling 1808 einen hübschen Ulmer Pfeifenkopf mit Silberbeschlag als Geschenk schicken zu können.

Es war am 2. Februar 1807, als ich das von mir gerade in jetziger Zeit doppelt empfundene Glück hatte, wieder auf die ersten Preußischen geordneten Truppen, die im offenen Kampfe den Franzosen gegenüberstanden, zu stoßen. Eine Patrouille vom Dragonerregiment Auer war die erste Truppe, welche ich traf, und in meiner Herzensfreude beschenkte ich die Mannschaft reichlich, um einen frohen Trunk auf den Sieg der Preußischen Waffen thun zu können. Ich legitimirte mich nun bald bei dem Officier der Feldwache, zu welcher diese Patrouille gehörte, und dieser verschaffte mir einen einspännigen Schlitten, mit

dem ich nach Osterode zu dem dort commandirenden General
L'Estocq fuhr. Der General, ein wackerer Soldat, wenn
auch freilich kein sehr bedeutender Feldherr, welcher mich von
früher her oberflächlich kannte, empfing mich sehr freundlich und lobte es, daß ich mich trotz meines noch immer
etwas schwachen linken Armes doch schon zu dem Preußischen Corps durchgeschlichen hatte. Ich bat nun, mir
möglichst bald Gelegenheit zu verschaffen, gegen die so
bitter gehaßten Feinde kämpfen zu können, und der General versprach mir auch, diesen Wunsch nach besten Kräften erfüllen zu helfen. Eine definitive Anstellung konnte
er mir nicht sogleich geben, erlaubte mir aber — sobald
ich mich wieder dazu ausgerüstet hätte — vorläufig als
Officier in seinem Hauptquartier den Dienst mit zu thun.
Das Glück wollte mir wohl, daß ich bereits am anderen
Tage mir Mantel, Pelzmütze, Säbel, Sattelzeug, und
noch einige andere Sachen eines Officiers von Prittwitz-
Husaren, der am Nervenfieber gestorben war, kaufen und
somit doch auch äußerlich schon wieder einigermaßen als
Preußischer Officier auftreten konnte. Ein zwar häßliches,
aber starkes und dauerhaftes Kosackenpferd kaufte ich für
acht Louisd'or von einem Kosackenofficier und war somit
bereit, mich jede Stunde wieder in den Kampf zu begeben.
Die Gelegenheit dazu sollte nicht lange auf sich warten
lassen, denn schon am 8. Februar hatte ich das Vergnügen,
wieder einem tüchtigen Strauß beiwohnen zu dürfen.

Obgleich die obere Führung der Königlichen Truppen
hier in Ostpreußen noch sehr Vieles zu wünschen übrig
ließ, und wir auch hier nur zu viele alte und schwache

Generäle und Stabsofficiere hatten, die besser im Groß-
vaterstuhl hinter dem Ofen als im Sattel an der Spitze
kämpfender Soldaten, an ihrem Platze gewesen wären,
auch sonst der alte Zopf sich bei vielen Gelegenheiten nur
zu breit machte, so war doch der Geist im Ganzen gut.
Sowohl Officiere wie auch viele ehrliebende Soldaten
empfanden, daß es heiligste Pflicht für Alle sei, dem Preußischen Soldatennamen, der in letzter Zeit so große
Schmach erlitten hatte, hier wenigstens keine Schande,
sondern nur Ehre zu machen. Es waren viele Officiere
und Soldaten von den unglücklichen Corps, welche diese
schändlichen Kapitulationen hatten eingehen müssen, hierher
nach Ostpreußen geflüchtet, und diese fühlten, daß sie das
Aeußerste wagen müßten, um solche Flecken wieder abzu-
waschen. Mit wahrhaft verzweifeltem Muthe fochten viele
dieser Officiere und schienen förmlich den Tod zu suchen.
Bei der Mannschaft, besonders in der Cavallerie, war
auch viel trotziger Kriegsmuth noch vorhanden, und im
Einzelgefecht scheute der Preußische Reiter niemals den
Franzosen, griff denselben stets an und war ihm in den
meisten Fällen sogar überlegen. Selbst die große Uebung
des Krieges, welche damals die Truppen Napoleons besaßen, konnte die einzelnen Soldaten nicht muthiger und
gewandter machen, wie es die älteren Reiter in unseren
Schwadronen waren. Die unermeßlichen Erfolge, welche
die Franzosen von 1793 — 1813 fast über alle Heere
Europa's sich errungen haben, verdanken sie größtentheils
ungleich mehr dem weit überlegenen Feldherrntalent Napoleons, wie ihren eigenen kriegerischen Eigenschaften.

Am 8. Februar kam ich zuerst mit den Feinden wieder in das Gefecht, und befand mich an diesem Tage bei den Schwadronen von Prittwitz-Husaren. Es war eine bittere Kälte, unsere Husaren erfroren halb auf den Pferden und saßen daher auf dem Marsche häufig ab, um, nebenher laufend, sich besser erwärmen zu können.

Das Gefecht begann mit einer heftigen Kanonade unweit des Dorfes Schlautünen, und es machte einen eigenthümlichen Eindruck auf mich, jetzt wieder zuerst den feindlichen Kanonendonner, nach dem ich mich während meines Krankenlagers in Lübeck so oft gesehnt hatte, hören zu können. Wir bildeten zusammen mit dem wackeren Füsilierbataillon Stutterheim und einer reitenden Batterie die Nachhut, und ich befürchtete schon, daß ich dadurch vielleicht gar nicht mit den Feinden in das Handgemenge kommen würde. Der Zufall wollte aber, daß wir gerade mit die ersten Truppen waren, welche sich tüchtig herumschlugen, indem eine feindliche Colonne, die mit großem Geschick geführt wurde, sich zwischen uns und unserem Hauptcorps eindrängen wollte. Im Dorfe Wackern kam es zuerst zu einem blutigen Handgemenge. Der Feind hatte dies für das Schicksal des ganzen Tages sehr wichtige Dorf besetzt, und es galt nun, uns den Durchgang zu erzwingen. „Jungens, ich hoffe Ihr macht heute unserem Bataillon Ehre und zeigt, was tüchtige Preußische Füsiliere können", rief der Oberst von Stutterheim den Füsilieren seines Bataillons zu, und mit lautem „Hurrah und man vorwärts, Herr Oberst, wir wollen schon draufgehen," antworteten die wackeren Burschen. Ich habe in

allen meinen vielen späteren Feldzügen selten einen herz-
hafteren Bajonnetangriff gesehen, wie ihn jetzt diese Fü-
filiere vom Bataillon Stutterheim unternahmen. In vollem Lauf ging es in das Dorf Wackern hinein; was sich
widersetzen wollte, wurde geworfen und zusammengestochen,
und so hatten wir uns bald den Durchbruch durch die
feindliche Uebermacht gebahnt. Ich selbst auf meinem
kleinen Kosackenrößlein, das zwar sonst schnell und unermüdet
war, sich aber schwer lenken ließ, hatte das Glück mit
einem französischen Stabsofficier, einem großen Mann auf
allmächtigem, mecklenburgischen Roß, einige Hiebe wechseln
zu können. Zwar wurde mir bei diesem Kampfe meine
Husarenmütze vom Kopfe gehauen, und ich mußte mehrere
Stunden im bloßen Haar, nur ein schwarzes Halstuch
darüber gebunden, herumreiten, was bei der sehr empfind-
lichen Kälte kein sonderliches Vergnügen war, doch gelang
es mir endlich meinen Gegner mit einem guten deutschen
Quarthieb im Gesicht zu 'zeichnen. Ich bin gewiß von
Natur aus ein gutmüthiger Mensch, der keinem Hund aus
Muthwillen nur einen Schlag geben wird; allein ich entsinne mich noch jetzt, mit welcher Freude ich damals das
rothe Blut des Feindes an meiner Klinge herunter träu-
feln sah, so ingrimmig war der Haß, welchen ich gegen
diese Franzosen hegte.

Wir hatten an diesem Tage zwei tüchtige Führer,
die Generäle von Plötz und von Prittwitz, und diese
zeigten, was Preußische Truppen auch bei ihrer damaligen mangelhaften Organisation zu leisten vermochten,
wenn sie tüchtige Befehlshaber hatten; wie dies leider

im Kriege von 1806 — 1807 nur zu selten der Fall
war. Wir waren bei diesem Gefechte bedeutend in der
Minderzahl gegen die Franzosen, aber die beiden genann-
ten Generäle wußten so trefflich zu manövriren, und wenn
es sein mußte, auch wieder einen so kräftigen Widerstand
zu leisten, daß uns die Franzosen für ungleich stärker
hielten, wie dies der Fall war und deshalb in sehr vor-
sichtiger Weise angriffen So konnten wir denn ziemlich
unbelästigt wieder unseren Weitermarsch beginnen und langten gegen Mittag in Althoff an, wie es der General von
Bennigsen, der Oberbefehlshaber der mit uns verbünde-
ten kaiserlich russischen Armee, gewünscht hatte.

Die Russen standen bereits im heißen Kampfe bei
Eylau mit den Franzosen und der Donner. des schweren
Geschützes dröhnte uns gewaltig entgegen, als wir in der
uns befohlenen Aufstellung anlangten. Am heutigen Tage
sollte kein unbedeutendes Gefecht, sondern eine große Hauptschlacht geliefert werden, und ich freute mich sehr, daß ich
durch meine eilige Fahrt nach Ostpreußen es möglich gemacht hatte, noch persönlich an derselben mit Antheil nehmen zu können. Zwar schmerzte mich eine bei Lübeck
gequetschte Rippe jetzt, wo ich den ganzen Tag auf dem
Rücken eines harttrabenden Kosackengaules sitzen mußte,
sehr; allein auf solche Kleinigkeit durfte ich natürlich nicht
die allergeringste Rücksicht nehmen. Bei der Aufregung
des Kampfes fühlt man auch — wenigstens für den Augenblick — die sonst empfindlichsten Schmerzen des Körpers
nicht im Mindesten.

Da ich kein eigentliches Commando bei Prittwitz-
Husaren hatte, also dort leicht entbehrt werden konnte, so
sandte der General L'Estocq mich jetzt mit einem Auftrag
an den russischen General von Bennigsen.   Ich hätte zwar
ungleich lieber mit den Husaren vereint gegen die Franzosen eingehauen, als jetzt zu den Russen zu reiten, indeß
willigster Gehorsam ist des Soldaten erste Pflicht im
Felde, und so trabte ich denn auf meinem unermüdlichen
Kosackenhengst in das russische Hauptquartier.

Furchtbar blutig ging es an diesem Tage zu, und im
Verhältniß der Zahl der Kämpfer ist diese Schlacht bei
Eylau, die eigentlich gänzlich ohne Resultat blieb, eine
von denen gewesen, welche die meisten Opfer erforderte.
Die Russen fochten mit der ganzen zähen, über jedes Lob
erhabenen Ausdauer — theilweise aber auch mit einer
gewissen ihnen eigenen Schwerfälligkeit —; die von einem
Napoleon befehligten Franzosen, aber mit ihrem gewöhn-
lichen hitzigen Ungestüm.   So mußten denn freilich die
Verluste auf beiden Seiten groß sein.

Wie ich bei den russischen Truppen zuerst anlangte,
sah es sehr schlecht bei denselben aus.   Der Marschall
Davoust, meiner Ansicht nach mit der bedeutendste und
rücksichtslofeste unter den vielen gewaltigen Generälen
Napoleons, hatte gegen das russische Centrum gewaltige
Batterien auffahren lassen, deren furchtbares Feuer große
Verheerungen anrichtete.   Es krachte und dröhnte, daß
man fast taub wurde, und ich will nicht leugnen, daß mich
anfänglich ein sehr unheimliches Gefühl überkam, als ich

mich so recht in dem Bereich des feindlichen Kugel=
regens befand. Solche Kanonade hatte ich bei Jena noch
nicht erlebt. In ganzen Haufen wurden die russischen
Infanteristen von den französischen Kanonen zusammen=
geschmettert, lange Furchen rissen die Kugeln in die nach
russischer Sitte sehr tief aufgestellten Colonnen, und das
Feld lag so voller Leichen und Verwundeten, daß mein
ängstlich schnaubendes Roß nur mit Mühe sich dazwischen
durchdrängen konnte. An diesem Tage sind viele, sehr
viele russische Verwundete schonungslos von den Hufen
der Rosse oder den Rädern der Geschütze des eigenen
Heeres zermalmt worden.

Die russischen Batterieen, die an Zahl stärker wie
die französischen waren, donnerten zwar sehr lebhaft gegen
diese; aber so vortrefflich auch die Bespannung ihrer Ka=
nonen war, so feuerten die Kanoniere doch häufig unge=
schickt, und besonders die Sachkenntniß der meisten russi=
sischen Artilleristen war zu gering, so daß ihre Kugeln
den Franzosen verhältnißmäßig nur geringen Schaden zu=
fügen konnten. Die meisten russischen Kugeln gingen hoch
in der Luft über den Köpfen der Feinde hinweg, während
die französischen ihr Ziel nur zu gut trafen.

Als ich mich mit großer Mühe und noch mehr Ge=
fahr zu dem russischen Obergeneral durchgearbeitet hatte,
befahl dieser gerade den Rückzug seines linken Flügels
gegen das Dorf Auktappen. Schritt vor Schritt in der
besten Ordnung der Welt marschirte die russische Infan=
terie zurück, und wenn manche Compagnieen auch schon
zur Hälfte aufgerieben waren, so litt doch die Ordnung

in den Gliedern nicht im Mindesten. Von diesem Augenblick an lernte ich das tapfere russische Heer, welches stets
der beste und zuverlässigste Bundesgenosse des Preußischen
gewesen ist, so ganz nach Verdienst achten und ehren.
In tapferer Ausdauer im Unglück steht die russische Infanterie fast einzig da und ist besonders der französischen,
die gar leicht den Kopf zu verlieren anfängt, sobald ihr
erster hitziger Angriff nicht den gewünschten Erfolg gehabt
hat, unendlich weit überlegen.

Ich hatte kaum meine Meldung an den General
Bennigsen abgestattet, als eine feindliche Kartätschenkugel
mein Pferd so schwer verwundete, daß es sogleich zusam-
menstürzte. Der russische General Kaminskoy befahl aber
sogleich, mir ein anderes Roß, ebenfalls ein sehr brauch-
bares Thier von der Steppenrace, zu geben, und meinte
lachend: „Lieutenant, behalten Sie nur immerhin das
Pferd zu meinem Angedenken und möge es Ihnen Glück
bringen.“

Um den Besitz des Dorfes Auktappen entspann sich
nun ein heftiger Kampf, von dem ich längere Zeit Zuschauer blieb. Die Franzosen hatten sich dieses sehr wichtigen Ortes anfänglich bemächtigt, wurden aber dann von
der muthvoll vorstürmenden russischen Infanterie mit dem
Bajonnet wieder daraus vertrieben. Abermals rückten
jetzt französische Sturmcolonnen der Divisionen Gudin
und Friant vom Davoust'schen Corps, wohl mit die beste
Infanterie, welche Napoleon nur besaß, unter lautem
„vive l'empereur“ gegen das Dorf vor, und diesem mü-
thenden Ansturm waren die Russen nicht gewachsen, son-

dern mußten sich zurückziehen. Auch das sehr wichtige
Dorf Binschitten ging für die Russen verloren, und es
sah bereits auf dieser Stelle des Schlachtfeldes sehr
schlimm für sie aus, als die Preußischen Truppen des
Generals L'Estocq gerade zur rechten Zeit noch eintrafen
und die schon arg erschöpften Russen unterstützten. Jetzt
machten unsere Regimenter, welche hier zum Kampfe
kamen, wieder gut, was leider manche Preußische Führer
und Truppentheile bei Jena und Auerstedt und anderen
Gelegenheiten nur zu sehr verschuldet hatten.

Für mich, den Preußischen Offizier, der die Waffenehre seines Heeres so ungemein liebte, war es ein höchst
freudiges Gefühl, zu sehen, mit welcher Ruhe und Sicherheit alle Preußischen Regimenter nunmehr in die
Schlachtreihe rückten. Zwar waren die meisten Soldaten
durch den mehrstündigen Marsch bei strenger Kälte, häu-
figem dichten Schneegestöber und in oft sehr verschneiten
Wegen schon auf das Aeußerste erschöpft; allein sie nahmen
in diesem Augenblick ihre letzten Kräfte zusammen, um
den Russen zu zeigen, daß Preußische Krieger sich stets gut
zu schlagen wissen — sobald sie nur energische Generäle
an ihrer Spitze haben.

Die braven Infanterieregimenter Schöning und Rüchel
waren die ersten Preußischen Truppen, welche hier in das
Gefecht kamen, ein sehr gutes russisches Infanterieregiment,
Wiburg, schloß sich ihnen an und so ging es im Sturmmarsch gegen das Dorf Kutschitten los. Auch einige
hundert Towarczys plänkerten neben unserer Infan-

terie her, und da ich kein bestimmtes Kommando hatte,
schloß ich mich dieser braven Reiterei an. Wir hieben
uns zuerst herzhaft mit französischer leichter Kavallerie, die
ihrer Infanterie zu Hülfe kommen wollte, umher.

Wirklich mit die schönsten Stunden, die mir noch geworden waren, und wo ich die Ehre hatte, das Officiers-
porteepee Sr. Majestät des Königs von Preußen tragen zu
dürfen, erlebte ich jetzt. Mit einer so unerschütterlichen
Ruhe, wie die alte Garde Napoleons solche nicht in besserer Weise zeigen konnte, stürmte unser Infanterieregiment
Rüchel das Dorf Kutschitten. Kein Soldat desselben hielt
sich mit unnöthigem Schießen auf, die Tamboure schlugen
den Sturmmarsch und vorwärts in Schritt und Tritt, als
sei es auf dem gewohnten Excercirplatz der Friedensgar-
nison, ging es in das in Flammen stehende Dorf, welches
von der französischen Infanterie auf das Lebhafteste ver-
theidigt wurde, hinein. Mit lautem Geschrei stürmte das
russische Infanterieregiment Wiburg zur Seite dieses Regiments, während das Regiment Schöning links seitwärts
vom Dorfe gegen eine feindliche Infanteriecolonne vorging
und dieselbe zurückwarf. Solchem vereinten kräftigen Ansturm der Russen und Preußen, die jetzt hier im feindlichen
Kanonenfeuer den schönsten Bund der Waffenbrüderschaft
schlossen, waren die Franzosen nicht gewachsen und trotz
ihrer anfänglich sehr lebhaften Gegenwehr mußten sie bald
das von ihnen zur besseren Vertheidigung muthwillig in
Brand gesteckte Dorf räumen und sich in unordentlicher
Flucht in ein nahe gelegenes Birkenwäldchen hineinziehen.
Fliehende Franzosen, das war ein schöner Anblick, nach

dem ich mich in so mancher Stunde des bitteren Unmuths
und der tiefen Niedergeschlagenheit über die verlorene Ehre
der preußischen Waffen so heiß gesehnt hatte. Weder den
Schmerz einer zerquetschten Rippe, noch den scharfen
Nordwind fühlte ich in diesem Augenblick. Den muthigen,
wenn auch vielleicht nicht immer so streng wie sie es sein
sollten disciplinirten Towarczys auf ihren kleinen, feurigen langmähnigen Lithauern, welche hinter den fliehenden
Franzosen daherjagten und recht viele von ihnen mit den
langen Lanzen zusammenstachen — hatte ich mich wieder
angeschlossen und mein scharfer Säbel traf noch manchen
Franzosen so gut, daß das Blut förmlich von der Klinge
herablief. Mir selbst riß ein französischer Bayonnetstich
meine weite Reithose von oben bis unten auf, so daß die
Streifen förmlich im Winde flatterten, was übrigens so
sonderbar ausgesehen haben mochte, daß ich es weiter nicht
übel nehmen konnte, wenn alle Towarczys rings um mich her
laut darüber lachten. Der kalte Wind pfiff aber so schneidend durch den Riß, daß ich absaß und mir eine große, lange,
mit Knöpfen dicht besetzte Reithose eines französischen
Stabsoffiziers, die mir ein Kosacke für einen Thaler ver-
kaufte, über meine eigene Hose knöpfte. Auch einen französischen Hut, der auf dem Schlachtfelde lag, setzte ich statt
meiner schon früher verlorenen Husarenmütze auf und muß
in dieser abenteuerlichen Zusammenstellung verschiedentlicher
Uniformstücke freilich einen ganz komischen Anblick gewährt
haben. Doch was schadet dies; in solch schönen Augenblicken kam es weiter nicht im Mindesten darauf an, wie

der Soldat sonst aussah, wenn er nur gehörig vorwärts ging, und dies thaten wir Preußen hier bei Eylau recht lobenswerth.

Das Dorf Kutschitten hatten wir erobert; überall auf der weißen Schneefläche dahinter lagen die Leichen der getödteten Feinde, und die Lachen des französischen Blutes bildeten große purpurrothe Flecken auf derselben. Gar mancher übermüthige Sohn des schönen Frankreichs fand hier auf der hartgefrornen, ostpreußischen Erde den frühen Tod.

Der Preußische General L'Estocq, welcher an diesem ruhmwürdigen Tage zu unser aller Glück eine Energie entwickelte, wie er solche sonst nicht immer in gleich hohem Grade besaß, wollte sich aber nicht bloß mit der Eroberung dieses Dorfes begnügen, sondern noch weiter vorwärts bringen. Ein dichtes Birkenwäldchen, das wohl an achthundert bis tausend Schritte hinter dem Dorfe liegen mochte, war stark von der französischen Infanterie besetzt und gab uns ein willkommenes Ziel für unsern weiteren Angriff. Der Sturm begann bald und gewährte ein so prächtiges militärisches Bild, daß sich solches mir ganz unvergeßlich einprägte; noch jetzt nach fünfzig Jahren steht mir dasselbe so lebhaft vor der Seele, daß ich alter Greis mich hoch daran erfreuen kann. Der heftige Wind hatte die dichten Schneewolken, die wie ein düsteres Leichentuch bisher den ganzen Himmel verdunkelten, verjagt und die letzten Strahlen der untergehenden Abendsonne blitzten und funkelten hell über die weite, weiße Winterlandschaft.

Unser kleines preußisches Corps ordnete sich nun zum

entscheidenden Sturm gegen das mit feindlicher Infanterie
und Geschütz sehr stark besetzte Birkenwäldchen. Auf dem
rechten Flügel marschirte das Regiment Schöning auf,
dann das Grenadierbataillon Fabecky, das russische Infanterieregiment Wiburg, mit dessen Soldaten die unsrigen
in den kurzen Pausen des Kampfes laut jubelnd Brüder-
schaft in dem Schnapps aus ihren Feldflaschen getrunken
hatten, und das Regiment Rüchel. Die zweite Linie wurde
von den schwachen Dragonerregimentern Auer und Batzko
und dem Cürassierregiment Wagenfeld gebildet, während
die Towarczys, untermischt mit einigen Pulks donischer
Kosacken, am linken Flügel plänkerten. Preußische reitende
Batterien, die sich bei dieser, wie überhaupt bei jeder
Gelegenheit in diesem Feldzuge ungemein auszeichneten,
begleiteten die Infanterie.

Heftiges Kanonenfeuer von beiden Seiten eröffnete
jetzt den Kampf, und nun marschirte unsere Infanterie
unter Trommelschall und Pfeifenklang gegen das Gehölz
vor. Den alten Dessauermarsch, bei dessen kriegerischen
Klängen sich die Preußische Infanterie unter ihrem großen König Friedrich schon so manchen schwer verdienten
Ehrenkranz erstritten hatte, schlugen jetzt die Tamboure
des Regiments Rüchel, neben dem ich ritt, und die grel-
len Pickelflöten fielen mit ihrem schrillen, eigenthümlichen
Ton ein, — diesen mir stets so lieb gewesenen Marsch
gerade im jetzigen Augenblick des Sturmes zu hören,
machte mir einen bleibenden Eindruck. Kein Schuß fiel
aus den Reihen der vorstürmenden Infanterie; auf den
fest geschulterten Gewehren blitzten die Bajonnette im

Abendsonnenschein; ruhig und sicher war die Haltung Aller; kurz es war einmal in der Wirklichkeit ein Sturm, wie ihn sich die Phantasie des für seinen Ehrenstand begeistertsten Soldaten nicht schöner denken kann.

Bald drang unsere Infanterie, die immer noch keinen Schuß gethan hatte, in das Gehölz ein und warf die feindlichen Plänkler, die den vorderen Rand desselben besetzt hielten, zurück. Jetzt aber kam es zu einem mörderischen Gefecht und aus größter Nähe krachten die feindlichen Kartätschenschüsse in unsere Glieder. Fest und unerschütterlich standen aber unsere braven Infanteristen, und obgleich die Verluste in allen Compagnieen, welche hier in das Gefecht kamen, sehr bedeutend waren, so wichen und wankten die übrigen Soldaten dennoch nicht. Nach hartnäckigem Widerstande wurden nun die Franzosen geworfen und viele von ihnen mit den Bajonnetten niedergestochen, denn die Erbitterung der meisten Preußischen Soldaten gegen diese Verwüster unseres Vaterlandes war so groß, daß nur selten Pardon gegeben wurde.

Die allmälig immer stärker werdende Dunkelheit und mehr noch die fast gänzliche Erschöpfung der Preußischen Infanteristen, die alle bei Frost, Schneesturm und schlecht gebahnten Wegen an zwölf bis sechzehn Stunden unausgesetzt unter den Waffen und während dieser ganzen Zeit ohne jegliche Speise gewesen waren, machte dem weiteren Gefechte hier auf diesem Platze ein Ende.

Glücklicher Weise lieferte das so muthig eroberte Birkenholz eine Menge Stämme, um große wärmende

Bivouacfeuer anzuzünden; bald flammten diese auch in den dunklen Abendhimmel hinein und die gänzlich erschöpften Soldaten warfen sich ohne Weiteres neben den wärmenden Flammen hin und versanken bald in den tiefsten Schlaf der Ermüdung, unbekümmert um den weiteren Kampf, der dicht daneben noch immer forttobte. Die Preußische Artillerie beschoß sich noch lebhaft mit der französischen, und besonders ein genauerer Bekannter von mir, der Lieutenant von Decker, welcher sich an diesem Tage überhaupt sehr ausgezeichnet hatte, war mit einigen reitenden Geschützen weit vorgegangen und fügte den Franzosen noch manchen Schaden zu.

Auch einige russische Regimenter, die in zweiter Linie uns nachgefolgt waren, fochten noch ziemlich lebhaft, denn der Marschall Davoust, der uns hier gegenüber stand, war ein viel zu energischer Character, um so leicht sich besiegt zu halten, und brachte aufs Neue frische Truppen in das Gefecht hinein.

So äußerst ermattet und verhungert ich selbst auch war, denn ich hatte außer einigen Bissen trockenen, hart gefrorenen Commißbrotes und einem Schluck ganz ordinairen Brandweins aus der Feldflasche eines Soldaten, vom frühen Morgen um zwei Uhr an, als ich mich in den Sattel schwang, noch nicht das Mindeste genossen, so gab die Freude über den günstigen Erfolg unserer Waffen mir doch neue Kräfte und ich nahm gern den Befehl an, abermals eine Nachricht an den russischen General von Bennigsen zu überbringen. Dieser Befehl war aber leichter zu geben wie auszuführen, indem es in der tiefen Dunkel-

heit rein unmöglich war, den General von Bennigsen
aufzufinden. Zwar hatte ich zwei sehr gewandte Towarczys
bei mir, die sich aus langen Birkenstäben Fackeln machten,
um nur einigermaßen den Weg zu erhellen, allein ich ver-
irrte mich trotzdem auf längere Zeit.

Dieser nächtliche Ritt über das Schlachtfeld hatte
etwas ungemein Schauriges. Ueberall lagen todte und
verwundete Soldaten und Pferde, weggeworfene und zerbrochene Waffen, verlassene Karren und ähnliche Sachen
umher; unsere Rosse schnaubten und scheuten jeden Augenblick und man konnte nur ganz langsam Schritt vor Schritt
vorwärts reiten, da man in Gefahr sein mußte stets zu
stürzen. Wirklich das Herz erschütternd war der Anblick
und das Klagegeschrei der vielen hundert Verwundeten,
die oft mit furchtbar zerschmetterten Gliedern in ganzen
Haufen umherlagen, ohne daß es bisher möglich gewesen
wäre, ihnen die gewünschte Hülfe zu bringen.

Die scharfe Kälte, welche sogleich in die offenen Wunden trat, bereitete den Unglücklichen nicht allein vermehrte Qualen, sondern verschlimmerte auch deren Zustand so sehr, daß selbst bei späterer, ärztlicher Hülfe
nur äußerst selten die Rettung gelingen konnte. Wie viel
Jammergeschrei mußte ich auf meinem Wege noch mit anhören. ohne helfen zu können, wie viele flehentliche Bitten
um Hülfe gänzlich unberücksichtigt lassen. Ein Schlachtfeld, wenn der Kampf so recht tobt, die Geschütze krachen,
die Trompeten schmettern, die Trommeln wirbeln, die
Waffen klirren, die Erde von den Huftritten der Rosse
erdröhnt und jubelndes Hurrahgeschrei aus der Brust vieler

tausend muthiger Soldaten, die freudig ihr Leben für die
Ehre ihrer Waffen zu wagen bereit sind, ertönt, ist das
schönste, das großartigste Schauspiel, welches der wahre
Mann nur erleben kann, — ein verlassenes Schlachtfeld aber,
mit seinen zahllosen Verwundeten, ist, wenn der Schleier
der Nacht Alles bedeckt und gar noch ein schneidender
Nordostwind über die hartgefrorene Erde pfeift, wie dies
jetzt der Fall war, ein gar schauerlicher Ort, dessen über=
wältigende Eindrücke sich so leicht nicht wieder verwischen.

Eine sehr schmerzliche Scene erlebte ich noch auf
diesem Ritt zu dem General von Bennigsen. Hinter
einem kleinen, dünnen Erlenbusch lag ein verwundeter
Preußischer Infanterieofficier, wie ich beim Schein der
Holzfackel sah, dessen schmerzliches Geſtöhn mir schneidend
durch die Seele drang. Nur die gräßlichste Qual
konnte diese aus dem Innern kommenden Klagetöne er=
pressen, denn man hörte es ihnen an, wie stark — aber
auch wie vergeblich der Verwundete mit sich selbst rang,
seine Ausrufungen zu unterdrücken. Ich konnte dem Un=
glücklichen doch keine Hülfe bringen und wendete den Kopf
im Vorbeireiten fort, um nicht den peinigenden Anblick
zu haben, als er plötzlich mit. leiser, aber vernehm=
licher Stimme meinen Namen rief. Ich stutzte, hielt
mein Roß an und erkannte bei dem Schein des brennen=
den Birkenruthenbundes sogleich in dem Verwundeten
einen meiner besten Jugendfreunde, der als Knabe mit
seinem Vater oft viele Wochen auf unserem Stammgute
in Mecklenburg gewesen war, und mit dem ich mich dann
in froher Lust wacker umhergetummelt hatte. Seit Jahren

hatte ich ihn nicht wieder gesehen, sondern nur erfahren, daß er in Ostpreußen bei einem Infanterieregiment stände und sich in diesem Kriege schon mehrfach durch großen Muth hervorgethan habe.

So nun mußte ich ihn wiederfinden! — Schnell sprang ich vom Pferde und eilte auf ihn zu, um, wenn es uur irgend anginge, ihm Hülfe zu bringen. Eine Rettung war aber unmöglich, das sah ich auf den ersten Blick, denn zu furchtbar war die Wunde. Ein voller Kartätschenschuß hatte ihm den Unterleib auseinandergerissen und zugleich auch einen Schenkel ganz zerschmettert, daß der zerbrochene Knochen überall aus dem rohen Fleisch hervorsah. Der Unglückliche, dem der blutige Schaum vor dem Munde stand, mußte furchtbar leiden und nur der Umstand, daß die scharfe Kälte sein Blut erstarren ließ, so daß es langsamer floß, hatte bis jetzt seine gänzliche Verblutung und somit seinen Tod verzögert.

„Welche unerwartete Freude, Fritz, Dich vor meinem Tode noch zu sehen", sprach der Liegende mit schwacher Stimme, und krampfhaft verzog sich sein Gesicht bei der gewaltigen Anstrengung, sein Schmerzensgeschrei auf Augenblicke wenigstens zu unterbrücken.

Ich konnte nicht antworten, Trauer erstickte meine Stimme, die hellen Thränen traten mir in das Gesicht, während ich die zitternde, mit kaltem Schweiß bedeckte Hand des Freundes ergriff und drückte.

„Sei nicht traurig, mein Junge, ich sterbe den ehrlichen Soldatentod für unsere Preußische Fahne — wenn er nur nicht so entsetzlich qualvoll wäre; denn seit Stunden schon liege ich hier und kann nicht enden," sprach er leise und wimmerte dabei.

Nach einigen Augenblicken kam er wieder mehr zu sich und fuhr fort: „Du Fritz, versprich mir, mich sogleich durch einen sicheren Schuß in die Schläfe tödten zu lassen; gerettet kann ich doch nicht mehr werden und muß sonst noch lange mich hier quälen."

Ich zauderte anfänglich, solch grausiges, so schwer zu erfüllendes Versprechen zu geben.

„Versprich es mir, Fritz, ich leide zu furchtbar," bat aber bringend der Verwundete, und mit einem tief ergreifenden Ausdruck des Flehens blickte mich jetzt sein Auge an.

Solcher Bitte vermochte ich nicht zu widerstehen; ich fühlte wohl, daß ich vielleicht nach dem Urtheil Mancher nicht recht handeln würde, wenn ich sie bewilligte, und doch konnte ich die Qualen des Leidenden nicht länger mit ansehen.

„In Gottes Namen denn, so will ich Dich erschießen lassen, wenn Du es wirklich so wünschst," antwortete ich.

„Dank Dir, Fritz, warst stets ein guter Junge," sprach er leise und setzte dann nach einiger Pause, denn das Sprechen bereitete ihm sichtbar große Anstrengungen und vermehrte Schmerzen, hinzu: „Fritz, wenn ich todt bin, nimm hier aus meiner Brusttasche ein Medaillon mit der Locke meiner Braut, der Tochter des Predigers zu S . . . ., schicke ihr solche und schreibe ihr, daß ich als guter Christ und braver Preußischer Soldat gestorben sei und meine letzten

Gedanken ein Gebet für sie gewesen wären. So, Fritz, da gieb mir noch einmal die Hand, alter, treuer Kamerad, habe Dank für Deinen letzten Liebesdienst und nun laß mich beten, und während der Zeit Einen Deiner Leute sich fertig zum letzten Schuß machen."

Es war mir unbeschreiblich wehmüthig zu Sinn und doch mußte ich schnell handeln; denn wollte ich nicht pflicht=vergessen sein, so durfte ich mich auch nicht länger bei dem verwundeten Freund aufhalten. Einer der mich beglei=tenden Towarczys, ein geborener Pole, war ein alter, rauher Soldat, der gegen Türken und Franzosen schon manchen Strauß mit durchgefochten hatte.

Ich ging zu ihm und fragte, ob er auf meinen Wunsch, den verwundeten Officier, der mich bringend darum ge=beten hätte, wohl erschießen wolle, denn gerade zu befehlen mochte ich ihm dies nicht.

„Ist zwar ein schlecht Stück Arbeit — aber dem da ist doch nicht mehr zu helfen und so ist ein schneller Schuß für ihn das Beste — und wenn der Herr Lieutenant es wünschen, so will ich ihm den schon geben," erwiederte der alte Soldat, zog die Pistole aus der Holfter, setzte leise die Ladung recht fest, schüttete frisches Pulver auf die Pfanne und trat dann an den verwundet Liegen=den heran.

„So ist es recht. — Dank Dir für den Schuß und nimm dafür das Geld, was Du bei mir findest, setz die Pistole dicht an meine Schläfe, ziele gut und zittere nicht, damit Du mich sicher triffst," sprach der Verwundete zu dem Soldaten.

Kaum einige Zoll von der Schläfe des Liegenden
hielt der alte Towarczys mit sicherer Hand jetzt seine
Pistole. „Gott, nimm meine Seele gnädig auf!" rief mein
Freund; ein Blitz, ein Knall, und mit zerschmettertem
Schädel lag der gut Getroffene als Leiche da. Es war
für mich ein schmerzlicher Anblick. Zeit hatten wir nicht
zu verlieren, ich nahm schnell aus der Brusttasche des
Getödteten die Locke und das Miniaturbild seiner Braut,
eines hübschen, frischen, mich rosig und heiter anlächelnden
Mädchengesichtes, der Towarczys händigte mir dessen
Börse ein, die ihm zwar nach dem letzten Vermächtniß
selbst gehörte, er aber mit bravem Soldatenstolz ver=
schmähte, damit ich solche dem Fond für die verwundeten
Invaliden übergeben möge, und behende schwangen wir
uns in den Sattel und trabten, so eilig es nur immerhin
angehen wollte, wieder fort, um die hier versäumte Zeit
möglichst wieder einzuholen. Dies Wiederfinden des Ju=
gendfreundes unter solchen Umständen, war die mein Herz
mit am Meisten erschütternde Begebenheit, welche ich in
diesem Kriege bisher noch erlebt hatte.

Die Ereignisse der nächsten Tage waren aber so
drängend und ich selbst ward in einer so angestrengten
Thätigkeit erhalten, daß ich mich der traurigen Stimmung
nicht so hingeben konnte, wie ich dies in der Ruhe des
Friedens, ohne Zweifel gethan haben würde. In einem
Kriege drängen sich die gewaltigsten Eindrücke aller Art,
schmerzliche wie freudige, oft so nahe zusammen, daß sie sich
gegenseitig einander beherrschen und nichts auf die Länge
die Oberhand gewinnen kann.

Die Haarlocke und das Medaillon sandte ich nach
einiger Zeit, sowie mir die Thätigkeit des Feldlebens die
nöthige Muße dazu gewährte, der Braut meines Freundes, schrieb ihr, daß sie sein letzter Gedanke gewesen sei,
verhehlte ihr aber seine Leiden, und daß ich ihn selbst
auf sein bringendes Bitten zur Abkürzung derselben hätte
erschießen lassen. Zufällig traf ich 1813 die mir bis dahin persönlich gänzlich unbekannt gewesene Braut des
Erschossenen als die gesunde Frau eines reichen Guts-
besitzers und blühende Mutter vieler Kinder wieder. Von
ihrem todten Bräutigam sprach sie kein Wort mit mir,
obgleich sie wohl mußte, daß ich in seiner Sterbestunde
gegenwärtig gewesen war, und auch ich scheute mich davon
anzufangen.

Trotz der tiefen Dunkelheit des Februarabends, die
nur durch das Schimmern des Schnees etwas erhellt
wurde, war der Kampf immer noch nicht beendet, und
häufig sah ich bei diesem Ritte noch das Blitzen des Ka-
nonenfeuers in mehr oder minder größerer Nähe, wie
denn auch noch Gewehrschüsse knallten und Trommeln
wirbelten.

Zu grimmig hatten sich die beiden hier ringenden
Gegner in einander verbissen, als daß sie nicht mit Aufbietung auch der letzten Kräfte noch kämpfen sollten.
Keiner wollte das Schlachtfeld räumen, Keiner sich als
Besiegter erklären, wie man denn auch bei strenger Un-
parteilichkeit in der That nicht entscheiden kann, wer in
dieser blutigen Schlacht bei Eylau wirklich gesiegt hat.

Daß die Franzosen mit gewohnter Prahlerei sich den
Sieg zuschreiben und Napoleon wieder ein lügenhaftes,
ruhmrednerisches Bülletin darüber erscheinen ließ, darf
nicht wundern, wenn freilich die Wahrheit auch nicht im
Allermindesten dadurch entschieden ist.

Daß übrigens der General von Bennigsen, wenn er in
dem Augenblick, als die Preußischen Soldaten das Birken-
hölzchen hinter Kutschitten genommen hatten, mit großer
Energie und Aufbietung aller ihm noch verfügbaren Truppen nachgerückt wäre, sich dann den Sieg errungen hätte,
leidet nach meiner Ansicht keinen Zweifel. Es geschah
dies aber nicht — aus welchem Beweggrunde ist mir unbekannt — und so gewann Napoleon Zeit, sich wieder zu
erholen und durch die Ankunft des Marschalls Ney, der
sich mit seinem Corps in den grundlosen Wegen sehr ver-
spätet hatte, frische Truppen in das Gefecht zu bringen.
Wer gegen die Franzosen kämpfen will, sei er nun ein
einfacher Husarenlieutenant, der eine Patrouille von zwanzig Mann befehligt, oder ein Feldherr, unter dem ganze
Armeecorps stehen, der muß unausgesetzt in der ener-
gischsten Offensive bleiben und darf seinen Feinden weder
Ruhe noch Rast gönnen, sonst ist er verloren.

Als ich gegen neun Uhr Abends im russischen Hauptquartier bei dem General von Bennigsen anlangte, sah
es dort ziemlich übel aus. Die Truppen waren erschöpft,
bei der sehr mangelhaften Verpflegung, die sie erhielten,
halb verhungert und hatten dabei größtentheils schon sehr
bedeutende Verluste vor dem Feinde erlitten; kurz es wa-

ren viele Regimenter vorhanden, die ersichtlich für die nächsten vierundzwanzig Stunden nicht mehr für den Kampf taugten. So sehr muthig und ausbauernd die russischen Truppen sich auch in allen Kriegen stets geschlagen haben, so wissen die einzelnen Soldaten sich doch häufig nicht geschickt selbst zu helfen, so daß sie bei solchen Umständen mehr leiden wie die gewandten Franzosen, die besonders, was eine möglichst gute Verpflegung anbetrifft, stets eine seltene Geschicklichkeit zeigen.

Unter den höheren Generälen selbst, wie auch unter deren Umgebung schien der heftigste Zwiespalt zu herrschen; ich hörte laute Worte des Widerspruches und der Uneinigkeit, und es währte eine geraume Weile, bis ich Jemand fand, der meine Meldung nur entgegennahm. Bis zum General von Bennigsen selbst vorzudringen und ihm meinen Rapport abzustatten, war mir in der ersten Zeit nicht möglich und ich mußte mich begnügen, dies bei seinem vornehmsten Generaladjutanten zu thun. Der General von Knorring war noch für ein Erneuern des Angriffes selbst in dieser Nacht, und ich bin noch jetzt fest überzeugt, wäre dies sogleich mit der rücksichtslosesten Energie und der Aufbietung aller nur irgendwie verfügbaren Mittel geschehen, wir hätten uns den vollständigen Sieg erkämpft, denn das französische Heer, welches ebenfalls furchtbar gelitten hatte, mußte sich in einer sehr üblen Verfassung befinden. Leider war aber — wie mir mehrere Adjutanten in höchster Wuth erzählten — der General von Bennigsen der Ansicht, daß ein Rückzug angetreten werden solle, und da er

den Oberbefehl führte, so galt seine Meinung als ent-
scheidend.

Es erregte in mir eine recht arge Mißstimmung,
daß die zweite große Hauptschlacht, in der ich mitkämpfen
konnte, abermals mit einem Rückzug endigen sollte, und
ich machte daher meinem Unwillen darüber in mehr lauten und heftigen, wie gerade vorsichtigen Worten ziemlich freie Luft. Ein älterer russischer Stabsofficier, ein
Mann von hohem, stattlichem Wuchs und einem kühnen
offenen Gesicht mit Bart und Haupthaar von Silberfarbe,
in dem ein unendlicher Ausdruck des Wohlwollens und
der Menschenfreundlichkeit lag; kurz mit der imponirendste,
alte Soldat, der mir je vorgekommen ist, sprach aber
plötzlich mit herzlicher, sonorer Stimme: „Mein junger
heißblütiger Preußischer Kamerad, vergessen Sie nie, daß
nächst der Tapferkeit der schweigende, pünktliche Gehorsam
die wichtigste Pflicht jedes Soldaten, weß' Ranges und
Heeres er auch immerhin sein mag, ist." Vor Scham
und Verlegenheit, vielleicht auch Unmuth über diese, wie
ich mir selbst sagen mußte, wohlverbiente Zurechtweisung
röthete sich mein Gesicht; da klopfte mir der alte Oberst
freundlich auf die Schulter: „Es war nur ein gutge-
meinter Rath, lieber Kamerad, wie ihn ein alter Officier
einem jungen schon immerhin geben kann", sprach er.

Ich habe das schöne, edle Gesicht dieses Greises, der
ein geborner Kurländer war, niemals wieder vergessen,
obgleich ich ihn nur diesen einzigen Augenblick und sonst
nie wieder sah.

Brachte ich auch nur eine schlechte Nachricht aus dem

russischen Hauptquartier mit zurück, so konnte ich doch sonst meinen hungrigen Magen mit Speise und Trank dort reichlich stärken. Die in solchen Dingen stets unübertrefflichen Kosacken hatten den Küchenwagen eines französischen Marschalls erbeutet, und die Officiere des russischen Generalstabes ihnen einen Theil der reichen Vorräthe an kostbaren Lebensmitteln und edlen Weinen abgekauft, von dem sie mir nun mit echt russischer Gastfreundschaft das mir Erwünschte abgaben. Das Mahl, welches wir aus freier Faust neben einem allmächtigen Wachtfeuer, in dem ganze Baumstämme flammten, stehend verzehrten, war ganz eigenthümlich. Wir hatten zwar Champagner, aber weder Gläser noch Pfropfenzieher, und so erhielt Jeder eine volle Flasche, der er mit dem Säbel den Hals abschlug und nun den schäumenden Wein in hastigen Zügen ausschlürfte. Zum Imbiß hierzu erhielt ich eine halbe Straßburger Gänseleberpastete, die aus der zerschlagenen Terrine, ohne Salz und leider auch ohne Brod, mit dem Taschenmesser in großen Stücken herausgeschnitten und eilig verzehrt wurde, denn die Zeit drängte sehr. So bildeten Champagner und Straßburger Gänseleberpastete die einzige Nahrung, welche ich an diesem blutigen Tage bei Eylau genoß. Eine Unverdaulichkeit hatte ich unter solchen Umständen freilich nicht zu befürchten, denn wenn man, wie ich, achtzehn Stunden unaufhörlich auf hart trabenden Kosackenpferden reiten muß, kann man Kieselsteine verdauen.

Speise und Trank, welche mir die gastfreundlichen

ruffischen Officiere im Hauptquartier mit wahrer Kamerab=
schaftlichkeit mitgetheilt hatten, waren freilich gut und er=
quickten mich sehr; desto schlechter lauteten aber freilich die
Nachrichten, welche ich dort empfing. Nach vielem heftigen
Hin= und Hergerede entschied sich der General von Ben=
nigsen um zehn Uhr Abends, daß die gesammte vereinigte
Armee den Rückzug in der Richtung nach Königsberg an=
treten sollte; ebenso empfing auch der General L'Estocq
mit unseren Preußischen Truppen den Befehl hierzu. Da
den Preußischen Truppen eine kleine Rast und Erholung
unumgänglich nothwendig war, so sollten diese erst in der
Nacht um ein Uhr aufbrechen und alsdann die Nachhut
der gesammten Armee bilden.

Wie sicher hatten wir Alle darauf gehofft, daß am
anderen Morgen die Schlacht aufs Neue beginnen würde,
und nun wieder dieser verdammte Rückzug.

Der Rückritt, welchen ich zu unseren Preußischen Trup=
pen machen mußte, war sehr beschwerlich und dazu noch
drückte mich das Gefühl, daß ich meinen Kameraden nur
unangenehme Berichte erstatten konnte. Es erregte auch
den allgemeinsten Unwillen bei allen Officieren, als sie
erfuhren, daß wir uns noch in dieser Nacht nach Kö=
nigsberg zurückziehen sollten.

Auch die Soldaten, besonders der beiden Infanterie=
Regimenter Schöning und Rüchel, die sich an diesem Tage
so ungemein ausgezeichnet hatten, fluchten und brummten
sehr laut und meinten: „Der Teufel könne daraus klug
werden, warum sie soeben mit dem Verluste sehr vieler

tapferer Kameraden eine Stellung hätten erstürmen müſſen, um ſolche am Abend wieder um nichts und wieder
nichts zu verlaſſen.

Glücklicherweiſe befand ſich beim General L'Eſtocq
der Oberſt von Scharnhorst, der ſich ſchon bei dem Zug
des Blücher'ſchen Corps durch Mecklenburg in ſo hohem
Grade ausgezeichnet hatte und nun aus ſeiner Gefangen-
ſchaft wieder ausgewechſelt war, als Generalquartier-
meiſter. Der Geiſt dieſes ſeltenen Mannes, eines der
ruhmwürdigſten Soldaten, der je die Ehre gehabt hat,
eine Preußiſche Uniform zu tragen, wußte auch jetzt
wieder Rath. Den Rückzug mußten freilich auch wir
Preußen antreten; denn da die ruſſiſche Armee zurückging,
ſo wäre es Wahnſinn geweſen, wenn wir mit unſerem
kleinen Corps allein den Franzoſen hätten gegenüber bleiben wollen; allein der Oberſt von Scharnhorst wußte es
durchzuſetzen, daß derſelbe nicht in der erſt befohlenen
Richtung, ſondern über Domnau nach Friedland unternom-
men wurde. Es ſollen deshalb noch ſehr lebhafte und
heftige Erörterungen zwiſchen dem General von Bennigſen
und dem Oberſten von Scharnhorſt ſtattgefunden haben,
und doch war der letzte Plan unbedingt der beſte.

Ich ſelbſt war ſo ermüdet und meine Seite ſchmerzte ſo
ſehr, daß ich mich nur noch mit äußerſter Anſtrengung im
Sattel halten konnte. Es war mir deshalb ungemein
wohlthuend, daß noch zwei bis drei Stunden vergingen,
bevor wir abmarſchirten; ich übergab mein Steppenroß
einem Towarczys, der demſelben einige volle Hafergarben
vorwarf, damit es ſich ſättige, hüllte mich ſelbſt in meinen

alten Reitermantel, streckte mich ohne Weiteres lang in
den Schnee hin und war auch, trotz alles Lärmens um
mich her, in der nächsten Minute schon fest eingeschlafen.
Gegen 2 Uhr Morgens wurde ich wieder geweckt, und
diese paar Stunden Schlaf hatten mich so gestärkt, daß
ich alle uns noch bevorstehenden Strapazen leicht ertra=
gen konnte.

Es war kein freudiger Marsch, den das Preußische
Corps in der tiefen Dunkelheit der Nacht, vom 8. auf
den 9. Februar, antreten mußte. Wir hatten vollständig
gesiegt und mußten trotzdem zurück; dies wollte uns nicht
recht einleuchten. Der Marsch, der in der Dunkelheit noch
dazu querfeldein ging, hatte sehr große Schwierigkeiten.
Menschen und Pferde waren so müde und abgemattet, daß
sie sich kaum noch im langsamsten Schritt vorwärts bewe=
gen konnten, bei der großen Dunkelheit und den schlechten
Wegen stürzte alle Augenblick ein Pferd, warf ein Wagen
um, oder fiel ein Infanterist; was dann stets Gewühl,
Stockungen und unzählige Flüche, Drohungen, Verwün=
schungen, kurz Aeußerungen des lebhaftesten Unmuthes
aller Art hervorrief. Dabei wußte Niemand den Weg,
den wir einschlagen sollten, manche einzelne Truppentheile
verirrten sich und waren in Gefahr abgeschnitten zu wer=
den, was dann wieder Verzögerungen herbeiführte und so
entstand eine endlose Reihe von Mühseligkeiten.

Da die Hafergarben mein unermüdliches Steppenroß,
die dreistündige Ruhe aber mich selbst wieder für neue
Anstrengungen tauglich gemacht hatten, so war ich wieder
frisch im Sattel und befand mich mit einigen Towarczys

bei unserer Nachhut. Wir glaubten die Franzosen würden
Anstalten zu unserer Verfolgung machen; aber auch sie
waren von den Verlusten in dieser Schlacht so erschöpft
und befanden sich in einer so schlechten Verfassung zum
Weiterschlagen, daß unser Rückmarsch auch nicht im allermindesten belästigt wurde. Wir wagten uns ziemlich nahe
an die feindlichen Bivouacfeuer hinan, nahmen auch einige
herumstreifende Marodeure gefangen und erkannten dadurch
so recht in welch schlechtem Zustand sich auch die französische Armee befand und wie irrthümlich es vom General
von Bennigsen sei, daß er den Rückmarsch befohlen hatte.
Ich bin überzeugt, daß man mit 20,000 Mann frischer
Truppen am andern Tage die ganze französische Armee
mit sammt ihrem Napoleon an der Spitze, hätte aufreiben
oder gefangen nehmen können. Daß mich diese Wahrnehmungen gerade in keine sonderlich heitere Stimmung
versetzten und der Gedanke mich quälte, wie nutzlos an
diesem Tage wieder so viele muthige Preußische und Russische Krieger ihr Blut vergossen hatten, ist begreiflich. Die
Franzosen selbst sind — wie ich aus sicherer Quelle weiß
am andern Morgen nicht wenig überrascht gewesen, als sie
das am Tage so muthig erstrittene Schlachtfeld in der
Nacht wieder von dem russisch-preußischen Heere geräumt
fanden. Daß ein Feldherr wie Napoleon solche Fehler
seiner Gegner wohl zu benutzen und trefflich auszubeuten
verstand, ist natürlich. Die Franzosen drängten nun am
9. Februar mit ziemlichem Eifer nach und besonders
Murat, der zwar in seinem Aeußern ein Comödiant, dabei
aber ein tapferer und geschickter Reitergeneral war, hatte

14*

schon am folgenden Tage mit seiner Cavallerie mehrfache Gefechte mit unsern Preußischen Truppen, an denen ich persönlich jedoch keinen Antheil nahm. Ich selbst ward am 10. Februar vom General L'Estocq mit Depeschen nach Königsberg geschickt, wo ich Alles in der größten Bestürzung fand. Man hatte so sicher auf Sieg gehofft und statt dessen traf nun abermals die Nachricht von einem Rückmarsch Preußischer Truppen ein. Wahrhaftig es ge= hörte 1806 bis 1807 ein starkes Herz und ein muthiger Glaube dazu, um nicht an dem Glanz des Sternes des Preußischen Ruhmes zu verzweifeln.

Sechstes Kapitel.

Characteristik des russischen Heeres. — Einstellung der größeren Kriegsoperationen während der Wintermonate. — Häufige Vorpostengefechte. — Reorganisation der Preußischen Truppen. — Treue Gesinnung in Ostpreußen. — Erschütternde Familienscenen auf einem Rittergut. — Blutiger Kampf bei Heilsberg. — Sehr tüchtiges Benehmen der meisten Preußischen Truppentheile. — Schwankende Operationen des Generals von Bennigsen. — Unglückliche Gefechte bei Königsberg. — Rückzug hinter die Memel. — Treubund vieler Officiere. — Eindruck der Nachricht des Friedensschlusses bei Tisit.

Da ich keine strategische Geschichte des Feldzuges von 1807 schreiben, sondern nur meine persönlichen Erlebnisse in schlichter, wahrheitsgetreuer Sprache aufzeichnen will, so unterlasse ich es, alle die vielen ungünstigen Folgen, welche der übereilte Rückzug von Eylau für Preußens Heer nach sich zog, hier anzuführen. Mit die schlimmste Wirkung davon war, daß Napoleon unsern Rückmarsch benutzen konnte, um mit einigem Schein der Glaubwürdigkeit in ganz Europa verbreiten zu lassen, daß er aufs Neue die

vereinte ruſſiſch=preußiſche Armee gänzlich geſchlagen habe.
Wenn auch die Geſchichte jetzt allgemein aufgeklärt hat,
daß dieſe Behauptung ſehr falſch war, ſo ward ſie
damals doch nur um ſo eher geglaubt und trug viel
mit dazu bei, die Siegeszuverſicht der Franzoſen und
leider auch die täglich wachſende Zahl ihrer Anhänger
in den Staaten des Rheinbundes zu vermehren, das ohnehin
ſchon nur zu ſehr verminderte Vertrauen auf den endlichen
Sieg der gerechten Sache Preußens aber noch mehr zu
ſchwächen. Manche Preußiſche Patrioten, die bis da=
hin für die Sache des Vaterlandes zu wirken geſucht
hatten, wurden jetzt immer kleinmüthiger, gaben die Hoffnung
auf den endlichen Erfolg auf und legten die Hände ver=
zagt in den Schoß, ſtatt mit vermehrter Kraft zu ſtreben.
Beſteht doch die Wirkung des Gewinnes der meiſten
Schlachten überhaupt mehr in einem moraliſchen wie
gerade ſtrategiſchem Erfolg.

Ich für meine eigene Perſon ward jetzt ſehr häufig
als Ordonnanzofficier in das ruſſiſche Hauptquartier be=
fehligt und brachte oft mehrere Tage dort zu. Es war
mir dies in vieler Hinſicht zwar ganz erwünſcht, denn ich
ſah und hörte viel Intereſſantes und lernte Manches, was
mir in meiner ſpäteren militairiſchen Dienſtzeit von ent=
ſchiedenem Nutzen geweſen iſt, doch wäre ich ſonſt, meiner
eigenen Neigung nach, lieber bei einem fliegenden Corps,
das den kleinen Krieg mit den Feinden auf eigene Fauſt
führte, geweſen. Es waren aber ältere Cavallerieofficiere
in genügender Zahl für derartige Corps, deren ſich meh=
rere bildeten, vorhanden. In den Monaten Februar und

März herrschte übrigens, abgesehen von einigen kleinen
Vorpostengefechten und den Streifzügen unserer Patrouillen-
Commandos, eine ziemliche Waffenruhe bei den beiderfei-
tigen Heeren, die sich von den schweren Verlusten, welche
sie bei Eylau erlitten hatten, zu erholen suchten. Die im
Frühling in Ostpreußen faßt grundlosen Wege, welche
theilweise den Marsch von größeren Corps mit schweren
Geschützen und Munitionscolonnen geradezu unmöglich
machten, verhinderten umfassende Kriegsoperationen. Diese
sonst schon immer schlechten Wege waren jetzt durch das Hin-
und Hermarschiren ganzer Armeecorps mit ihren zahllosen Fuhrwerken mitunter völlig unpassirbar geworden.
So entsinne ich mich noch, daß ich Anfang März auf einer
Strecke von vier Meilen volle eilf Stunden zubrachte, obgleich ich ein frisches kräftiges Pferd ritt.

Je häufiger ich nun bei den russischen Truppen verweilte, eine desto klarere Einsicht gewann ich in die großen
Vorzüge derselben; obgleich mir freilich manche Schwächen
ebenfalls nicht verborgen bleiben konnten. Ich habe seit
dieser Zeit stets eine nicht geringe Vorliebe für Rußland
gehegt und werde mich freuen, wenn ich noch erlebe, daß
in nächster Zukunft abermals russische und preußische Truppen vereint gegen Deutschlands alten Erbfeind kämpfen
werden, wie sie dies auch schon 1813 bis 1814 mit so
großem Erfolg gethan haben.

Unter den russischen Officieren, mit denen ich jetzt sehr
häufig in Berührung kam, schloß ich mich besonders eng
an die vielen Deutschen aus den Ostseeprovinzen an, die
in allen verschiedenen Graden im Heere dienten. Schon

der Umstand, daß ich mich mit diesen Kurländern, Lief=
ländern und Estländern in deutscher Sprache unterhalten
konnte — grundsätzlich habe ich in meinem ganzen Leben
nie ein Wort französisch mehr gesprochen, als wenn mich
die äußerste Nothwendigkeit dazu zwang — erleichterte den
näheren Verkehr mit diesen Männern ungemein. Ganz
vortreffliche Soldaten und äußerst liebenswürdige Ka=
meraden fand ich aber unter diesen russischen Officieren,
und mit mehreren schloß ich mitten im Getümmel der Bi=
vouacke und engen Cantonnirungsquartiere einen so festen
Freundschaftsbund, daß er für das ganze fernere Leben
von Dauer blieb. Dieser deutsche Adel der Ostseeprovinzen,
der noch eine festgeschlossene Corporation und, dadurch er=
halten, einen sehr ritterlichen Standesgeist besitzt, wie er
leider dem Adel in manchen Gegenden Deutschlands immer
mehr und mehr abhanden zu kommen scheint, hat der rus=
sischen Armee stets eine Menge der tüchtigsten Officiere
geliefert. Es liegt viel Chevalereskes in der ganzen
äußern Erscheinung der Kur= und Liefländer; sie sind ge=
wandt, besitzen angenehme äußere Formen des Umganges
und eine große Leichtigkeit, Menschen und Dinge nun ein=
mal so zu nehmen, wie sie genommen werden müssen, sowie
Allem stets die angenehmste Seite abzugewinnen; was
gewiß für einen Officier sehr schätzenswerthe Eigen=
schaften sind.

Im Gegensatz zu diesen vielen gewandten und ele=
ganten Officieren fand ich die gemeinen russischen Soldaten
zwar in der Regel etwas schwerfällig, nicht selbstständig
genug ausgebildet und in dieser Hinsicht von den Fran=

zosen weit übertroffen; dabei aber muthig, von willigem Gehorsam gegen alle Befehle ihrer Vorgesetzten und von großer körperlicher Ausdauer, welche sie zum Ertragen aller möglichen Strapazen sehr geeignet machte. Leider war die Verpflegung bei diesem russischen Armeecorps in Ostpreußen äußerst ungeordnet und mangelhaft; die armen Soldaten mußten den empfindlichsten Mangel an den nothwendigsten Bedürfnissen leiden und hatten oft solchen Hunger, daß sie bei den in ihrer Nähe cantonnirenden Preußischen Truppen um Brot bettelten. Diese schlechte Wirthschaft bewirkte, daß alle Lazarethe überfüllt wurden und Marodiren, Desertiren und andere Unordnungen nur zu sehr einrissen. Ich bin überzeugt, daß die russische Armee im Jahre 1806 bis 1807 durch diese grenzenlose Unordnung im Verpflegungswesen ungleich mehr Soldaten wie durch die Kugeln der Feinde verloren hat. Ein Feldherr kann gegen säumige und gar betrügerische Proviantbeamten, Intendanten und Lieferanten gar nicht strenge genug sein, denn das Wohl seiner Soldaten und somit ihre Kriegsfreudigkeit, und von dieser mit bedingt, wieder Kriegstüchtigkeit, hängt wesentlich davon ab.

Dieser schlechten Verpflegung der russischen Soldaten war es auch vorzüglich mit zuzuschreiben, daß sie in den von ihnen besetzten Gegenden häufig sehr arg hausten und als Einquartirung oft weniger gern wie selbst unsere Feinde die Franzosen gesehen wurden. Die armen Soldaten wollten nicht verhungern und legten sich daher auf das Stehlen von Lebensmitteln, und wie das dann stets der Fall zu sein pflegt, so blieben auch bei dieser

Gelegenheit manche andere Sachen ihnen zwischen den Fingern hängen. Besonders die Kosacken entwickelten eine
wahre Virtuosität im Stehlen; und selbst die härtesten
Strafen, die sie bei der Ertappung und Anzeige ihrer
Diebstähle stets erhielten, fruchteten nichts. Bei körperlichen Strafen zeigten diese Kosacken oft eine Gleichgültigkeit gegen jeden Schmerz, die wirklich staunenswerth
war. So entsinne ich mich, daß ein alter, lang gedienter
Kosack, dessen weißgrauer Bart ihm bis weit auf die Brust
herabhing, auf einem Gute einen silbernen Eßlöffel
entwendet hatte, dabei ertappt und zur Anzeige gebracht
wurde. Der erzürnte Oberst des Detachements, zu welchem
der Kosack gehörte, dem der General Tolstoy schon ernst-
liche Vorwürfe über die Unordnung unter seinen Soldaten
gemacht hatte, befahl, daß der Thäter sogleich absitzen
und mit dem Kosackenkantschuh 75 Hiebe auf den Theil
des Körpers, der beim Reiten mit dem Sattel in aller-
nächste Berührung kommt, erhalten sollte. Mir schien die
Strafe fast zu hart zu sein, und ich wollte schon bittende
Worte für den Deliquenten einlegen, als ich sah wie dieser
erst ganz behaglich einen tüchtigen Zug Brandwein aus
seiner Feldflasche nahm, dann ruhig vom Pferde stieg,
sich über einen Baumstamm legte und nun den zur Züchtigung bestimmten Körpertheil den beiden Kosacken, die mit
Kantschuhen in der Hand zum Schlagen bereitstanden,
entgegenstreckte. Die beiden Kerle hieben, daß es nur so
klatschte, und ich dachte, das Gesäß des Gezüchtigten
müßte förmlich mürbe geklopft werden; der aber verzog
kaum eine Miene, stieß auch nicht den allergeringsten

Klagelaut aus, sondern ertrug seine Züchtigung ganz geduldig. Als die 75 Hiebe aufgezählt waren, sprang der
Kosack wieder auf, rieb sich den geprügelten Körpertheil
etwas mit den Händen, schüttelte sich wie ein Pudel,
der seine Hiebe bekommen hat, ging dann demüthig
zu dem Obersten, der die Strafe verhängt hatte, versuchte diesem die Hand zu küssen und fragte dann
mit schmeichelnder Stimme: „Aber Väterchen jetzt kann
ich das blanke Dingelchen doch auch behalten, da ich ja
meine richtigen Schläge dafür erhalten habe!?" Erst bei
der verneinenden Antwort des Obersten machte der Kosack
ein wirklich betrübtes Gesicht, faßte sich jedoch auch bald
wieder mit der Ruhe eines echten Philosophen, schwang
sich auf sein kleines, zottiges Rößlein und trabte mit seinen Kameraden lachend und plaudernd, als sei weiter nichts
vorgefallen, wieder fort. Es sind in der That merk-
würdige Kerle diese Kosacken, die ich sowohl 1807 wie
auch von 1812 bis 1814 häufig unter meinem Befehl gehabt habe.

In der Gegend von Königsberg hatte ich am 15. Februar wieder Gelegenheit, bei einem recht lebhaften Caval-
leriegegefecht mit den Feinden thätig sein zu können. Nach
ihrer gewohnten Weise waren die Franzosen in der Aufstellung ihrer Vorposten änßerst nachlässig gewesen und
ließen sich von unserer leichten Cavallerie überfallen, wobei die Kosacken sich durch große Geschicklichkeit im unbe-
merkten Heranschleichen ungemein auszeichneten. Wir nahmen viele französische Cavalleristen, die auf ihren abge-
hetzten, arg geschundenen Pferden kaum noch im Trab aus

der Stelle kommen konnten, hierbei gefangen. Eine so schlechte Pferdewartung, wie bei vielen uns gegenüberstehenden französischen Callerieregimentern damals herrschte, habe ich früher gar nicht für möglich gehalten. Die Pferde wurden von ihren Reitern schlecht gefüttert, fast gar nicht geputzt, auf alle Weise maltraitirt und waren daher auch so gebrückt, daß man ein französisches Cavallerieregiment schon auf eine halbe Stunde weit riechen konnte, wenn gerade der Wind einem entgegenstand.

Einige Tage nach diesem für uns so glücklichen Cavalleriegefecht, das freilich auf die Entscheidung des Krieges ohne Bedeutung blieb, gingen die französischen Truppen mehr zurück, um längs der Weichsel ausgedehntere Cantonirungsquartiere zu beziehen, während ein Theil von ihnen die Belagerung von Danzig mit dem rücksichtslosen Eifer, der alle derartigen Unternehmungen Napoleons charakterisirte, und solchen so oft einen glücklichen Ausgang verbürgte, betreiben mußte.

Da die Belagerung von Danzig in einer so rauhen Jahreszeit voraussichtlich große Opfer erfordern mußte, so commandirte Napolean besonders auch viele Rheinbundstruppen und Sachsen, die 1806 noch mit uns vereint waren, jetzt aber gegen uns kämpfen mußten, zu diesen Belagerungsarbeiten.

Es lag überhaupt so recht im französischen Prinzip, die deutschen Hülfstruppen, die ihnen dienen mußten, bei jeder Gelegenheit als Kanonenfutter zu gebrauchen und solche zu den gefährlichsten, beschwerlichsten und die meisten Opfer erfordernden Unternehmungen zu verwenden, sich

selbst aber stets allen Ruhm des etwaigen Erfolges beizu-
messen. Wenn im Winter Festungen zu belagern waren,
oder ein recht beschwerlicher Vorpostendienst bei mangelhafter Verpflegung, der Hunderte von Menschen und
Pferden zu Grunde richtete, gethan werden mußte, oder
ein befestigter Platz, der anerkannt so ungesund gelegen
war, daß die Besatzung durch Seuchen stets decimirt wurde,
eine Garnison erhielt, dann wurden wo möglich nur die
Deutschen dazu verwandt. Leider waren die Befehlshaber
vieler deutscher Hülfscontingente schwach und dabei klein-
lich eitel genug, um dieser übermüthigen Arroganz, mit
welcher die Franzosen ihre Bundesgenossen oft mehr noch
wie ihre Feinde zu behandeln pflegten, mit dem gehörigen
Nachdruck entgegenzutreten und fühlten sich sogar häufig
dadurch geehrt, wenn sie von diesen nur recht viel gebraucht
und dafür mit oft sehr zweideutigem Lobe erwähnt oder
gar mit einem Ehrenlegionskreuz begnadigt wurden. Dazu
war es noch bei Napoleon gewöhnliche Sitte, den Officieren
der deutschen Hülfstruppen Auszeichnungen niederern Ranges zu geben, wie er solche den Officieren der national-
französischen Regimenter bei gleichem Grade und gleichem
militairischem Verdienste zu ertheilen pflegte. Wo der
Franzose ein Officierskreuz der Ehrenlegion erhielt, da
mußte der Deutsche schon sich mit einem einfachen Ritter-
kreuz begnügen.

So sollten es die Deutschen stets recht fühlen lernen,
daß sie sich in keiner Hinsicht mit der großen französischen
Nation für ebenbürtig halten dürften. Wahrlich es hat
mich in allen neun Feldzügen, die ich gegen die Truppen

Napoleons focht, stets mit am Meisten empört, wenn ich
sah, zu welcher dem Nationalstolz unwürdigen Rolle die
deutschen Soldaten im Heere des fränkischen Kaisers sich
hergaben und wie erbärmlich sie sich von diesen Franzosen
behandeln ließen. Niemals wäre Deutschland so tief ge=
sunken, wie dies unter Napoleons Zwingruthe der Fall
war, wenn seine eigenen Söhne nicht selbst ihre besten
Kräfte willig geopfert hätten, ihr Vaterland mit demü=
thigen zu helfen.

Am 22. Februar hatte ich die große Freude, zuerst
wieder eine völlig geordnete Schwadron meines alten
theuren von Blücherschen Husarenregiments zu sehen. Nach
der Capitulation von Ratkau, die wie bekannt der General
von Blücher nach der hartnäckigsten Gegenwehr endlich
aus Mangel an Pulver und Brot schließen mußte, hatten
sich die meisten Husaren unseres Regiments zu Fuß oder
zu Pferde einzeln oder in größeren Trupps heimlich oder
mitunter auch mit Gewalt durch die ganze französische
Armee bis nach Ostpreußen durchgeschlichen oder durchge=
hauen. Remontecommando's und die in Pommern ge=
standene Depotschwadron waren ebenfalls nach Ostpreußen
gegangen und so konnten dort wieder mehrere neue Schwa=
dronen unseres Regiments formirt werden, die im ferneren
Verlauf des Feldzuges noch mehrfach die gewünschte Ge=
legenheit fanden, tüchtig in den verhaßten Feind einzuhauen
und sich auf das Rühmlichste auszuzeichnen. Ich selbst
schaffte mir zwar allmälig wieder die Uniform der von
Blücherschen Husaren an, so weit dies hier im Felde mög=
lich war; that aber bei den neu formirten Schwadronen

keinen Dienst, da die genügende Zahl von Officieren schon
bei ihnen vorhanden war, sondern blieb als Ordonnanzofficier im Hauptquartier des Generals L'Estocq. Der
Umstand, daß ich von Jugend auf bei dem häufigen Jagd-
reiten auf dem großväterlichen Gute in Mecklenburg gewöhnt war querfeldein zu jagen und mich auch in frem-
der Gegend leicht zu orientiren, mochte den General
von L'Estocq veranlassen, mich öfters zu Ritten, die
schon einen geübten Reiter bedurften, zu verwenden. Auch
war ich jetzt wieder mit zwei dauerhaften und schnellen
russischen Steppenpferden, die ich mir nach und nach von
russischen Officieren eingetauscht und eingehandelt hatte,
ganz zu meiner Zufriedenheit beritten. Für die großen
Strapazen des wirklichen Gebrauchs im Kriege sind die
in den Steppen oder wilden Gestüten gezogenen polnischen,
südrussischen, ungarischen, moldauischen und türkischen Rosse
unbedingt die besten Soldatenpferde. Selbst die edelen
Thiere aus dem damals mit Recht so berühmten gräflich
von Plessenschen Gestüte in Iwenack, sicherlich mit das beste
Gestüt, welches jemals in Mecklenburg gewesen ist, so schnell
und kraftvoll sie auch sonst waren, konnten es an Ausdauer
und Strapazen nicht mit den bessern Steppenpferden aufnehmen und gingen ungleich leichter zu Grunde.

Ein erschütterndes, aber dabei doch auch wieder sehr
rühmliches Beispiel von mannhaftem Sinn und strengem
Halten auf wahre Familienehre erlebte ich während dieser
Zeit auf einem Rittergute in Ostpreußen, wo ich einige
Tage einquartirt lag. Der Besitzer, welcher noch unter dem
großen Friedrich mit vieler Auszeichnung gedient hatte,

war ein kernhafter Edelmann und braver Soldat durch
und durch, dem man es sogleich auf den ersten Blick ansah,
daß kein unehrenhafter Gedanke auch nur auf eine Secunde
in seiner Brust Platz finden könne. Auch seine Gemahlin
und einige halberwachsene Töchter zeigten ein Benehmen,
wie es deutschen Frauen geziemt; und besonders die Erstere hatte sich durch ihre echt weibliche Würde bei französischen Officieren, die schon bei ihr in Einquartirung
gewesen waren, ungemein in Achtung zu setzen gewußt.
Eine düstere Trauer lag bei meinem Erscheinen über
alle Familienmitglieder ausgebreitet; selbst die Mienen der
jungen Mädchen drückten tiefen Kummer aus, kein Lachen
ertönte aus ihrem hübschen jugendfrischen Munde und
wiederholt konnte ich in ihren Augen schmerzliche Thränen
blinken sehen. Die sonst so stattliche und stolze Gestalt
des Gutsherrn selbst schien aber förmlich von einem gewaltigen Seelenschmerz gebrochen zu sein; seine Haltung
war gebeugt, seine Stirne zeigte tiefe Furchen, und es
mußte eine furchtbare innere Aufregung gewesen sein, die
bei einem so starken Mann solche sichtbaren Spuren hin-
terlassen konnte.

Ein Kamerad, der schon vorher einige Tage hier im
Quartier gelegen hatte, erzählte mir den Grund dieser
Bekümmerniß und ersuchte mich, denselben ja nicht unbedacht-
samer Weise zu berühren. Der einzige Sohn dieser Familie, der als Officier in einem Cavallerieregimente gestanden, hatte sich nämlich — ich glaube bei Jena — in
einer unerklärlichen Anwandlung von Furchtsamkeit so
schlecht benommen, daß er durch Spruch des Kriegsgerich-

tes, kaſſirt wurde. Als dem Vater dieſe Nachricht ward,
ſoll er über zwei Tage lang kein Wort geſprochen und
ſelbſt die Tröſtungen der von ihm ſonſt zärtlich geliebten
Frau ſchroff abgewieſen haben, dabei aber in dieſer
kurzen Zeit um mindeſtens zehn Jahre gealtert ſein. Er
hat alsdann ſpäter gerichtlich ein Teſtament gemacht, den
Sohn enterbt und ihm nur ſein Pflichttheil gelaſſen; einen
bedeutenden Theil ſeines Vermögens aber an in dieſem
Kriege invalid gewordene Soldaten vermacht.

Ich mochte wohl bereits drei Tage bei dieſer ſonſt
ſo wackeren und jetzt ſo ſchmerzlich darniedergebeugten
Familie im Quartier geweſen ſein, und ſaß eines Abends
beim einfachen Abendbrod mit ihnen um den runden Tiſch,
als plötzlich die Thüre aufgeriſſen wurde, und ein bleicher
Menſch, halb noch in militairiſchem Anzuge gekleidet, deſſen
ſchmerzliches Ausſehen zum Mitleid aufforderte, herein-
geſtürzt kam und ſich dem Gutsherrn vor die Füße warf,
bittend deſſen Knie umfaſſend. Es war der kaſſirte Sohn,
den Reue, Schmerz und Kindesliebe, trotz des ſtrengen Ver-
botes des Vaters, jemals wieder vor ihm zu erſcheinen,
gewaltſam in das elterliche Haus zurückgetrieben hatten.

„Was will dieſer Menſch hier — ich kenne ihn nicht,
und mag keinen Fremden in ſolcher Stellung zu meinen
Füßen ſehen!" rief laut, aber mit kaltem, feſtem Tone der
alte Gutsherr, unſanft dabei den Liegenden zurückſtoßend
und dann von dem Stuhle, auf welchem er bisher ge-
ſeſſen hatte, ſich in ſtolzer Haltung erhebend.

„Vater, ich flehe Dich an, verzeihe mir, ich kann
Deinen väterlichen Zorn nicht länger ertragen, ich will

v. Wickede, Reiterleben I. 15

mir den Tod vor dem Feinde suchen; aber vorher nimm mich wieder als Deinen Sohn an," flehte der Unglückliche, dabei immer noch zu den Füßen des Vaters liegend.

„Ich habe keinen Sohn mehr, — der, den ich einst hatte, befleckte unseren edelen Namen mit unauslöschlicher Schande und fügte mir den größten Schmerz zu, der einen Menschen treffen kann," rief abermals der Vater, und ein entsetzlicher Zorn blitzte dabei aus seinen tief unter den eisgrauen Brauen liegenden Augen.

Das Herz der Mutter vermochte bei dem Anblick des knieenden Sohnes nicht länger kalt zu bleiben; sie umfaßte den Hals des Gatten und flehte ihn an, doch seinen stolzen Sinn erweichen und dem Unglücklichen Verzeihung angedeihen zu lassen. Auch die Töchter weinten und schluchzten, und umfaßten theils den Vater, theils den noch immer am Boden liegenden Bruder; kurz es war eine unbeschreiblich aufregende Familienscene voll Jammer und Trauer, die mich peinlich berührte, und bei der ich einen unfreiwilligen Zuschauer abgeben mußte.

Unerbittlich blieb aber der Vater; seine stolze Familienehre war durch die Feigheit des Sohnes befleckt worden, und solches Vergehen durfte er nimmermehr verzeihen. Er riß sich aus den Armen der Gattin los, stieß den knieenden Sohn mit dem Fuß zurück und rief zornig: „Genug des Gewimmers — ich liebe solche Auftritte nicht. Mag dieser Mensch, der hier liegt, als gemeiner Soldat in irgend ein Regiment eintreten und sich vor dem Feinde ein Ehrenzeichen erkämpfen; dann erst werde ich es überlegen, ob ich ihn wieder als meinen Sohn anerkenne."

Und ohne sich weiter zurückhalten zu lassen, oder auch nur den Liegenden noch eines ferneren Blickes zu würdigen, verließ er festen Trittes das Zimmer. Auch ich selbst benutzte diese Gelegenheit, mich unbemerkt zu entfernen, denn ich fühlte, daß es am Passendsten sei, den verstoßenen Sohn mit der Mutter und den Schwestern jetzt allein zu lassen.

Am anderen Morgen — der Sohn hatte noch in der Nacht das väterliche Haus wieder verlassen — gab es unter den Damen tief verweinte Gesichter; der Hausherr selbst aber war ruhig und unerschüttert, wie ich ihn immer gekannt hatte. Zwei Tage blieb ich noch bei dieser wackeren, so wahrhaft adelige Gesinnungen hegenden Familie im Quartier, allein so wohl ich mich auch sonst in ihrem Kreise gefühlt hatte, so machte die tiefe Trauer, die über Alle ausgebreitet lag, mir doch den Aufenthalt weniger angenehm wie es sonst unbedingt der Fall gewesen sein würde.

Wie ich später erfuhr, hat sich der Sohn unter anderem Namen als gemeiner Husar in dem Freicorps, welches der tapfere Schill damals in Colberg zusammenbrachte, anwerben lassen, und dort mit solchem Muthe gefochten, daß er wiederholt von Schill selbst gelobt und zum Unterofficier befördert wurde. Bei einer Patrouille ist er in einen Hinterhalt weit überlegener Feinde gerathen, hat aber den ihm angebotenen Pardon nicht annehmen wollen, sondern bis zum letzten Hauch des Lebens muthig fortgekämpft, und ist mit dem Säbel in der Hand gefallen.

15*

So hat sein Tod wieder den früheren Flecken aus-
gesühnt, und der Vater — an den der Major von Schill
eigenhändig deshalb geschrieben — brauchte sich des ge-
storbenen Sohnes wenigstens nicht mehr zu schämen. Wie
dieser alte, stolze Rittergutsbesitzer sollte aber ein jeder
Mann handeln, dem wirklich die unbefleckte Ehre seiner
Familie am Herzen liegt.

Bei meinem jetzigen Dienstverhältniß saß ich fast Tag
und Nacht im Sattel, war bald bei den Preußischen, bald
bei den Russischen Truppen, suchte aber eifrig jede Gelegenheit auf, persönlich mit in das Gefecht zu kommen.
Besonders wichtige Ereignisse oder gefährliche Abenteuer,
deren ich mich noch jetzt erinnern sollte, erlebte ich während
dieser Zeit nicht.

Erfreulich war mir, daß sich unser Corps hier unter dem
General von L'Estocq von Woche zu Woche nicht allein
immer mehr verstärkte, sondern auch sonst verbesserte. Es
kamen aus allen Provinzen Preußens stets ranzionirte
und versprengte Soldaten und Officiere, wieder geheilte
Verwundete, wie auch zahlreiche Freiwillige aus allen
Ständen an, um gegen den gehaßten Feind fechten zu
können.

Mit unablässiger Anstrengung ward Tag und Nacht
exercirt, gerüstet und armirt; der Eifer verdoppelte die
Kräfte; die treuen Provinzen Pommern, Brandenburg,
Schlesien und besonders das prächtige Ostpreußen, welches ich jetzt erst so recht lieben und schätzen lernte, thaten
das Möglichste, um Gelder für die völlig erschöpften
Kriegskassen zu schaffen.

Die ganze Königliche Familie, sich jetzt im Unglück erst recht groß zeigend, und gar vor Allem die unvergeßliche Königin Louise, dies hohe Musterbild einer wahrhaft edelen Frau, schränkte sich auf das Aeußerste ein, um die ersparten Gelder für die Bedürfnisse der Truppen verwenden zu können.

So wurden denn die einzelnen Regimenter allmälig immer wieder stärker. Wer aber von uns Officieren hier in Ostpreußen kämpfte, der fühlte selbst, daß er alle seine Kräfte bis zum Aeußersten anstrengen müsse, um den gesunkenen Waffenruhm des Preußischen Heeres wieder heben zu helfen.

Die Monate März, April und Mai brachten außer dem Kampf bei Danzig, welches nach langer, heldenmüthiger Gegenwehr endlich kapituliren mußte, wenig Ereignisse von Bedeutung; bis endlich im Juni die Sachen wieder eine ernsthaftere Wendung zu nehmen anfingen. Es war auch nothwendig, daß recht bald die Zustände zur Entscheidung gelangten; denn das sowohl vom französischen wie russischen Heere furchtbar ausgesogene Ostpreußen vermochte die ungeheure Last, die auf dem Lande ruhte, kaum noch länger zu ertragen.

In der Nacht vom 3. auf den 4. Juni brachen wir aus unseren weitläufigen Cantonnirungen wieder auf und konnten mit Recht hoffen, daß es diesmal kein blinder Lärm sein, sondern ein ernsthafter Kampf entbrennen würde. Alle unsere Soldaten, sowohl die der Preußischen wie Russischen Regimenter, waren in ungemein kampflustiger Stimmung; es wurde gejubelt, gelacht und bald ertönten

die einförmigen, aber nicht unmelodischen russischen Na-
tionallieder, bis dann wieder ein Chor Preußen mit mehr
lautem wie gerade harmonischem Gesang irgend ein be-
liebtes Soldatenlied anstimmte. — Man hätte in der
That erwarten sollen, wir zögen zu einer lustigen Hochzeit,
nicht zum ernsthaften Waffentanz; ein so heiterer Sinn
herrschte bei Allen. Es kam aber an diesem Tage noch
nicht zu einem recht lebhaften Gefecht, sondern nur zu
einer gewaltigen Canonade unserer Artillerie gegen den
von den Franzosen stark befestigten Brückenkopf von Spanden, welche zwar viel Lärm machte, aber weiter keine großen
Erfolge herbeiführte. Der russische General von Bennigsen war an diesem Tage noch nicht zum Schlagen bereit,
und so konnte auch unser Preußisches Corps für sich allein
noch keinen größeren Angriff unternehmen, da es zu
schwach dazu war.

Am folgenden Morgen versuchte russische Infanterie
mit großer Tapferkeit den stark befestigten Brückenkopf bei
Spanden zu erstürmen; allein vergeblich. Trotz des lebhaftesten Ansturmes schmetterte das wohlgerichtete feindliche
Feuer aus großer Nähe Hunderte von Russen zusammen,
denn die französischen Verschanzungen waren sehr gut an-
gelegt, und so mußte endlich dieser völlig plan- und nutzlos
unternommene Sturm wieder aufgegeben werden. Solch
trauriger Anfang gleich bei der Wiedereröffnung der Feindseligkeiten in größerem Maßstabe, übte auf die Stimmung
der Truppen einen niederschlagenden Eindruck; die lustigen
Gesänge, mit denen wir ausmarschirt waren, hörten auf
und das Brummen und Fluchen fing von Neuem an. Na-

mentlich die Russen waren wüthend, schalten sehr auf die
ungeschickten Anordnungen aus dem Preußischen Hauptquartier des Generals L'Estocq, von welchem der Befehl zu
diesem Sturm ausgegangen war, und hatten leider nicht
ganz unrecht hierin. Der treffliche Oberst von Scharnhorst, dieser talentvollste Stabsofficier des damaligen
Preußischen Heeres, hatte diesen Sturm auf den Brückenkopf von Spanden entschieden gemißbilligt, allein einige
andere beim General L'Estocq leider nur zu sehr einflußreiche Persönlichkeiten, die überhaupt vielfaches Unheil anrichteten, hatten denselben trotzdem auszuführen den Befehl
gegeben.

Es kam am Abend des 5. Juni zu einigen sehr
verdrießlichen Scenen zwischen Preußischen und Russischen
Officieren, die mich peinlich berührten. Aber auch in der
russischen Armee herrschte unter den höheren Generalen
eine große Uneinigkeit, welche häufig die für das Wohl
des Ganzen unangenehmsten Folgen herbeiführte. Namentlich der ehrgeizige General von Sacken wollte dem
von ihm bitter gehaßten Oberanführer Bennigsen gar
nicht gehorchen und es entstand dadurch eine große Un-
sicherheit bei der Ausführung aller bedeutenderen Operationspläne, da es doch auf ein gemeinsames schnelles und
gut in einander greifendes Handeln so dringend ankam.
Uns gegenüber aber stand der größte Feldherr seiner Zeit,
dessen eiserner Wille alle seine kriegskundigen Generale
zum pünktlichsten und schnellsten Gehorsam zu zwingen
wußte, so daß sämmtliche Operationen des Feindes mit
einer seltenen Schnelligkeit und Einheit der verschiedenen

Corps ausgeführt wurden. Unter solchen Bewandnissen durfte man freilich nicht darüber staunen, daß der Kaiser Napoleon aus diesem Feldzuge von 1807 als ein vollständiger Sieger hervorging; obgleich die einzelnen Preußischen und Russischen Truppentheile sich bei jeder Gelegenheit eben so muthig, ja häufig sogar noch muthiger wie die Franzosen geschlagen haben.

Selbst mir jungem Husarenlieutenant, der natürlich keine tiefere Einsicht in die Operationen des Hauptcorps gewinnen konnte, war es einleuchtend, daß jetzt ein bedenkliches Schwanken über das, was zu unternehmen sei, in unserem Hauptquartier herrsche und die so dringend nothwendige Einigkeit zwischen den Preußen und Russen eher im Abnehmen wie im Zunehmen begriffen sei. Ich kann nicht leugnen, daß mir diese Wahrnehmungen oft sehr trübe Stunden machten und mir die frohe Lust, mit der ich mich sonst dem Kriegsleben mit aller seiner Spannung und der bunten Wechselfolge mannigfacher Ereignisse hinzugeben pflegte, nicht wenig beeinträchtigten.

Am 10. Juni kam es denn endlich nach längerem Hin- und Herziehen, wobei wir schon den empfindlichsten Mangel an Proviant zu leiden anfingen, bei Heilsberg zu einer Schlacht und ein glücklicher Zufall wollte es, daß ich so recht tüchtig in derselben mitkämpfen konnte. Die vom General von Bennigsen gewählte Aufstellung war zwar vortrefflich und sowohl durch natürliche wie künstlich gemachte Hindernisse sehr befestigt; allein es gehörte nun auch dazu, daß der Feind uns gerade ebenso angriff, wie man dies im russischen Hauptquartier erwarten zu können geglaubt hatte. Allein um dies zu thun, war Napoleon ein viel zu kühner und genialer Feldherr; anstatt uns auf dem rechten Ufer der Aller anzugreifen, rückte er auf dem linken Ufer vor und so war der russische Schlachtplan schon gleich von vornherein zerstört, bevor es noch einmal zum Kampfe selbst gekommen war. Es gab unter den Generalstabsofficieren im russischen Hauptquartier sehr erstaunte Gesichter, als am Morgen des 10. Juni von den auf dem linken Aller-Ufer stehenden Vorpostentruppen, Meldungen über Meldungen einliefen, daß die Feinde mit immer stärker werdenden Colonnen im Anmarsch begriffen wären.

Sehr verschiedene Truppenveränderungen mußten in Folge dessen noch in schnellster Eile vorgenommen werden, und die ursprünglich beabsichtigte Ordnung ward den ganzen Tag nicht wieder hergestellt. Die französische schwere Cavallerie, von dem General Murat, einem der besten Reitergenerale, dem ich jemals gegenübergestanden habe, angeführt, eröffnete zuerst das Gefecht und drängte die Russen ziemlich ungestüm gegen das Städtchen Heilsberg zurück, bis unsere hier aufgestellten Batterien das weitere Vorrücken der Feinde hemmten. Bald aber kamen zahlreiche französische Geschütze in vollstem Galopp an, gingen kühn bis in die nächste Schußweite vor und eröffneten nun ein wirklich zerschmetterndes Feuer gegen unsere Reihen. Es war ganz wieder das so wirksame französische Manöver; zuerst ein recht verheerendes Artilleriefeuer gegen die Feinde zu gebrauchen und alsdann, wenn dieses seine Wirkung gethan und die feindlichen Reihen gelockert hatte, mit den andern Truppengattungen zu einem ungestümen Angriff vorzugehen.

Bald nun tobte der Kampf auf verschiedenen Seiten und der Pulverdampf ward so stark, daß ich den Ueberblick über das Ganze verlor. Entschiedene Vortheile wurden in den nächsten Stunden von keiner Seite errungen; bald warfen wir die Franzosen zurück, dann aber wurden auch einzelne Abtheilungen unserer Truppen ziemlich heftig zurückgedrängt. Ein langer Junitag lag noch vor uns, viele Stunden konnten noch zum Kampfe verwendet und Tausende von Soldaten getödtet werden, bevor das Schicksal der Schlacht als irgendwie entschieden angesehen werden durfte.

Ich selbst befand mich gegen 4 Uhr Nachmittags — genau wußte ich nicht, welche Zeit es war, denn bei einem Sturz mit dem Pferde war mir bereits schon am Frühmorgen meine Uhr zerbrochen — bei dem zweiten Bataillon unserer Towarczys, welches hinter einer stark mit russischer Artillerie besetzten Schanze aufmarschirt dastand. Mit großer Schnelligkeit, Gewandtheit und Tapferkeit stürmte französische Infanterie, welche die Begünstigung des Terrains vortrefflich zu benutzen verstand, gegen diese Schanze und die russische Artillerie, deren Befehlshaber gleich anfänglich erschossen war, was die Mannschaft ungemein entmuthigt hatte, hielt sehr schlecht Stand. Das schon stark zusammengeschmolzene zweite Bataillon der Towarczys kaum noch 300 Pferde zählend — leider waren viele geborene Polen unter der Mannschaft in letzter Zeit zu den Franzosen desertirt — wollte zwar den ungestümen Anbrang

der Feinde aufhalten, kam aber gleich ungeordnet zur Attaque, erhielt eine scharfe Salve und ging in Unordnung
zurück. Ich entsinne mich noch, wie zornig mich dies
machte und daß ich in meiner Wuth einem fliehenden
Towarczys so kräftig mit dem flachen Säbel über den
Rücken hieb, daß mir die Klinge zersprang. Der Säbel
eines erschossenen russischen Artillerieofficiers mußte mir
nun als Waffe dienen. Es stand in diesem Augenblick
hier äußerst schlecht um uns; die französische Infanterie
hatte bereits den Hügel erstürmt und war eben im Be-
griff die Schanzen zu besetzen, als die russische Infanterie
unter dem General von Wanneck einen ungemein entschlos-
senen Bayonettangriff auf die Feinde ausführte und dadurch das wieder gut machte, was die Artillerie vorhin
verschuldet hatte. Es war wirklich eine Freude anzusehen,
mit welcher muthigen Entschlossenheit die tapferen Russen
vorstürmten, obgleich ihr Führer, von einer Kugel in der
Brust getroffen, gleich anfänglich den Heldentod fand.
Der preußische Hauptmann von Grolmann, ein Muster
eines muthigen Officiers, der sich bei dem russischen
General als Adjutant befunden hatte, führte die Russen
mit lautem Hurrah nun weiter vorwärts. Die Franzosen
hielten den heftigen Ansturm nicht aus, sondern wurden
gehörig geworfen.

Unser zweites Bataillon Towarczys war endlich wieder
gesammelt worden und im Verein mit dem ersten Bataillon
dieses Regiments und unserm braven Dragonerregiment
von Zieten hieben wir nun auf französische Cürassiere
ein. Es ist stets für leichte Cavallerie ein gefährliches

Unternehmen, wenn sie auf Cüraffiere, die durch den Bruſt-
und Rückenharniſch, die ſteifen Stulphandſchuhe und den
Helm mit Roßſchweif ſehr gegen alle feindlichen Hiebe
gedeckt ſind, einhauen ſoll. Diesmal aber gelang es uns
vollkommen. Die franzöſiſchen Cüraffiere hatten ihre
großen, ſchweren Pferde ſchon ſo abgetrieben, daß ſie nicht
mehr in ſchneller Gangart uns entgegengehen konnten,
ſondern nur langſam vorrückten und uns zuerſt mit einem
ziemlich unſchädlichen Feuer aus ihren Carabinern empfingen.
In vollem Galopp brachen wir nun ein, und es kam zu
einem ſehr heftigen Reiterkampf Mann gegen Mann. Das
war denn ein Vergnügen, bei deſſen Erinnerung mir altem
Mann das Herz noch jetzt lebhaft gegen die Rippen klopft.
Die feindlichen Cüraffiere waren altgediente Soldaten,
die ihre langen Stoßpallaſche mit viel geübter Gewandtheit
führten und manchen Preußiſchen Reiter durchbohrten.
Hätten ſie beſſer reiten und ihre plumpen und müden
Pferde ſchneller wenden können, ſo wären ſie uns noch
ungleich verderblicher geweſen wie dies jetzt der Fall war.
Unſere flinken Reiter mußten den Franzoſen womöglich
ſtets die linke Seite abzugewinnen, wir Officiere riefen
fortwährend: „Haut den Kerlen nicht auf die Bruſt, ſondern in die Geſichter,“ was auch befolgt wurde, und ſo ſaß
mancher Preußiſche Hieb und die Cüraffiere purzelten aus
den Sätteln, daß es eine Freude anzuſehen war. Ich
ſelbſt kam mit einem rieſigen Corporal in's Handgemenge.
Wir fochten lange zuſammen, bis Einer von uns dem
Anderen eine tüchtige Wunde beibringen konnte; und ich
blutete ſchon aus einer leichten Stichwunde im Schenkel,

als ich endlich meinem Gegner einen Hieb über die linke
Hand gab, daß er die Zügel fallen ließ und sein scheu
gewordenes Pferd mit ihm durchging.

Nach hartnäckigem Widerstand warfen wir endlich
die Cürassiere auf ihre Infanterie zurück und drangen
dann noch in rascher Attaque in eine französische Batterie
ein, in der wir viele Artilleristen bei ihren Geschützen
niederhieben und letztere vernagelten. Ein sehr lebhaftes
Feuer der feindlichen Infanterie zwang uns endlich zu
einem wohlgeordneten Rückzug. Ich persönlich war so
hoch erfreut über diese glänzende Attaque der Preußischen
Reiterei, und, daß mir auch ein glücklicher Zufall vergönnt
hatte, daran theilnehmen zu können, daß ich den Schmerz
meiner leichten Stichwunde gar nicht fühlte und ein Kamerad mich erst darauf aufmerksam machen mußte, daß
ich verwundet sei.

Eine noch glänzendere Waffenthat, die überhaupt mit
zu den rühmlichsten zu zählen ist, die jemals in irgend
einem Kriege von Preußischer Reiterei verübt ist, ver-
richteten jetzt zwei Schwadronen der berühmten schwarzen Husaren. Kaum 250 Mann stark, hieben diese braven
Soldaten ein ganzes französisches Infanterieregiment bis
auf den letzten Mann zusammen und eroberten den Adler
desselben. Selbst die Russen wurden von dieser pracht-
vollen Attaque so hingerissen, daß sie die zurückreitenden
Husaren mit lautem Jubelruf empfingen, in den ich natürlich aus vollem Herzen mit einstimmte.

Zeigte doch überhaupt in dieser Schlacht die Preußische Cavallerie sich ihres alten Ruhmes aus den Zeiten

Friedrichs des Großen würdig, und bewies, daß es mehr
an der Führung wie an ihrem Muthe selbst gelegen hatte,
wenn sie leider im letzten Feldzuge nur zu viele Nieder-
lagen erleiden mußte.

Waren auch nun die Erfolge der meisten einzelnen
Preußischen wie Russischen Truppentheile hier bei Heilsberg ungemein bedeutend, so wurden solche doch vom
General von Bennigsen nicht auf eine so energische Weise
benutzt, wie dies hätte geschehen sollen. Es fand keine
allgemeine Verfolgung der arg mitgenommen französischen
Truppentheile statt, obgleich wir noch viele Bataillone
und Schwadronen besaßen, die noch gar nicht mit in
das Feuer gekommen waren, sondern wir begnügten uns
dort zu bleiben, wo wir den ganzen Tag über gestanden hatten, und die Franzosen durften ganz unbelästigt
abmarschiren.

Ich selbst war am Abend ungemein erschöpft, denn
ich hatte aus meiner Streifwunde doch mehr Blut verloren, wie ich anfänglich bemerkte; mein Schenkel war
steif und geschwollen, und das Reiten verursachte mir em-
pfindliche Schmerzen. Es war mir daher ungemein erwünscht, daß ein Chirurgus mir die Wunde mit einem
Heftpflaster verklebte und einen festen Verband darüber
knotete, worauf ich denn, wenn auch mit einiger Mühe, am
anderen Tage wieder reiten konnte. Ein Stück Commißbrod, einige saure Gurken und eine Feldflasche voll Brandwein bildeten meine Abendmahlzeit, die ich mit wahrem
Heißhunger verschlang, mich dann in meinen weiten Reitermantel hüllte, in einen Graben legte und sogleich in den

langen, süßen Schlaf der äußersten Ermüdung fiel. Am anderen Morgen erwachte ich frisch und munter, und auch meine Wunde, die bald wieder heilte, beläſtigte mich weiter nicht ſonderlich.

Wir erwarteten nun Alle, Napoleon werde ſeiner Gewohnheit nach am folgenden Tage den Kampf mit erneuter Kraft fortſetzen, und freuten uns nicht wenig darauf; wurden aber getäuſcht, denn es kam nur zu einigen unbedeutenden Plänkereien der Vorpoſtentruppen. Der franzöſiſche Kaiſer mußte doch gefunden haben, daß es nicht ſo leicht ſei, die ruſſiſch-preußiſchen Truppen zu beſiegen, wie er anfänglich gedacht haben mochte; und ſo fing er denn wieder an, geſchickte Manöver zu machen, worin er freilich unſeren Oberanführern unendlich weit überlegen war, ſtatt ſeine beſten Soldaten in unentſchiebenen Kämpfen hinzuopfern.

Wir marſchirten nun nach Königsberg zu, und bei der großen Hitze und der ſchlechten Verpflegung war dieſer Marſch ſo anſtrengend, daß von der Infanterie eine Menge Soldaten marode in den Gräben am Wege liegen blieben und nicht mehr mit fortkonnten. Angeſtrengtes Marſchiren iſt überhaupt meiner vielfachen Erfahrung im Kriege nach die ſchwächſte Seite der geſammten norddeutſchen, alſo auch Preußiſchen Infanterie, und hierin, aber auch nur hierin allein, beſitzt die franzöſiſche Infanterie einen weſentlichen Vorzug.

Ich ſelbſt mußte auf dieſem Marſch faſt beſtändig im Sattel ſitzen, und da mein Fuß mich doch noch ſchmerzte, ſo war dies eine ungemein anſtrengende Tour.

Glücklicher Weise fand ich in dem mit Truppen über-
füllten Königsberg bei einer Predigerwittwe, einer so
braven, echt christlich und wahrhaft patriotisch gesinnten
Frau, wie nur je eine im ganzen Preußischen Staate
gelebt hat, ein stilles, freundliches Quartier, und da ich
einen Tag Ruhe genoß, so konnte ich mich wieder recht
erholen. Ein Bad in deu Wellen des Pregels erquickte
mich ungemein und gab mir wieder ein neues Ansehen;
denn Staub und Schmutz hatten mich fast so schwarz
wie ein Mulatte gemacht.

Leider hatten wir bei Königsberg selbst noch ein blutiges, aber dabei nicht glückliches Gefecht zu bestehen,
was einen höchst ungünstigen Einfluß auf den Geist unserer Truppen ausübte. Es war nun einmal in diesem
unheilvollen Kriege vom Schicksal bestimmt, daß anfäng-
liche Erfolge doch immer ohne ein günstiges Endresultat
bleiben sollten, und selbst die größte Aufopferung einzelner
Officiere und Truppentheile das Ganze nicht zu retten
vermochte. Der Preußische Staat sollte erst eine lange
und schwere, dabei aber höchst nützliche Schule der Leiden
durchmachen, bevor er sich neustrahlend zu erhöhtem Glanze
erheben durfte.

Daß wir aber jetzt in diesen Gefechten bei Königsberg nicht bessere Erfolge errangen, daran trägt, meiner
festen Ueberzeugung nach, die Unentschlossenheit des Generals von L'Estocq, welche jetzt wieder mehr hervortrat, einen
Theil der Hauptschuld. Der Oberst von Scharnhorst,
der kleinlichen Intriguen, welche einige vom General
von L'Estocq ungemein begünstigte Adjutanten fortwährend

gegen ihn schmiedeten, überdrüssig, hatte das Preußische
Hauptquartier verlassen und mit ihm schwand der gute
Geist desselben, der wesentlich mit zu den glücklichen Er=
folgen der letzten Zeit beigetragen hatte.

Es war ein allgemeines Bedauern unter allen Officie=
ren, da uns die Kunde von dem Rücktritt des Obersten von
Scharnhorst als Chef des Generalstabes vom L'Estocq=
schen Corps ward, und ich entsinne mich noch, daß ein
wegen seiner rücksichtslosen Freimüthigkeit, zugleich aber
auch großen Brauchbarkeit vor dem Feinde, allgemein be=
kannter Rittmeister der schwarzen Husaren ganz laut aus=
rief: „Wenn die Franzosen das ganze übrige Hauptquar=
tier gefangen genommen hätten und nur den Scharnhorst
gelassen, so wäre der Schaden lange nicht so groß, als
jetzt wo dieser geht und die anderen bleiben." Wir
übrigen Officiere dachten ebenso, wenn wir freilich auch
unsere Zungen besser in der Gewalt hatten.

Bei Schönbusch kam ich zuerst wieder in das feind=
liche Feuer, indem ich einen Befehl an unsere dort sehr
hartnäckig kämpfende Infanterie überbringen mußte. Ein
Zug Towarczys machte hier eine sehr ungestüme Attaque
auf eine etwas zu hitzig vordringende Schwadron franzö=
sischer Dragoner, hieb Viele derselben zusammen und jagte
die Anderen in wilder Flucht davon.

Ich hätte sehr gern daran Theil genommen, allein
meine dienstlichen Pflichten erlaubten dies leider nicht.
Es herrschte übrigens an diesem Tage eine sehr beklagens=
werthe Unordnung in allen Anordnungen; bald befahl der
eigensinnige und eitle General von Rüchel, der Gouver=

neur von Königsberg war, etwas, dann gab der General von L'Estocq wieder ganz entgegengesetzte Befehle; wir Ordonnanzofficiere mußten um nichts und wieder nichts unsere Pferde müde jagen, und die armen, halb verhungerten Soldaten bei der großen Hitze nutzlos hin- und hermarschiren, so daß sie marode wurden, laut ihr Mißvergnügen äußerten und sich entschieden schlechter schlugen, wie es sonst ohne Zweifel der Fall gewesen wäre.

So schlug sich das bis dahin so brav gewesene Infanterieregiment von Rüchel an diesem Tage nur äußerst mittelmäßig, und auch die stolze Garde du Corps, die freilich sehr ungeschickt aufgestellt gewesen war, wollte nicht recht anbeißen und ging unordentlicher zurück, wie sich dies für ein Garderegiment Sr. Majestät des Königs von Preußen geziemt hätte.

Nur das Grenadierbataillon Fabecky, welches sich in diesem ganzen Feldzuge stets ausgezeichnet hatte, kämpfte von allen den Truppen, welche ich persönlich sah, mit unerschütterlichem Muthe, und machte durch seine Aufopferung Vieles wieder gut, was die Anderen verdorben hatten.

So waren wir am Abend denn bis in Königsberg selbst hineingedrängt, hatten alle unsere Positionen verloren und die Franzosen eröffneten eine Beschießung gegen die Stadt, welche zwar keinen großen Schaden, jedoch eine große Verwirrung anrichtete. Die alten Weiber heulten und schrieen Zeter und glaubten, der Untergang der Welt sei gekommen, wenn mitunter die Fenster vor der französischen Kanonade erdröhnten, und es gab eine

Menge tragikomischer Scenen, obgleich das Bombarde-
ment der Franzosen, das gar nicht ernstlich gemeint war,
fast gar keine Beschädigungen veranlaßte.

Wir hofften noch ganz sicher Königsberg, diese alte,
treue Hauptstadt des schönen Ostpreußens, so lange vertheidigen zu können, bis die russische Hauptarmee unter
dem General von Bennigsen heranmarschirt käme. Da
traf am Morgen des 15. Juni die Trauernachricht von
dem Verlust der großen Schlacht ein, welche die Russen
am vorigen Tage bei Friedland geschlagen hatten. Das
war eine gar böse Kunde; denn man durfte nun leider
nur das Schlimmste für unser Preußisches Vaterland
erwarten.

Wir mußten sogleich Königsberg räumen, und es
war dies ein ungemein schmerzlicher Abschied. Ueberall
standen Gruppen weinender Männer und Frauen aus
allen Ständen auf den Straßen, und eine Menge wohl-
habender Familien bereiteten sich zur eiligen Flucht vor,
da sie den in kürzester Frist zu erwartenden Einmarsch
der französischen Truppen nicht mit ansehen wollten

Ich war jetzt beim Obersten von Wierbitzky, der die
Schwadronen von Württemberg- und Prittwitz-Husaren
befehligte, und wir bildeten die Nachhut der abmar-
schirenden Truppen. Es gab viele der traurigsten, oft
aber auch wieder verdrießlichsten Scenen und wir Officiere mußten alle unsere moralische Kraft aufbieten, um
gefaßt zu bleiben und den schon geistig wie körperlich sehr
mitgenommenen Soldaten stets ein gutes Beispiel zu geben. Ich selbst hatte noch das Eine meiner Pferde der

16*

jungen Ehefrau eines mir näher befreundeten Infanterie-
Officiers geliehen, welche sich aus der Stadt flüchtete,
um den oft sehr brutalen Zudringlichkeiten der französischen Soldaten zu entgehen. Das arme, kleine Frau-
chen saß zitternd und zagend auf dem Husarensattel
meines Pferdes, welches ein Packknecht führte, und
mußte auf diesem Rückmarsch zahlreiche Auftritte der
Rohheit mit erleben, welche sich gerade nicht für eine
Frau eigneten. Viele unserer Soldaten, besonders von
der Infanterie und mehr noch von den Freicorps, welche
wir bei uns hatten, waren total betrunken, sangen die
schmutzigsten Gassenhauer, knallten aus Muthwillen ihre
Gewehre in die Luft ab, ja versuchten sogar zu marodiren
und zu desertiren. Wir Officiere mußten gegen solchen
Unfug, der die allerschlimmsten Folgen nach sich ziehen
konnte, möglichst energisch einschreiten, und ich habe selbst
manchen derben Hieb mit der flachen Klinge auf die Köpfe
der betrunkenen Nachzügler ausgetheilt. Leider fingen viele
Ausländer bei der Infanterie jetzt zu desertiren an, und
wir Husaren hatten große Mühe, dies möglichst zu verhindern. Ueber einige wiederergriffene Deserteure wurde
sogleich Standrecht gehalten, und dieselben noch in der
Nacht zum warnenden Beispiel für die Uebrigen erschossen.
Ich selbst commandirte bei einer solchen Execution, wo
ein ergriffener Deserteur vom Füsilierbataillon Stutterheim, der sich bei seiner Wiederergreifung widersetzt und
dabei einen Husarencorporal mit dem Bajonnette verwundet hatte, erschossen wurde. Es wäre mir erwünscht

gewesen, wenn mich nicht der Befehl dazu getroffen hätte der Delinquent aber, ein geborner Pole, benahm sich ungemein kaltblütig und rauchte seine kleine Pfeife ruhig bis zum letzten Augenblicke fort. In meinen späteren Feldzügen habe ich noch wiederholt dergleichen Executionen commandiren müssen, niemals aber ein gewisses peinliches Gefühl überwinden können, wenn mich meine dienstlichen Pflichten zwangen, einen derartigen Auftrag auszuführen.

Es war mit ein großer Vorzug des Kaisers Napoleon, daß er jeden errungenen Sieg auch sogleich auf die nachdrücklichste Weise zu benutzen wußte und den geschlagenen Feind schleunigst ohne Ruh und Rast verfolgen ließ, bevor dieser sich noch wieder hatte von den Folgen der Niederlage erholen können. So geschah dies auch jetzt; die französischen Truppen marschirten uns sogleich nach, und wir hatten besonders am 17. Juni noch mehrere heftige Gefechte mit denselben. Ein Theil unserer Infanterie war durch die vielen Strapazen der letzten Zeit so erschöpft und auch geistig so niedergedrückt, daß sich viele Soldaten nur äußerst mittelmäßig schlugen.

Die Rathlosigkeit in unserem Hauptquartier, aus dem mit dem Obersten von Scharnhorst der gute Geist fortgegangen war, theilte sich jetzt leider auch manchen Truppentheilen mit, und es gab auf diesem viel zu übereilten Rückmarsch genug Scenen, die mit ansehen zu müssen ein Preußisches Soldatenherz mit Recht betrüben konnte. Namentlich hatte auch die Infanterie sehr viele Marode, die erschöpft in den Weggräben liegen blieben und zu

Hunderten widerstandslos von den nachrückenden Franzosen gefangen genommen wurden.

Am Morgen des 18. Juni hatten wir wieder ein ziemlich lebhaftes Gefecht mit dem Feinde, und hierbei kam ich während dieses Feldzuges das Letztemal in das Feuer. Die Franzosen, durch das viele Glück der letzten Tage ungemein kühn geworden, drängten hitzig vor; unsere Füsiliere und die Husaren vom Regiment Württemberg, welches sich überhaupt in diesem Feldzug vielfach hervorgethan hatte, hielten aber wacker Stand. Auch die Russen unter dem General Fürst Bagration, der ein persönlich sehr muthiger Mann war, kämpften mit großer Kaltblütigkeit, und so erreichten wir vollkommen unseren Zweck, die Feinde von dem weiteren Vorwärtsdrängen abzuhalten.

Am Abend dieses Tages marschirten unsere Truppen bei Tilsit über die Memel und nahmen jenseits derselben im Verein mit den Russen eine feste Aufstellung. Wir glaubten sicher, daß es hier sehr bald nochmals zu einer großen Hauptschlacht kommen werde, und wir Officiere, sowie der bei weitem größte Theil der besseren Soldaten in allen Regimentern, besonders auch bei der Cavallerie, freuten uns sehr darauf.

So konnte es nicht länger fortgehen; wir durften das kleine Stücklein des einst so großen Preußen, welches wir noch allein besetzt hatten, nicht dem Feinde ohne Weiteres räumen und uns nach Rußland zurückziehen, ohne nicht noch einmal bis auf das Aeußerste gefochten zu haben.

Der Muth der Verzweiflung erfüllte jetzt viele Offi= ciere, und wir waren fest entschlossen, bei der nächsten Gelegenheit weder Pardon zu geben noch zu nehmen.

Ich entsinne mich noch, daß am Abend des 19. Juni ein Kreis von einigen fünfzig Officieren, meist den Hu= sarenregimentern Württemberg und Prittwitz, den Zieten= Dragonern, den Grenadierbataillonen Schliefen und Fa= becky, den Füsilierbataillonen Wackenitz und Stutterheim und noch einigen anderen Truppentheilen angehörig, sich um ein kleines Wachtfeuer, auf welchem die Schwarzbrod= suppe, die unser einziges Abendessen bildete, kochte, einge= funden hatte. Wir waren Alle ohne Ausnahme in einer ungemein trüben Stimmung und von munteren Scherzen und lautem Gelächter, wie solche sonst fast immer vor= kommen, wenn junge Officiere sich zusammenfinden, ward nichts gehört. Die traurige Lage des geliebten Preußen= landes und die vielen Unglücksfälle, welche unsere Armee — mitunter leider durch ihre eigene Schuld — erlitten hatte, bildeten den Stoff unserer Unterhaltung; häufig auch untermischt mit Hoffnungen, auch wohl Befürchtungen über den Ausgang der mit Zuversicht in den nächsten Tagen zu erwartenden Schlacht.

Ein junger Officier von Württemberg=Husaren, der sich bis jetzt bei jeder Gelegenheit ausgezeichnet hatte — er fiel 1813 bei Leipzig vor dem Feind — sprang plötzlich auf und rief mit erhobener Stimme: „Kameraden, das Schicksal der nächsten Schlacht ist unentschieden und steht in Gottes Hand; laßt uns aber gegenseitig das Wort

geben, daß wir Alle persönlich fechten wollen, so lange
wir noch Athem in der Brust haben, und daß sich Keiner
von uns, außer er sei schwer verwundet, den Franzosen
als Gefangener ergiebt." Mit wahrer Begeisterung leisteten wir Alle diesen Schwur und hätten solchen auch
ohne Zweifel gehalten, wenn es wirklich noch zum Kampfe
gekommen wäre. Ein anderer Officier von Stutterheim-
Füsilieren forderte uns darauf das Versprechen ab, niemals in unserem ferneren Leben, möge auch unser Schicksal sich nun gestalten wie es wolle, für die Franzosen und
deren Kaiser Napoleon, sondern wenn dies nur irgend
möglich wäre, stets gegen dieselben kämpfen zu wollen.
In der erhobenen Stimmung, in der wir uns Alle in
diesem Augenblick befanden, leisteten wir auch sogleich mit
lauter Stimme diesen Schwur. Kein Einziger von uns
Allen hat ihn gebrochen, kein Einziger ist in westphälische
oder Dienste eines Rheinbundsfürsten, wie es leider aus
Noth gezwungen so viele ehemalige Preußische Officiere
gethan haben, getreten, sondern die Meisten von uns
suchten 1810—15 in Spanien jede nur irgendwie mög-
liche Gelegenheit auf, fort und fort gegen die Thrannei
dieses Napoleon und den Uebermuth seiner Franzosen
zu kämpfen. So viel ich allmälig erfuhr, blieben
über ein Dutzend von diesen Officieren, welche hier an
den Ufern des Pregel den Franzosen ewige Feindschaft
schwuren, mit den Waffen in der Hand gegen diese alten
Erbfeinde Deutschlands. Friede und Ehre sei ihrer Asche,
und möge ein gleicher Sinn jetzt noch in den Officier-

corps aller Preußischen wie sonstigen Deutschen Regimenter fortleben.

Es kam jedoch am 20. Juni nicht zu der großen Hauptschlacht, wie Alle erwartet und die Meisten gehofft hatten; hingegen brachte am 21. Abends ein Adjutant die plötzliche Nachricht, daß russischer Seits vorläufig ein Waffenstillstand mit den Franzosen abgeschlossen worden sei; das war ein harter Schlag für unsere Hoffnungen. Allein für sich konnte das kleine, ohnehin schon so geschwächte Preußen den ferneren Kampf gegen die Uebermacht Napoleons, dessen Heer fortwährend noch durch sächsische und deutsche Rheinbundstruppen verstärkt wurde, nicht aufnehmen; das mußte selbst dem Kurzsichtigsten klar sein, und so war denn die Zertrümmerung unseres Vaterlandes entschieden. Vor Schmerz und Zorn sah ich jetzt manche Officiere bittere Thränen weinen, deren Augenwimper nicht gezuckt hatte, wenn es in das schärfste feindliche Feuer hineinging. Auch die vielen russischen Officiere, mit denen ich in persönlicher Waffenbrüderschaft verkehrte, waren über diesen Waffenstillstand, dem voraussichtlich bald ein Frieden folgte, sehr erregt, wenn sie freilich diese Gefühle lange nicht in dem Maße hegten, wie dies bei uns Preußen der Fall war. Es schmerzte mit Recht den russischen Nationalstolz, unmittelbar nach einer verlorenen Schlacht, wie die bei Friedland war, mit den übermüthigen Feinden einen Frieden machen zu müssen, ohne nicht noch einmal zuvor durch eine glänzende Waffenthat diese Scharte wieder auswetzen zu können.

Was jetzt zu erwarten war, traf auch in schneller Folge ein, denn bereits am 26. Juni erhielten wir den Befehl, jede fernere Feindseligkeit gegen die Franzosen einzustellen, da auch unsererseits ein Waffenstillstand abgeschlossen sei. Wir trennten uns nun von den Russen, was meinerseits mit aufrichtigem Bedauern geschah, da ich viele persönliche Freunde unter den russischen Officieren besaß.

Wir marschirten sofort in weitläufige Cantonnirungen hinter die Gilge, da wir bisher ungemein eng gestanden hatten und die Verpflegung schon äußerst mangelhaft wurde. Bei manchen Officieren war auch jetzt noch ein schwacher Funke der Hoffnung auf baldigen Wiederanfang der Feindseligkeiten, da sich das Gerücht verbreitet hatte, die Engländer wollten neue Subsidiengelder und Waffen senden und Oesterreich ebenfalls den Kampf gegen Napoleon wieder anfangen. So schön dies nun auch alles gewesen wäre, so theilte ich für meine eigene Person diese Hoffnungen doch nicht im Allerminderten, sondern war auf das Schlimmste gefaßt. Leider sollte ich mich auch hierin nicht getäuscht haben.

So ward denn der Friede zu Tilsit geschlossen, und damit Preußen zur tiefsten Schmach, die nur einen Staat treffen konnte, verdammt. Von diesem Tage an, stand — Dank sei es der Unfähigkeit, Unentschlossenheit und Uneinigkeit seiner Gegner — Napoleon Bonaparte auf der Höhe seiner Macht.

Welche unsäglich bitteren Gefühle die Brust aller ehrliebenden Preußischen Officiere erfüllten, als uns